知って役立つ民俗学

現代社会への40の扉

福田アジオ［責任編集］

ミネルヴァ書房

まえがき

農山漁村や伝統的な民俗事象を対象にしてきた民俗学が、現在の日本の暮らしや日本の文化を語るのが、本書です。

現代の日本で生起している出来事を取り上げ、一章ごとに四つの質問で、合わせて四〇の質問とそれに対する回答としてまとめてあります。ごく最近の流行現象のようにブログや新聞紙上をにぎわす題材もあれば、昔からやっているけれどなぜだろうという疑問に答えるものもあります。どれもが多かれ少なかれ毎日の暮らしの中で心当たりのある話題であること、間違いなしです。「全く自分には関係ないよ」、という項目がないのも民俗学ならではの特徴でしょうか。

本書は単なる雑学に類するQ＆Aをめざしたものではありません。第一線の研究者が最新の成果を用いて、学問的に、そして分かりやすく、日本の文化を読み解くところに特色があります。もっと深めてみたいという向きには、各章末で参考となる文献を案内してあります。

どうぞ、民俗学の世界にお出かけください。

凡　例

1. 本書は現代日本の生活文化を読み解く一〇のテーマを設定し、各章に四節ずつの課題を配した。最後に民俗学そのものを解説する「民俗学が読み解く現代」を置いた。
2. 初学者向けに内容を精選し、記述に際してはできるだけ専門用語を用いず、また全体が矛盾なく理解できるように表現の統一を心掛けた。
3. 各ページの上段には図版および注のための欄を設け、本文の参考となる写真・図表を付し、また注をつけて語句の解説や本文の補足を行った。
4. 民俗学では、地域で用いられる言葉を重視し、それをカタカナで表記することが慣例となっているが、本書では初学者の理解が容易なように可能なかぎり漢字表記にした。
5. 年次の表記は西暦を基本とし、必要に応じて和暦を補った。
6. 地名は二〇一四年九月現在の都道府県名、市町村名で示し、必要に応じて旧市町村名や村落名を記載した。
7. 各章の最後には、その章のテーマについての理解を深め、次のステップへと初学者を誘う書誌情報を「読書案内」として掲載した。
8. 執筆・編集にあたり多くの文献を参照したが、本書の性格上、本文中に一つひとつ記載せず、章ごとにまとめて、巻末に「参考文献」として掲載した。ただし、「読書案内」で掲げた文献は省略した。
9. 文献の記載は、著者名、『書名』もしくは「論文タイトル」、『収録書誌名』、発行所（出版社名）、発行年次の順とした。文献の配列は、著者名の五十音順とし、同一著者の場合は刊行年次順とした。
10. 参照した論文等が単行本や全集などに収録（再録）され利用しやすい場合は、その書名も付記した。なお、柳田国男の著作については、複数の全集が刊行されているが、一般に普及している「ちくま文庫」版で統一した。
11. 写真・図表の出典・提供者の情報は巻末に一覧として掲載した。
12. 各節の執筆者はそれぞれの節の末尾に氏名を記した。また、巻末に執筆者一覧を付した。

知って役立つ民俗学——現代社会への40の扉

目次

第1章　現代の家族事情

生まれる、育てる、働く、看取る、死ぬ、それがひと昔前までの日本の社会では家族と共にあった。とくに「日本型福祉」ともいわれたように、子育ても介護も、家と主婦が引き受けてきた歴史が長い。しかし、一九六〇年代の高度経済成長期を経る中で、女性の高学歴化や社会進出などによって、女性の生き方が多様化してきた。その結果、家族のあり方も大きく変化した。

これまでの民俗学にとって大きな課題の一つが「家」とその継承の問題であった。それがいまどのように揺らいできているのか。本章では、結婚しない女性の位置づけ、三世代家族を描いた「サザエさん」が現代社会に発信している家族の意味、また、主婦の位置づけをめぐる近代以降の変化、そして、介護の場と人の多様な実態などについて考える。

家族の変化は一人ひとりの生きる目的の変化でもある。それぞれの人生と生きがいとは何なのか。現在進行形の大きな変化とは、実はその問題を私たちに深く考えさせる大切な機会を与えているといえよう。

Question 1

「おひとりさま」で生きていけますか？——ひとり暮らしの人生設計

図1　上野千鶴子『おひとりさまの老後』(2007年)

「おひとりさま」ということば

「おひとりさま」ということばがある特別な意味合いで使われるようになったのは、二〇〇七年の上野千鶴子『おひとりさまの老後』刊行以降であろう。「おひとりさま」とは文字通りにはひとり暮らしの者、単身者を意味するが、このことばの含意はそれだけではない。統計調査などでよくいわれる「夫婦と子ども二人の標準的な家族」といった家族モデルがいまや無条件には通用しなくなっているという現状認識、それゆえ家族を単位とする生活を前提としない、個人を基本とする新たなライフスタイルが求められているという主張がそこには込められていた。これ以後「おひとりさま」を冠した著作や雑誌の特集があいついで刊行され、このことばは一つの流行語となった。国立国会図書館の蔵書検索システムで「おひとりさま」をキーワードに検索してみると、一九九五年以前のヒット件数が皆無であるのに対し、一九九六年以降では二八〇件（二〇一四年現在）に達する。もちろんこの中には『おひとりさまでも泊まれる宿』といった類の一般書も含まれており、このような問題意識を共有するものばかりではない。とはいえこのことばの流行ぶりを示すひとつの目安にはなる。

「おひとりさま」はなぜ注目されたか?

この時代に「おひとりさま」が注目を集めたのには、いくつかの社会的な背景があった。その一つは、晩婚化[1]・非婚化[2]といった現象であり、結婚適齢期とされる若い世代に結婚しない、あるいは家庭を持たないという選択をする人が増えてきたことがあげられる。もちろん若い世代の非婚化は、そのような生き方が積極的に選ばれたというだけではなく、不安定な雇用形態や低賃金などによって結婚したくてもできない人が増加していることの表れでもある。事情はさまざまとはいえ、その先に待っているのが「おひとりさまの老後」であることにかわりはない。

もう一つの重要な社会背景は、家族形態そのものの変化である。核家族化[3]の進行により子育てを終えた高齢夫婦の二人暮らしや高齢者のひとり暮らしが急増している。たとえ適齢期に結婚し家庭を持ったとしても、子どもが成長し自立していけば最後は夫婦二人となり、配偶者の死後は否応なく「おひとりさま」となる。まさに上野のいうように「結婚していようがいまいが、だれでも最後はひとり」なのである。

「おひとりさま」の受難

「おひとりさま」ということばがこれほど強い衝撃を与えたのは、右に述べたようにそれが不可避ともいうべき現状があるにもかかわらず、人々にとってそれが心情的には受けいれがたい事実だったからである。その根っこには、家族を持たない単身者や子どもを持たない夫婦（とりわけ女性）に対する根強い差別意識、すなわ

(1) 平均初婚年齢は、男性は一九八〇年の二七・八歳から二〇〇四年には二九・六歳に、同じく女性は二五・二歳から二七・八歳へとそれぞれ上昇している（『平成一七年版国民生活白書・子育て世代の意識と生活』）。

(2) 生涯未婚率（五〇歳時の未婚率）は、男性は一九八五年まで女性を下回っていたが、その後急激に上昇し二〇〇〇年には一二・五七%、女性は五・八二%となっている（『平成一七年版国民生活白書・子育て世代の意識と生活』）。

(3) 家族の形態と理念が核家族（夫婦家族）を基本とする形に変化すること。統計上は、総世帯数に対する核家族世帯数の比率（核家族率）の上昇として把握される。日本では近代以降、産業構造の変化と人口の地域間移動などを背景として、親子二世代夫婦が同居する直系家族から夫婦と未婚の子どもからなる夫婦家族へと家族の形態が変化したとされる。

ち「おひとりさま」の受難の歴史があった。

戦前の家制度を支えた価値観では、子ども（跡取り）を持たず家を断絶させてしまうことは、重大な罪と考えられていた。このような家意識の存在は、柳田国男をはじめとして多くの民俗学者によって繰り返し指摘されてきた。両親や祖父母、さらにその上の世代の先祖たちから受け継いだ家を大切に守って生涯を送り、次代の子や孫に伝えていく。農家や商家といった家産や家業に依拠して生活する人々にとって、そうした生き方こそが自らの生存を保障してくれる現実的で確実な方法であり、死後の救済をも確約してくれる最善の道と考えられていた。家は現実のセーフティーネットとしても、また死生観の上からも重要な役割を担っていたのである。とりわけ女性にとっては、結婚して子ども（とくに家の跡取り）を産むことは女に生まれた大切な使命とされていた。それゆえに、女性は子どもを持ってはじめて一人前の家族の一員、一人前の村人と認められたのである。

人類学者タキエ・スギヤマ・リーブラは、こうした日本女性の生き方を「社会的枠組を反映する生き方」と表現している。若い頃は自らの意志を持つことさえ許されず枠組の犠牲になっているかに見えた女性たちが、中高年に達するやその枠組から報酬（周囲の人々の信頼と尊敬、また自らの生き方に対する確固たる自信）を獲得し、やがて先祖の一員となることに救いを見いだしていく。それはまさに「枠組の中の救済」であるとリーブラはいう。こうした生き方モデルが支配していた時代に、モデルから外れることがいかに強い非難の対象となったかは想像に難くない。

家を持たないものの悲哀

「おひとりさま」の受難のもう一つの背景として、地域社会や親族が家を単位として組織される、家々の連合体という形をとっていたことがあげられる。現在の団地の自治会も家族単位に組織されており、総会における意思表示はひとり一票ではなく一家族一票で示される。伝統的な村落社会の場合、社会の構成員は今まさに生活をともにしている家族員だけではなく、過去・現在・未来の家構成員を含む、何世代にもわたる歴史を背負った家々であった。そこでの意思表示は、現在の家族員の意思を反映するにとどまらず、先祖以来築きあげてきた地域社会の家々との関係や子や孫の生活に影響を及ぼすかもしれない近隣・親族との関係を考慮にいれた、家としての意志を表すものとみなされた。このような社会に生きる人々にとって、結婚しない、家庭を持たない、さらに子どもを持たない、という選択肢などあり得なかったのはいうまでもない。家を持たないということは、地域社会の正規の構成員にはなれないということを意味していたのであり、そのようなものには意思表示の機会どころか、存在することさえも認められてはいなかった。

各地に見られた、生涯家族を持たない人に対する「一代オジ」(4)「一生オジ」「永代オバ」「イエナシ」「ヤッカイ」といった差別的な呼称や待遇、あるいは子どもができない女性を意味する「キオンナ」「カラオンナ」「イシオンナ」「ウマズメ」といった侮蔑的な表現、さらに不妊の原因を先祖や本人の悪行にもとめたり、そのようなものは村に不幸をもたらすという言い伝えなど(5)、標準的とされた生き方モデルから外れた人々の受難をものがたる資料は枚挙にいとまない。

(4) 岐阜県吉城《よしき》郡のある村では生涯未婚のまま生家に留まる男性を一代オジとよび、過去帳の戒名も跡取り（長男）は居士、オジは信士と区別されていた。

(5) 不妊の原因としては、先祖が生き物をたくさん殺した（群馬県吾妻《あがつま》郡など）といわれたり、不妊の女性がその土地に住んでいるだけで穢れのため神社の木が毎年一本ずつ枯れる（岐阜県土岐《とき》郡）などといわれたという（青柳まちこ「忌避された性」）。

「家の墓」より共同納骨で

少子化・独身…
増える購入者・寺

生前から戒名
寺や会員同士
お付き合い

図２　「縁の碑」の新聞記事「『家の墓』より共同納骨で『自分の墓』求め」
（『朝日新聞』1996年９月17日）

「おひとりさま」の覚悟

「そりゃ私だって、（子どもたちと）いつまでもいっしょにいたいと思いますわ。しかし、それはできないことです。ひとりで淋しく暮らし、ひとり死んでいかなくちゃならないにしても、それが自由の代償なのです」。これは、社会学者増田光吉がアメリカのある既婚女性から聞き取ったことばである。増田によれば、アメリカ女性にとって結婚してからも自分流の生活を貫くことは何よりも大切であり、妻の自由を守るためには義父母との同居はもちろん老後に子どもと同居することも受けいれられないことなのだという。老後の孤独を承知の上で妻の自由を評価する。これが増田の見た一九六〇年代後半のアメリカの家族の姿だった。そしてそれは、半世紀後の日本で「おひとりさま」に求められている覚悟なのかもしれない。

現在の、そしてこれからの日本社会で、個としての自覚と自立が求められているのは間違いない。しかし同時に、アメリカ女性のライフスタイルについて次のような見方があることも見過ごすことはできない。日本女性の生き方を「社会的枠組を反映する生き方」ととらえたリーブラは、アメリカ女性の生き方について次のようにいう。アメリカでは人生の初期から選択があり楽しさもあるが、何年生きても人間関係の網が広がらず、人間投資の利子も生まれず、中高年になっても孤立無援という印象が強い。中高年に達した日本女性が自ら築き上げた人間関係に支えられる、つまり妻として母として必要だったつきあいが知らぬ間に人間関係の網の目をつくりあげ、いざというときの支えになってくれるのとは対照的である。自由の代償として孤独を受けいれる覚悟は必要だが、それは孤立することとは違うはずである。

図３　もやいの碑（すがも平和霊苑，東京都豊島区）
1990年にもやいの会が建てた合葬墓。

家族に代わる絆とは？

リーブラが話を聞いた女性たちの時代、「人間投資の利子」はもっぱら地縁・血縁によって、つまり家族・親族・近隣などによってもたらされていた。しかし、現代の社会では、もっと多様な「縁」が求められるべきだろう。介護保険や子育て支援などのように、これまで家族が担ってきたさまざまな機能を社会全体で支える形に変えていく制度改革は、もちろん必要である。しかし、そうした制度面での整備に加えて、個人個人が多様な「縁」を求めて自ら人間関係を築いていくという生き方が今や求められているのではないだろうか。

一九九六年七月東京都新宿区のとある寺院が共同形式の永代供養墓「縁《えにし》の碑《いしぶみ》」を始めたと当時の新聞は報じている。墓を購入し「縁の会」に加入した会員は、月一回寺が主催する文化講座などに参加できる。生前から会員同士として交流を図り、死後は共同墓に納骨されるという関係、それがここでいう「縁」というわけである。寺以外でも、一九九〇年に発足した市民団体「もやいの会」は、生前は福祉問題などをともに研究し、死後は共同墓に納骨し残された会員が永代供養するという活動を続けている。家制度の解体、核家族化、少子化や非婚者の増加、その結果としての墓の継承者難といった現代の社会状況が、こうした新たな「縁」を生み出したことは間違いない。しかしそこには「おひとりさま」にとって家族に代わる絆《きずな》とはどうあるべきかを考える、一つのヒントがあるのではないだろうか。

（中込睦子）

Question 2

「サザエさん」家族のこれからは？——家族の形の変化

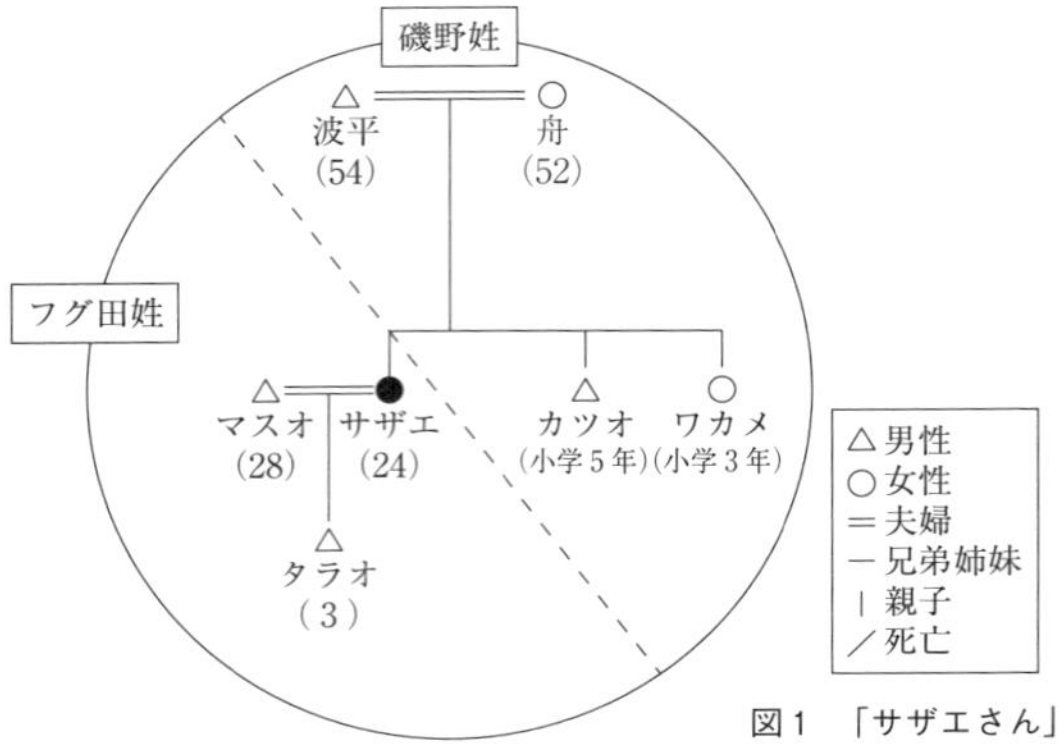

図1　「サザエさん」の家族

「サザエさん」と新聞連載「家族」漫画

漫画「サザエさん」（長谷川町子）は、朝日新聞朝刊紙上に一九五一年四月から七四年二月までの二三年間連載されていたが、それ以前の夕刊フクニチ・朝日新聞夕刊での連載を加えると二八年間の長期連載であった。一方、アニメ「サザエさん」（フジテレビ）は新聞連載後期の一九六九年一〇月に始まり、二〇一四年現在までの四五年間放送中である。長期にわたる新聞連載とアニメ放送が「日本社会の変化」を反映しているという点については、世相・出来事・環境・家庭用品の導入と家事の変化など、これまでに多くのテーマで考察されている。ここでは「サザエさん」の家族について同居家族の「姓」を中心に考えてみよう。

「サザエさん」の一家は三世代七人である。サザエの両親の世帯（磯野波平・舟夫婦と弟妹）と、サザエ自身の世帯（フグ田サザエ・マスオ夫婦と息子）という、姓が異なる二つの世帯(1)が生計を別にしつつ、一つの家屋に同居している。一九八〇年代に「マスオさん現象」として話題になった「別姓二世帯同居」の住まい方である（図1）。

しかし、このマスオさん現象はサザエの家族に限ったわけではない。全国紙朝刊の連載四コマ漫画に限定しても、「ののちゃん」（図2、いしいひさいち、朝日新聞、一九九一年～現在連載中)、「コボちゃん」(10頁の図3、植田まさし、読売新聞、一九八二年～現在連載中)、「轟《とどろき》先生」(11頁の図4、秋好馨、読売新聞、一九五一～七二年、など)など、いずれも「サザエさん」の家族と同様に「別姓二世帯同居」の設定で描かれている。ちなみに「ののちゃん」では、家屋は父たかお、土地は祖母シゲの所有という設定。「コボちゃん」の祖父岩夫は定年を過ぎ、連載中に主人公コボの妹が生まれ、現在二～三歳。「轟先生」の主人公は高校の体育教諭でサラリーマンの息子と、結婚数年後の娘夫婦が同居している。

新聞の「顔」ともいわれる連載四コマ漫画において、二つの全国紙で四人の作者が妻方の両親等と同居する家族という設定を採用しているのは興味深い。他の朝刊連載漫画、たとえば「フクちゃん」(横山隆一、毎日新聞、一九五六～七一年)は伯父と養子、「アサッテ君」(東海林さだお、毎日新聞、一九七四年六月～現在連載中)は同姓の三世代同居の設定であり、父方の祖父母と近居している「ひなちゃんの日常」(12頁の図5)、あるいは同姓の三世代が同居している「ちびまる子ちゃん」(13頁の図6、さくらももこ、フジテレビ・アニメ、一九九〇年～現在放送中、など)なども含めて対比すると、別の視点からの読み方が示唆される。

マスオさん現象と家族の「結節点」としてのサザエ

マスオさん現象は、婿入りではないが、妻方の両親と同居する家族の形であり、子育て・嫁姑問題・経済的状況などへの対応策として一つの「理想的な」家族の住まい方として取り上げられたことは有名である。しかし、この家族は、かつての

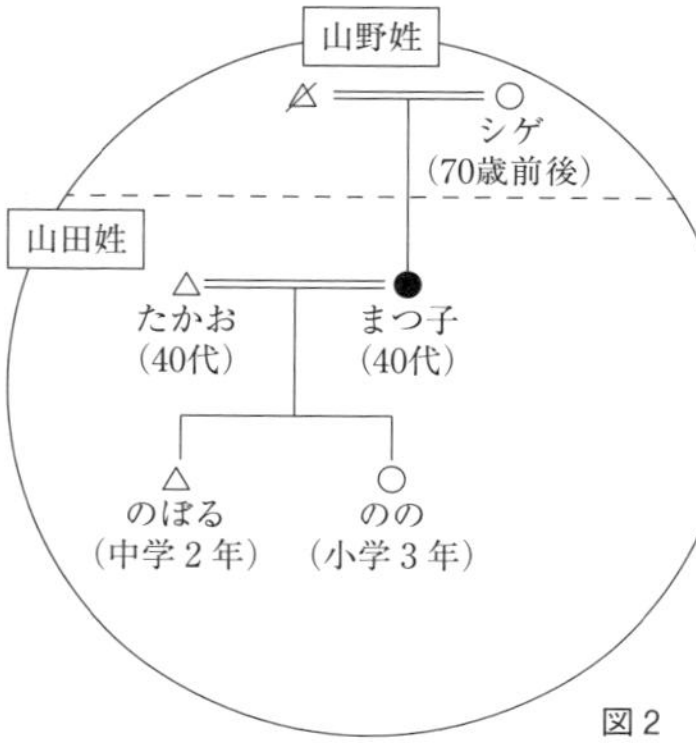

図2　「ののちゃん」の家族

(1) 世帯は、居住と生計をともにする生活の単位を把握するために行政用語として登場し、一九二〇年の第一回国勢調査以降広く用いられるようになった。世帯は同じ屋根の下に住み、家計を一つにする単位であり、そこに含まれる人間関係や続柄は問わない。

「家」[2]の継承を目的とした、跡取り夫婦が同居する直系家族[3]とは異なる点が二つある。一つは、父（波平）も夫（マスオ）もサラリーマンであり、二つの世帯の生計が別であるという点（漫画・アニメともに、食事や家事など日常生活の消費に関する生計は一つだが、高額商品等は別生計であるように描かれている）。二つ目は、結婚して姓を異にした娘の世帯が親世帯と同居していること、つまり、女性のサザエが、両親および弟妹の世帯と、自身の世帯（夫婦と子）とを結びつける位置＝「結節点」にいる（図中の●印）という点であり、図2・3・4の家族も同様である。

結婚当初のサザエの家族は「サラリーマン夫婦家族」

明治以降の日本社会は近代化・産業化が進む過程で、農村部から都会への人口移動が容易になったが、この人口移動の最も顕著な波は高度経済成長期の一九五〇年代後半から七〇年代にかけて起こっている。それは日本社会全体の生産構造が農林水産業から商工業へ移行する大変革の過程であり、都会に移り住んだ人々の多くは企業（会社や工場）に勤務するサラリーマンになり、結果として多くの人が都会で結婚し、親世代がいない家庭を築くことになった。都会のサラリーマンの家庭が夫婦家族[4]となるのは、このような過程を経た結果である。

サザエとマスオは結婚当初、父波平家の近くの借家でサラリーマンの夫婦家族として暮らし始めている。父家族との同居のきっかけは、マスオが借家の板塀をまき（燃料）にしようとノコギリをひいている所を大家に見とがめられ、借家が売れたからと退去を迫られたことによる（姉妹社版『サザエさん』第三巻、一九四七年）。昭

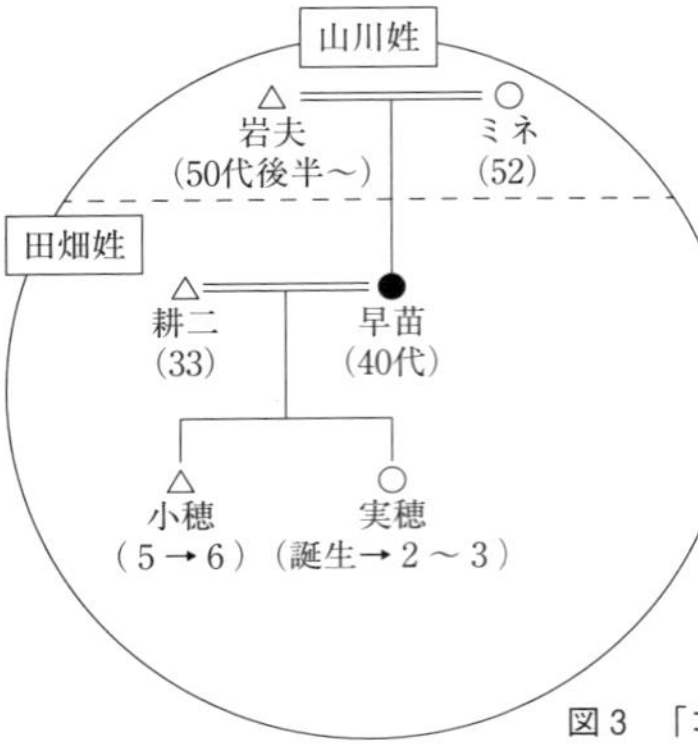

図3　「コボちゃん」の家族

（2）「家」は、一八八九（明治二二）年から一九四五（昭和二〇）年まで、民法に規定された家制度下の単位であり、同居家族と同じものではない。現在は墓石銘や披露宴等の「〇〇家」表記、「家業」を子に継がせる親の意識などに残る。

（3）一組の夫婦とその子のうちの一人が結婚後も家にとどまり、一般に親・子・孫の三世代で構成される家族形態。

（4）一組の夫婦とその未婚の子の二世代で構成される家族形態。

和二〇年代初期の都会の物資不足や住宅事情が背景にあり、「サザエさん」の家族は「夫婦家族」から「(別姓)二世帯同居家族」への移行を選択したのである。

一九六〇〜七〇年代のサラリーマン・夫婦家族は、高度経済成長を背景にした消費社会化の進行とともに、消費を担う単位としての性格を強くしていった。その過程で、テレビ・電気洗濯機・冷蔵庫などの家電製品に囲まれた豊かで都会的な生活スタイルが、サラリーマン家庭・夫婦家族のイメージとして人々の間に浸透していった。

三世代同居家族は理想的か

生まれ育った故郷での大家族的な(三世代同居等の)生活から離れて、都会で夫婦家族としての生活を送ることになった人々は、親(祖父母)世代のいない家族生活を送ることに戸惑いを感じたり、また、子ども時代に一緒に暮らしていた祖父母や両親が果たしていた役割を担うことへの多少の不安が生じたりしたかもしれない。「サザエさん」の新聞連載が終了した一九七四年に初めて「二世帯住宅」(5)が発売されている。

一般に、現代の漫画作品で家庭での日常生活を題材にする場合、三世代同居家族が登場することは少なくない。しかし、そこでは、「厳格な」祖父母と「やさしい」父母と「かわいい」子どもたち(孫たち)という、「理想的・典型的」な家族関係の位置づけを、あえて崩すことによって生じる日常生活の起伏が描かれることが多い。「サザエさん」では、三世代家族の中で、娘・姉であり妻・母であるサザエを起点にして展開する出来事が驚きや笑いを誘い、また、波平とマスオの二本の大黒柱による精神的・経済的安定が、読者に安心感を与えてきたのだといえる。

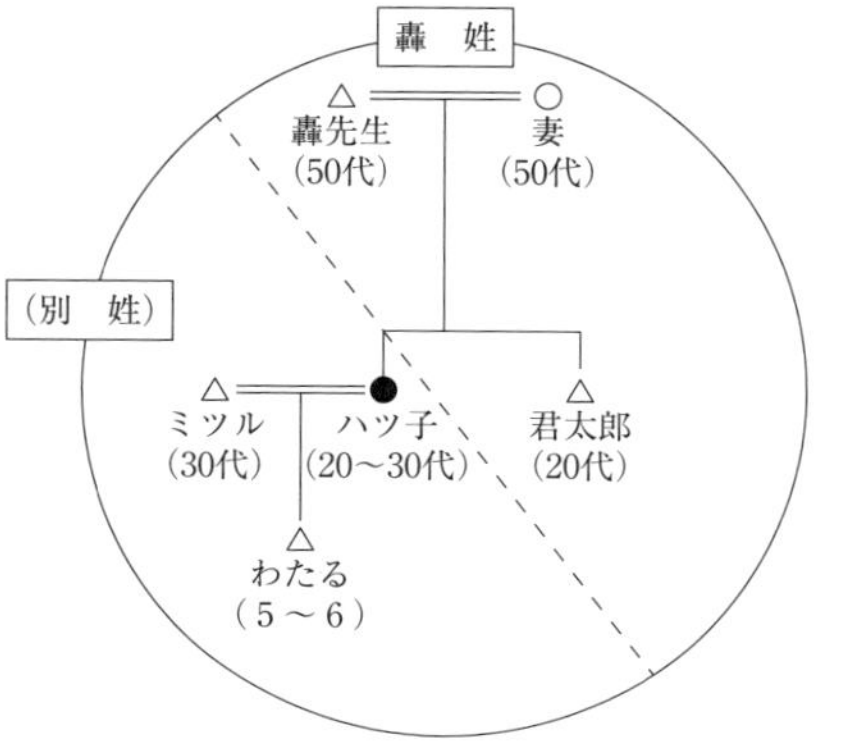

図4　「轟先生」の家族

(5) 二世帯同居をうたった住宅は、住宅公団大阪支所が一九七四年に新豊里市街地住宅で「老人ペア住宅」として初めて募集。民間では翌七五年に「二世帯住宅」が発売されている。

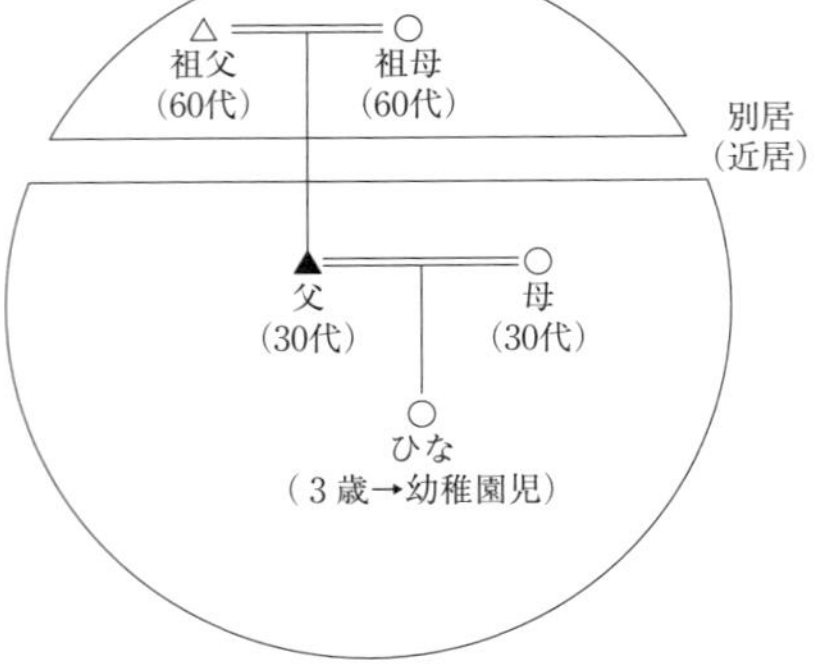

図5　「ひなちゃんの日常」の家族

「サザエさん」の家族と介護

新聞連載の中では、波平五四歳（姉妹社版『サザエさん』第四七巻、一九六六年）、舟五二歳、サザエ二四歳、マスオ二八歳であり、アニメもこの設定を採用し、登場人物の年齢は止まったままである。連載中に「高齢者介護」はまだ社会的・政策的な課題となってはいなかったが、登場人物が連載終了時から年齢を順調に重ねていれば、約四〇年後の現在において、「サザエさん」の家族はほぼ確実に、介護を経験した段階にいたっているはずである。

「サザエさん」の新聞朝刊での連載が始まった一九五一年当時、筆者の家族も別姓二世帯同居家族であった。父母、子ども四人と母方の祖父母という三世代の八人家族が、「サザエさん」の場合と同じく、娘である母を中心にして日常生活を送っていた。その母も現在は九四歳になり、結婚した別姓の娘夫婦と暮らしている。一方、私は結婚四年後に妻の両親と同じ敷地内に移り住んだ。妻の母は八〇歳を過ぎた頃から認知症の症状が現れ、家庭で二年ほど介護した後に、グループホームで五年間を過ごした。病院や介護施設では最初に「キーパーソンは誰ですか」と聞かれるが、娘である私の妻は自身の名前を答え、質問者も当然のようにその名を用紙に記入していたという。介護のキーパーソンが親と同居・近居している娘である場合、事態への即応力とともに、親の性格や食事の好み・生活習慣などを熟知していることから、介護等が順調に進むことを関係者は理解しているのである。

介護の社会化が進む中で、波平・舟の介護を想定すると、キーパーソンは一緒に生活していた娘サザエが担ったはずである。現時点において、マスオさん現象（別

（6）一九四七年の改正民法は均分相続の制度を規定。これは現在において、結婚した娘が親を介護する状況を後押ししているといえる。

姓二世帯同居）は、社会的介護を前提とした介護パターンの中で、より良質な介護をプログラムできる家族の形態としてとらえることができる[6]。

「サザエさん」家族のこれから

読者・視聴者としての私たちは、これから先の「サザエさん」の家族に何を見ることができるだろう。結婚する時に夫の姓を選択する夫婦の割合が現状の九〇パーセント台後半を維持し[7]、一方で新夫婦が親世帯との同居・別居について、多少の規制を感じながらも、選択できる傾向が続くとして、想像してみよう。

カツオは花沢さんと結婚し、磯野姓の世帯として花沢不動産に住み、タラオは結婚して新居で暮らしているだろうか。ワカメは結婚して夫の姓になり、サザエたち「姉」夫婦と同居しているかもしれない。両親（波平・舟）の介護のキーパーソンとして活躍したサザエに介護が必要になったとき、ワカメが（夫とともに）姉の介護のキーパーソンになる可能性は最も高い。しかし、これまでも自由に行動してきた「サザエさん」の登場人物は、カツオも、タラオも（それぞれの配偶者も含めて）、誰もがキーパーソンになり得るだろう。言い換えれば、自由な選択の結果として、新しい家族の結節点になり、家族の枠組を自由に変えて行く可能性を、誰もが持っているということである。家族の枠組の自由度が増すことにより、介護ばかりではなく、子育て・結婚・葬儀・相続・位牌や墓地のあり方など、人生の各段階において柔軟な対応ができることだろう。これからの「サザエさん」の家族には、私たち読者・視聴者の想像を軽やかに跳び越えていってほしいと思う。

（山本質素）

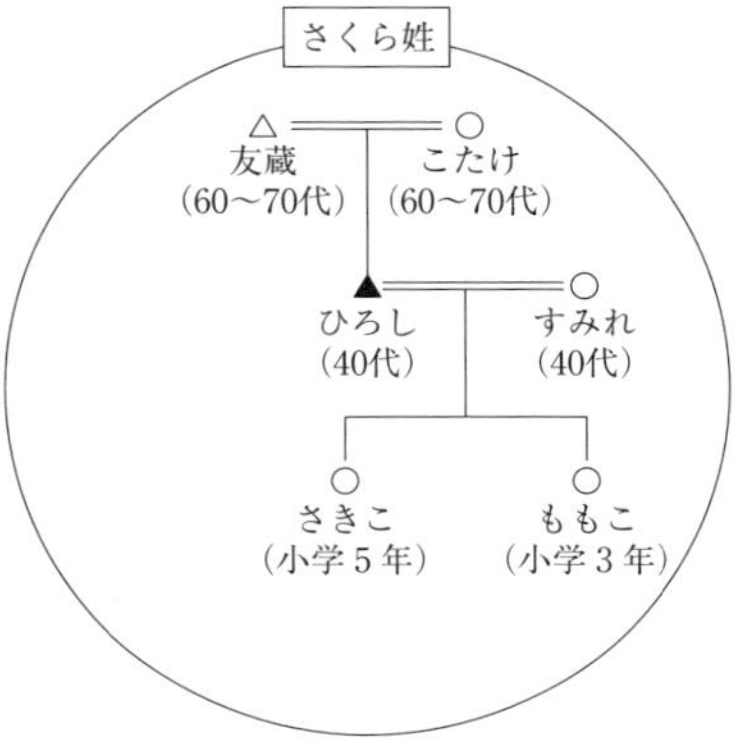

図６　「ちびまる子ちゃん」の家族

（7）「婚姻に関する統計」（厚生労働省、平成一八年度）の「夫の氏・妻の氏別婚姻」によれば、「夫の姓」を選択した婚姻の割合は、一九七五年は九八・八パーセント、二〇〇五年は九六・三パーセント。

Question 3

主婦は「職業」なのか？——主婦権と女性

主婦とは

「主婦」は、総務省統計局の家計調査職業分類表では、「無職　職業のないもの」に分類されている。また、「日本標準職業分類」では、職業を「個人が継続的に行い、かつ収入があるもの」と定義し、「仕事をしていても収入を伴わない場合」として「自分の属する世帯のための家事・家庭菜園の作業又は小遣い程度の収入を得て、留守番などに従事している場合」が例示されている。一方、主婦＝無職というとらえ方には、抵抗を感じる人も多い。職業欄に「主婦」という選択肢がある場合は、それを選ぶ人も多い。「主婦」は、職業なのか。その答えは、主婦をどのような存在ととらえるかによって、変わってくる。ここでは、この問いに対する答えを日本民俗学および女性学の観点から考えてみたい。

主婦の定義と特徴

「主婦」とは、どのような人をさすのか。女性学における主婦の定義を押さえておこう。「主婦」（housewife）は、「家事責任を負う既婚女性」であり、近代社会では大部分の人間が結婚することが前提となっているため、すべての女性が、主婦、もしくは主婦予備軍と見なされている。「主夫」（househusband）は「主婦役割を担当する既婚男性」である。主婦役割は、社会学者アン・オークレー（一九四四〜）によると、以下の四つの特徴を持つ。①もっぱら女に割り振られる、②経済的に夫に依存、③労働として認知されない、④女にとって主たる役割、である。

資本主義の進展と主婦の誕生

女性学の知見によれば、主婦(1)は資本主義の進展に伴い誕生した役割であり、「男は仕事、女は家庭」という性別役割分業は、男性が賃労働者、女性が市場化されない家事労働を担うことで誕生、成立したきわめて新しいものである。日本では、大正時代に都市において新中間層が成立し、夫の給料のみで家族を養うことのできる新しい家族が誕生した。妻は生産労働から解放され、もっぱら家事労働（育児も含む）に従事するようになった。一般庶民にそうした家族が普及するのは戦後、一九五〇年代後半からの高度経済成長期以降であり(2)、専業主婦の歴史はたかだか六〇年ほどのきわめて短いものであることが分かる。

なお、明治以降、戦前、戦時中、戦後を通して、農山漁村に住む既婚女性の多くは、生産労働（彼女の家の家業）から解放されることなく、一貫して働き続けた。したがって、家事労働のみに専念できた「主婦」のくらしとは無縁であった。

主婦論争

戦後、主婦が日本社会に普及・浸透していく過程で、主婦論争と呼ばれる三次に

(1) 主婦という語は、江戸時代の随筆である伊藤長胤《ながつぐ》の『秉燭譚《へいしょくたん》』にも見えるが、主に使われるようになったのは明治以降である。もとは主人と対の語で、中流家庭や商家で使用人を使って家政を支える能力を有する女性であった。大正期に入ると比較的裕福なサラリーマン家庭の家庭婦人の意味となった。

(2) 高度経済成長期は「主婦化の時代」といわれる。国勢調査に見る年齢階級別女子労働力率の変化を見ると、一九六〇〜七〇年は女性が育児期に就労を中断し、子育てが一段落してから働くというライフスタイル（いわゆるM字型）が特徴的である。

図1　瀬川清子

わたる論争が起こった。第一次主婦論争は、五五年に石垣綾子（一九〇三〜九六、評論家）の「主婦という第二職業論」（『婦人公論』に掲載）を皮切りに、主として『婦人公論』誌上で男性と女性両方の論者が参加して、主婦の職場進出の是非が論じられた。第二次主婦論争は、六〇年に『朝日ジャーナル』誌上で、磯野富士子（一九一八〜二〇〇八、評論家）「婦人解放論の混迷」における家事労働の経済的価値をめぐる問題提起に始まった。第三次主婦論争は、七二年武田京子（一九三三〜、主婦）の「主婦こそ解放された人間像」（『朝日ジャーナル』掲載）をめぐり起こった。

これらの主婦論争は、戦後日本社会における主婦の地位変動の歴史と共鳴するように見える。第一次は主婦がサラリーマンの妻の職業と見なされるまでに定着していた時期で、主婦身分の正統性が論じられることになった。第二次は多数派となった主婦が行う家事労働の経済評価、第三次は「夫への寄食」という絶対的依存状態が明らかになる中、専業主婦のアイデンティティが論点となった。そのほか、人間の全体性回復、両性の解放、生産中心社会への疑義と社会変革なども論じられた。

民俗学の主婦研究

民俗学は、明治以降の文献史学がほとんど着目しなかったさまざまな領域、文字を持たない、あるいはほとんど記録化されない庶民の生活文化に着目し、日本文化の解明を目的とした。生活文化の担い手として、男性だけでなく女性にも着目した。これは、おおかたの学問が、その研究対象から女性およびそれにかかわる事象を脱落させていた当時の状況からすると、たいへん画期的であった。また、柳《やなぎ》田《た》国《くに》男《お》

(3) たとえば主婦の呼称にはエヌシ(家主)、ユワラジ(家主)、イエトジ(家刀自)など尊称が用いられていることからも、家内において主婦の地位が高かったことが注目された。

図2　シャモジ

は、研究者として男性だけでなく女性にも大きな期待をかけていた。これも戦前から戦後にかけて、研究者の大半が男性であったことからすれば、新鮮なことであった。

柳田の強い関心の下、家の特徴、その歴史的変遷、家成員の地位と役割などの研究が進んだ。その中で、家における「主婦」の役割および権限を「主婦権」と呼び、瀬川清子をはじめ多くの研究がなされた。(3) つまり、先に述べた主婦にかんする論争が起こる前、戦前から独自の研究が展開されていたのである。

主婦権は、基本的に主婦という家族内地位に付随する権限としてとらえられてきた。大きくは三つ、①竈《かまど》の神をはじめとする家でまつる神々の祭祀者としての側面、②日常の生活の切り盛り、③家を代表しての社交(村のつきあい)という側面であった。限られた現金収入、物も食物も豊かとは言い難い時代にあっては、家成員の衣・食をいかにまかなうかは主婦の才覚にかかっていたのである。米びつや蔵の管理は主婦が行い、嫁には手を触れさせなかった。

また、嫁の里帰りも主婦である姑の許可なしには自由に行うことができなかった。嫁は家にとって大切な労働力であったからである。盆や正月、秋祭りなど年に数回、嫁のセンタクガエリなどと称した里帰りの機会があった。こうした主婦権が姑から嫁へ移譲されることを「シャモジ(杓子)を渡す」ということが多かった。「シャモジを渡すから」といわれた日から、嫁は主婦としての役割遂行に努めたのである。

戦後の変化

戦後の民主化政策、一九六〇年前後からの高度経済成長は、社会全体を大きく変えていく。農山漁村では過疎化の進行、農業・農家への否定的評価も広がり、農家の嫁不足が社会問題化していく。三世代同居などが一般的であった農家の暮らしは大きく様変わりし、嫁と姑の立場の逆転も起きた。シャモジを渡されるまで耐え続ける嫁の姿は、なくなっていった。

主婦が行ってきた家事労働全般は、水道の普及、家庭電化製品の普及等により大きく軽減された。また、職場で進む機械化やOA化は女性の職域・職種を広げ、正社員の夫を支え家計補助的に働く有職既婚女性が増加した。専業主婦は七〇年代半ばをピークに減少の一途をたどり、現在に至る。

このように、家族の形態や規模、家族内の関係性、家族員それぞれの就労形態や生活構造、主婦役割など、家族の生活文化全般は大きく変わった。民俗学が主な研究対象としてきた庶民の生活文化は激変したのである。日本の家やその中での成員間の役割も同様であった。八〇年代後半から、新たな女性、主婦研究が必要との問題提起がなされるが、変化をとらえる民俗学的視点が十分とはいえなかった。(4)

男女平等への道のりの険しさ

性別役割分業は意識と現実の間でズレを生んだ。女性の労働市場への参加が進んでも性別役割分担の解消は進まず、「夫は仕事、妻は家事と仕事」という新・性別役割分担が一般化している。

二〇一二年一二月、内閣府発表の男女共同参画社会にかんする世論調査結果で、「夫は外で働き、妻は家庭を守るべきだ」という考え方について、賛成（五一・六

(4) 一九六〇年代以降の主婦に関する研究蓄積は、女性学、家族社会学に豊富で参考になる。

パーセント）が反対（四五・一パーセント）を上回った。この質問を始めた一九九二年から前回二〇〇九年までは、一貫して賛成が減り、反対が増えるという傾向が続いていたが、今回初めて反転。賛成が反対を上回るのは九七年の調査以来一五年ぶりとなった。とくに、二〇代で賛成が一九・三ポイント増の五〇・〇パーセント、反対が二〇・五ポイント減の四六・六パーセントとなった。ただ、これを「若者の保守化」と見るのは早計で、若者の就職難、子育ては夫婦でと考える若い世代が増える一方で、男女ともに仕事と育児の両立が厳しい状況にあること、一層広がる男女の賃金格差、男女雇用機会均等法世代女性を取り巻く厳しい現実などが、仕事と家庭の両立を選ぶことへのためらいを招いていると考えるのが妥当であろう。

今後のために

主婦は職業なのか。職業を「何らかの収入が得られる仕事」とするならば、主婦は職業とはいえない。家事労働は無償だからである。主婦は職業欄に「無職」と書くしかない。しかし、民俗学はそうした問いの立て方はしなかった。主婦を家族内の地位とそれに伴う権限を持つ者ととらえ、その実際に着目することで、家長を補佐しながら家の祭祀や日々の生活をやりくりし、家を運営していくしくみや知恵を明らかにしてきた。それは、日本の家の特徴を解明することに大きく寄与した。

戦後、日本社会の変化の中で人々はどのような家族を作り、どのような生活文化を築いてきたのか。この問いに民俗学が答えるためには、社会学や人類学などの隣接諸学や女性学との対話を可能とする学の再構築を進めるほかはない。（靍理恵子）

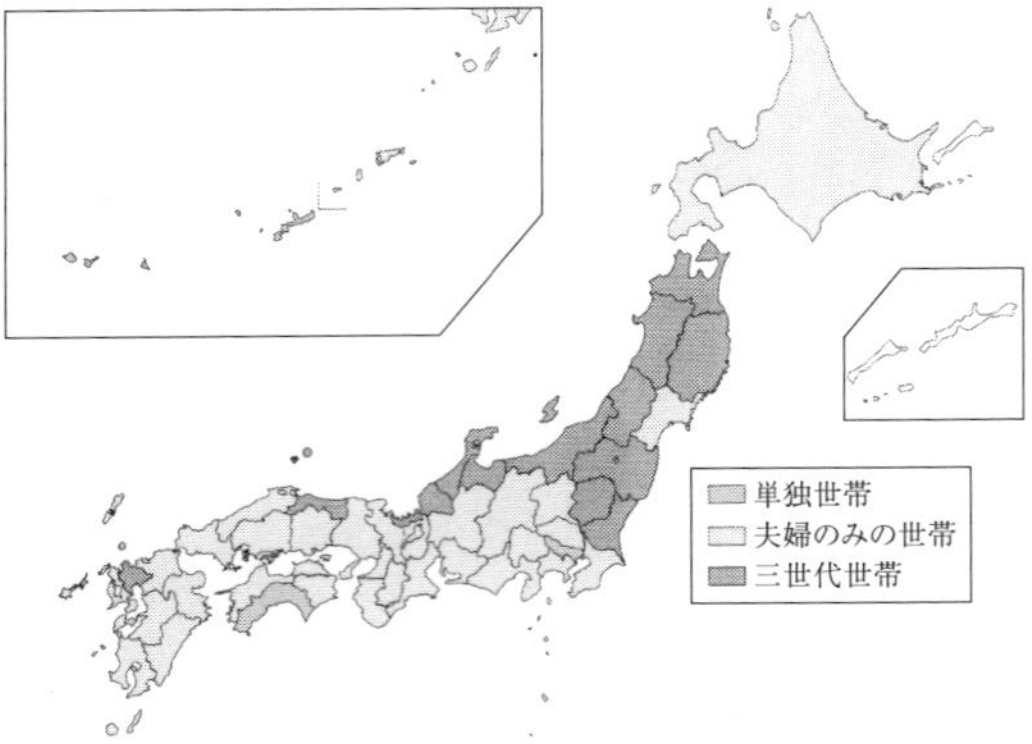

図１　65歳以上の者のいる世帯のうち各県で最も割合が多い世帯構造
（平成24年版『高齢社会白書』）

Question 4

親の介護、どうしますか？

——家族の介護力と終の棲家

親子の距離とそれぞれの工夫

五〇歳になり老年の入り口に立つ頃からだろうか、友人たちに久しぶりに会うとお互いの親の介護[1]の話が大きな話題となっているという経験を持つ人は少なくない。それまでは子どもの話が中心であったのが、いつのまにか子どもは大きくなり、それよりも老いゆく親たちをどのようにフォローしていくかが共通の話題に変わっていく。その話を聞いていると実に家ごとにいろいろな対応が試みられていることがわかる。

親の介護という点でいえば、子どもがいることが一つの前提となる。そして、子どもと親の居住地が近いか遠いかによって負担は異なってくる。それは①子どもと親が一緒にあるいは比較的近距離にいるケースと、②子どもと親が遠距離に別々に暮らしているケース（都市に住む子どもと地方に住む親のケースなど）に分けられる。また、①②のケースともに親自身の配偶者の有無も、子どもの負担の程度に関係してくる。父親には母親が、母親には父親が介護をしているかたち、つまり配偶者による介護が行われている場合と、そうでない場合、つまりどちらかが施設に入所してしまったり、先に死亡してしまい、一人暮らしの老いた親が残っているケースで

（1）もともと介護という用語は、一八九二年の「陸軍軍人傷痍疾病恩給等差例」において、恩給の給付基準としての概念として用いられたのが始まりである。

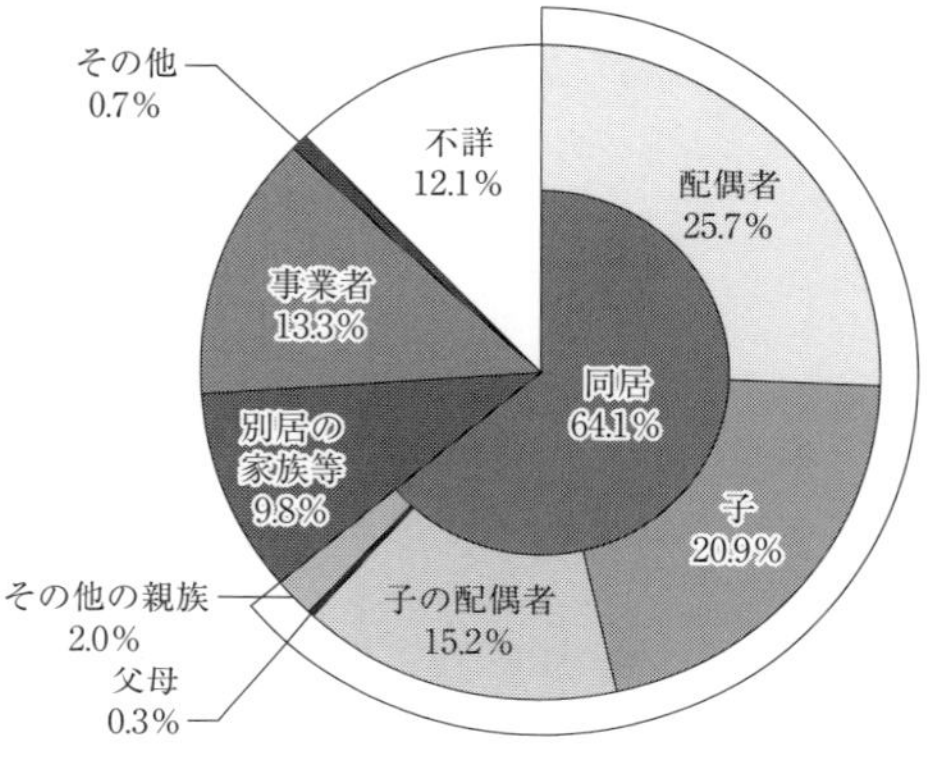

図2
要介護者からみた主な介護者の続柄（平成24年版『高齢社会白書』）
配偶者（パートナー）や子どもが高齢者にとってかけがえのない存在となっていることがわかる。

ある。この一人暮らしの老親のケースは深刻である。

嫁の務めから実子のサポートへ

もう一つ、住まいの上で距離的には①のケースだが、実態としては②のケースとも共通するケースを紹介してみよう。横浜市近郊の比較的近い範囲に三角形を描くように子ども家族、夫の実家、妻の実家がある夫婦の例である。この夫婦の場合、外出がままならなくなった夫の両親については長男である夫が休日に食料品のまとめ買いをするなどのサポートをし、妻の両親の方については長女である妻が世話をしている。このような夫婦それぞれが自分の親の世話をするというかたちは、新しいスタイルであるが、実は多くの五〇代の子どもたちと七〇代後半以降の親たちとの間で最近では比較的多く実践されているかたちである。都市部だけでなく、親が地方に離れて住んでいる場合にはなおさら自分の親の世話を兄弟たちとある程度分担しながら行っているという話や、まだ現役の男性の場合には、仕事と介護との時間的、体力的バランスを考慮した上で、親の介護を理由に役職につくことを辞退するケースも増えてきているという。多くの場合、地方の実家と東京の自宅を行き来する時間が大きな負担となっているときく。

ここであらためて注目されるのは、親の介護が「嫁の務め」でなくなってきているということである（図2）。三重県鳥羽《とば》市神島《かみしま》に生まれ、島内で結婚した女性（一九四三年生まれ）は、長年海女《あま》をしてきた。鮑《あわび》をとるのが上手く家計を潤していたが、姑（一九九一年没）の介護をするために、四〇歳で海に潜るのをやめて、一九九一年に亡くなるまで、約八年間、毎日、座敷の窓際に姑を「置いて」（寝かせて）世話をしていたという。紙おむつなどの便利な衛生用品がなかったので洗濯も大変だったという。「おばあさんをここに置いていたから（海女をやめたのも）仕方がない」という話し方をされる。また、一九七八年に栃木県の旧家に嫁いだ女性（一九四〇年生まれ）は、すでに寝たきりになって長い姑がおり、それまではお手伝いさんが世話をしていたが、お風呂に全然入っていないことを知り、自分で姑を抱っこしてお風呂に入れてあげたという。その時、姑は「弘子さん（そのお嫁さんの名前）がいてくれるからもう（家を任せて）死んでもいい」と言ったという。

かつての直系家族のもとで親子の関係に密着感のあった頃は、近くに住む親戚や近所の人たちの目が厳しく、「年寄りを粗末にしたら、何を言われるかわからなかった」という話も確かに聞かれる。しかし、ここに紹介した体験者たちの語りからは、「自分が世話をしないで、誰が面倒をみるのか、結局は自分がしなければ」という意識が本人にもあったことが分かる。[2]「高度経済成長世代[3]」までの人々は、男性は、妻が夫の親の介護をするのを当然と考え、また女性自身も夫の親の介護は「嫁の務め」としてその規範を内面化していたといわれている。しかし、一九五〇年代半ば以降、農林漁業を中心とした第一次産業から重化学工業を中心とした第二次産業への産業構造の転換がはかられて、若年労働人口の農村からの流出と都市部への人口集中が起こった。一九六〇年の国勢調査ではじめて、第一次産業従事者より第二次産業従事者の割合が大きくなり、一九五五年に一〇〇パーセントだった農家の跡取り確保率は、一九六七年には五七パーセントに減少した。その頃には農

(2) 一九九〇年前後には地方に暮らしていた老親を東京の息子夫婦の家に引き取る、いわゆる「呼び寄せ老人」が社会的に注目された。これも、長男夫婦が親の面倒をみるという規範の強さを表していると思われる。

(3) 一九四〇年代後半から五〇年代前半に生まれ、一九六〇年代から七〇年代の高度経済成長期に思春期、子供期を過ごして大人になった人たち。団塊世代がその象徴的存在。

家の嫁も会社や工場にパートに出るようになり「家族の介護力の低下」が起こった。戦後の経済、社会、教育などの変化が人々の生活や意識を変えていき、そうして、とくに二〇〇〇年代に入ってから以降は、親の介護をめぐる規範意識についても、旧来の「嫁の務め」から「実子が分担」へと変化してきているのである。

終の棲家も金次第？

現代社会は少子高齢化とともに非婚率の上昇という傾向も指摘されている。これまでも子どものいない夫婦の例は少なくなかったが、上野千鶴子『おひとりさまの老後』がベストセラーになったように、これからも子どものいない夫婦や独身の高齢者の例は増える傾向にある。そこで、子どもがいない夫婦のケースを考えてみる。そして、子どもがいてもあてにならないから、いないのと同じだという親や、子どもはいるが迷惑をかけたくないから夫婦でどうにかするという親の場合も、これに含めることにしよう。

子どもがいない夫婦の場合の事例もまた多様に展開している。元気なうちに高額の保証金を納めて高級老人施設に転居する人が増えてきている。それはフロントがあって二四時間見守られているという安心な環境で、部屋もプライバシーが確保されたワンルームマンションの形態が多く、麻雀室やビリヤード、スポーツジムなどの娯楽施設も充実し、中には著名で高級な寿司屋が店を出しているところまである。その一方、市や町など自治体からの一定の重度介護認定を受けられた場合には、公営の老人施設へ入所する例もある。このケースでは、高級な施設の利用から、福祉

図３　「ぽっくり往生の寺」として知られる吉田寺（奈良県生駒郡斑鳩町）

上の最低限の施設の利用まで、その両方の極端な事例が存在する。しかし、重要なのはその両極端の間に位置するさまざまな多くの人たちの現実であろう。そして、それは現代人にとって決して他人事ではない。身寄りも所得もない老人が公的施設を頼るかたちから、子どもに迷惑をかけないようにと自立的に施設を選択している例まで多様であり、経済力の差がそこに大きく反映されているのが現状である。むしろ老年にいたってからの経済力次第で、終《つい》の棲家《すみか》が決定しているのである。

キャノニカル・ジェネレーションという考え方がある。日本語に訳すと「規範的世代」ということになろう。ある時代の価値観や生き方を規範として体現している人々という意味である。親の介護を誰がするかという問題についていうならば、親の面倒は子ども、とくに長男の嫁がみるものとされてきたのが旧来の規範であった。それがいま大きく崩れ、それぞれの実子がみるという夫婦分業の考え方が浸透してきている。または、子どもがいても迷惑をかけないようにと親たちが元気なうちに終の棲家を選択して転居していくケースも増えてきている。現代社会はそのように、旧来のキャノニカルなものの変化が急速に進行してきている社会なのである。

資金と人柄

ＷＨＯが二〇〇〇年に「健康寿命」（Health life expectancy）という言葉を発表した。これは日常的に介護を必要としないで、自立した生活ができる生存期間のことである。日本人の健康寿命は七五・〇歳で、男性が七二・三歳、女性が七七・七歳とされる（二〇〇四年）。これが近年「健康年齢」といわれているものである。

『厚生白書』一九八四年版で「人生八十年時代の到来」と書かれてから以降も、日本人の平均寿命は伸び続け、二〇一〇年の統計では平均寿命は男性七九・五九歳、女性八六・四四歳となっている。「健康年齢」には個人差が大であることは誰でも知っていることであり、奈良の吉田寺《きちでんじ》をはじめとするぽっくり信仰や最近のＰＰＫ（ピンピンコロリ）の合言葉の流行もうなずけるところである。

しかし、平均寿命と健康寿命から仮に単純計算するとするならば、男性では八〇歳から七二歳を引けば、八年間、女性では八六歳から七八歳を引けばやはり八年間くらいは人の手を借りての生活を送ることが予想される。医療の進歩によって一昔前のように「看取り三月」ではすまなくなった。自立した生活がかなわなくなった後の自分の生存期間をいかに人に迷惑をかけないように過ごすかが、あらためて現代人にとって課題となってきている。平安時代の『往生伝《おうじょうでん》』の類以来、長い歴史の中で老後の安穏と往生とを実現させる要件として注目されてきているのは二つである。一つは負担をかける人たちへのお礼の意味での一定の資金や資財である。そしてそれよりさらに重要なもう一つは、元気な現役人生の中で人の世話をよくして慕われるような人柄を養っておくことである。金銭の利害だけの人間関係が虚しいことは多くの実例がものがたっている。「最期を看取る」、「死に水をとる」、そういう人がいてくれることがこの世でいちばん大切だということは、このような言葉とともに多くの民俗伝承が語っているところである。

（関沢まゆみ）

次の扉を開くための読書案内

落合恵美子『21世紀家族へ――家族の戦後体制の見かた・超えかた』有斐閣、一九九四年

戦後家族の変化について女性の位置に視点をおいてわかりやすく解説している著作。一九五五年から七五年までの二〇年間の安定した時代にできた家族像は、女性は主婦で（主婦化）、子どもの数は二人か三人（二人っ子革命）、そして核家族であることを特徴とするものであった。それが一九七五年以降に大きく変化し、一九九〇年代には家族の「個人化」が進行したことを説いている。

沢山美果子『近代家族と子育て』吉川弘文館、二〇一三年

近世社会においては、母一人が子育てを負うものではなく、世間で育てるものとされていたのが、近代、とくに一九一〇〜二〇年代を経るなかで、閉鎖的な家庭で「育児」が行われるようになったという変化を指摘し、近代家族と子育てをめぐる規範の歴史性の追跡を行っている。

坪井洋文ほか編『日本民俗文化大系』一〇巻（家と女性――暮しの文化史）小学館、一九八五年

日本の高度経済成長による産業構造の変化が、人々の家の系譜意識や先祖観の変化、「家」の成立基盤の欠落をもたらしているという認識のもとに、「家と女性」をめぐる問題を取り上げている。第六章「女をめぐる明と暗の民俗」のなかの、青柳まちこ「忌避された性」では、いわゆる幸福な女性の一生（結婚、男子出産、嫁を迎え、隠居し、孫子に看取られながら大往生）からは「外れた」女性たちに焦点をあてて、「子を産めない母性の悲惨」や「未婚の母」について述べている。

福田アジオ『柳田国男の民俗学』吉川弘文館、一九九二年

従来の民俗学の女性論では、宮田登『ヒメの民俗学』（青土社、一九八七年）にみられるような、女性の霊的能力、信仰的な力に注目した論考が多かったなかで、日々の家族生活における女性の労働に着目している。主婦の地位と主婦権や、農業労働の割り振り、食物の管理、客の接待と酒造りなど主婦独自の役割についての柳田の見解を整理している。

六車由美『驚きの介護民俗学』医学書院、二〇一二年

民俗学の研究者であり、同時に介護職員である著者が、自らが働く介護現場で入所者やデイサービス利用者に彼らの若い頃の経験をいわば「民俗調査」した記録である。介護を必要とする高齢者を対象にした、「テーマなき聞き書き」の実践は、彼らを活性化させたという。聞き手を得た語り手たちは語ることで自己表現し、生きた証を残しているようである。「介護現場で民俗学に何ができるのか」の挑戦的な実践例として話題を集めた本である。

柳田国男『先祖の話』一九四六年（『柳田国男全集』一三巻、ちくま文庫、筑摩書房、一九九〇年）

「家永続の願い」という言葉に象徴されているように、家と家族の歴史と民俗について論じている。家の継承者の霊魂は死後においても先祖のみたまとなって子孫を見守り、盆や正月の行事の中で互いに交流をすることが理想とされてきたということを、日本各地の民俗伝承から帰納し指摘している。

第2章　人間関係のゆくえ

社会を生きるということは、さまざまな人と出会い、つきあいを重ねていくことである。人間関係は、個人の意思やライフスタイルによって異なり、一見すると多様なつきあいが主体的に構築されているように見える。その一方で、生まれた家や育った地域によって必然的に形づくられるつながりもある。ふだんの暮らしの中には、共通の作法やしくみ、儀礼といったものがあり、場所と時間とを共有することによって、人間関係が形成され、維持されてきた。こうした歴史的に形づくられてきた人々のつながりは民俗学の大きなテーマであった。

本章では、協同と互助のしくみをもつ場所としてのムラ社会と、ハレの時間を共有するために多くの人々が参加する都市祭礼を取り上げる。また、人々のつながりを確認し、深める行為としての贈答についても考える。現在の私たちが、伝統的な制度や慣習の中をどのように生きているのか、またそのしくみはどのように変化しようとしているのかを展望したい。

Question 5

ムラ社会とはどんな社会？――結集と排除

比喩としてのムラ

二〇一一年三月一一日の東北地方太平洋沖地震とそれに伴う津波で、福島県の東京電力福島第一原子力発電所がメルトダウンするという大事故が起きた。その社会的政治的要因を探る中で、「原子力ムラ」という言葉が新聞・テレビをはじめさまざまな媒体に登場した。原子力ムラとは原子力関連施設が実際に立地する村落という意味ではない。ここでいう「ムラ」は原子力開発に対して特殊な利害を持った政治家、学者、官僚、企業などをひとまとめにして呼んだもので、彼らが一体となって原発安全神話を作り上げ、原子力関連施設の設置を推進してきたことを揶揄する言葉である。「ムラ」は特殊な利害関係で結びついた、排他的閉鎖的な集団の喩《たと》えとなっているのである。

ムラあるいはムラ社会という語が、否定的な意味を持った比喩として使われるのは原子力ムラだけではない。合理的に運営されるべき企業などに対して、「ムラ的な運営」といえば判断が内向きで人間関係によって左右され、新しい変化を嫌うというような好ましくない喩えとして使われる。実際のムラ[1]も否定されるべき排他的で閉鎖的な社会なのだろうか。

（1）生活生産上の自律的なまとまりをもち、住民自らが「ムラ」と呼んでいる実体としての地域社会を、民俗学では前近代における支配単位としての村や近代以降の行政上の村と区別して、カタカナでムラと表記してきた。

（2）村八分と書いて葬式と火事の二分をのぞいた残りのつきあいを絶つから八分という説がある。しかし、実際には葬式の手伝いもしないとするムラも多い。

（3）一九一一年には「多数者ガ共同同盟シテ絶交シ、以テ社会的生活ノ自由ヲ妨害シ名誉ヲ失墜セシメシハ不法行為ナリ」との大審院の判例があり、一九二四年にも「所謂村八分又ハ町省ノ処分ヲ為シ、之ヲ通告スルガ如キハ、（中略）其ノ行為ノ脅迫罪ヲ構成スル」という判例がある。

図1　ムラ中が参加する祭りも大切な寄合の場（群馬県沼田市）

実行されないムラハチブ

ムラ社会が、内部の多様な個の主張を認めない閉鎖的な性格を持つことを表すものとして、よく例に出されるのがムラハチブである。[2] ムラハチブは、ムラハズシなどともいい、ムラの総意として決定したことに従わない、ムラ人としての義務を果たさないなど、ムラの秩序を乱した構成員の家に対してムラの一切のつきあいを絶ってしまう制裁である。ムラハチブが不法行為であることは、すでに明治時代に今の最高裁判所にあたる大審院の判決で確定している。[3] にもかかわらず、現在でもムラハチブは行われていて、ときおり人権侵害問題として新聞記事になる。

しかし、記事になるのはムラハチブが実行された場合である。その陰には提起されただけで実行されなかったムラハチブが多くあったと考えられる。ムラハチブは、特定の家の排除自体が目的ではなく、ムラの秩序を乱す行為を抑止し、構成員をムラの総意に従わせることに意義があるからである。その具体的なあり方を、北関東の戸数四〇ほどのあるムラ（以下、Aムラ）の一九九〇年代の例から見てみよう。

Aムラでは、二月にムラ全部の家の世帯主が出席するケイヤク（契約）と呼ばれる寄合が行われる。寄合では、区長などのムラの役員を決め、一年の決算を行い、ムラのさまざまな問題が話し合われる。ムラにとって寄合は、その運営上の事項を決定し、構成員の意志を統一する重要な席で、ムラの構成員は一軒から一人の出席が求められる。以前は世帯主ではない女性が何度も続けて出席すると、「あそこの家はカアチャンばかり出て」と陰口をいわれたという。さすがに現在は女性の出席者も多いが、寄合に出席しない家は非難の対象となる。

図2　ムラ中の家が順番で用水路を見回る水番（群馬県利根郡みなかみ町）

かつて、このムラに転入して日が浅く、寄合に続けて欠席した家があった。寄合では多くの事項は古くからムラに住む家の主導のもと、従来のやり方を踏襲して決められることが多い。新しい家は発言する機会もなく、出席しなくても実質的には影響はない。ところが、寄合の席上、ある旧家の人から「あの家はこのムラに入れてやったのに、寄合をいつも欠席する。だったら、はずすべえ」という発言があった。「はずす」とはムラハチブにすることである。ムラ構成員の義務を果たせないのなら、ムラからはずれてもらおうという提起がなされたのである。しかし、これでムラハチブの実施が決まるわけではない。強硬な意見が出ると、必ず穏健な意見が出るのが寄合の常である。このときも別の人が「私からよく言っときますから」と取りなして、その場は収まった。寄合の終了後、いきさつを聞かされたその家は、それ以降、寄合に出てくるようになったという。ムラハチブは実際に行われなくとも、その実施を示唆するだけでムラの秩序を守らせる効果があったのである。

家の生産を支えるムラ

ムラハチブが秩序維持に有効である背景には、ムラから排除されると、その家の生産や生活が行えなくなるという現実があった。ムラは、構成員である家の生産と生活を支える組織として機能していたからである。

個々の家では獲得できない生産上不可欠な資源を確保・管理して、それを構成員である家々に分配することは、ムラの重要な役割であった。そうした資源の一つに稲作に欠かせない水がある。多くの地域で、灌漑用水を確保するための川の取水堰の設置や溜池の管理、用水路の維持は、ムラとして、あるいはムラを単位とした水利組織によって、家々の力を結集させて行われてきたのである。

たとえば、用水路の維持について、Aムラでは、毎年春四月と秋一〇月の二回、全戸から一軒一人ずつ出て行われる道普請《みちぶしん》(4)の際に、ムラの中の主要な用水路の清掃も同時に行っている。ムラ仕事と呼ばれる無償の共同作業である。現在では用水路はコンクリート製になったので短時間の作業で終わるが、かつては水路に溜まった土砂を浚《さら》い、周囲の草を刈るなど大変な仕事であった。ムラの構成員には労力提供が義務づけられ、やむを得ず出られない家からは出不足金が徴収される。水田を持たない非農家であってもムラの構成員である以上、参加が義務づけられている。生産に必要な施設の維持がムラとして行われてきたのである(5)。

相互扶助のしくみ

生活のさまざまな場面でも、個々の家の力だけでは対処できないできごとに際し、他の家の人々が労力を結集し協力し合う相互扶助のしくみがムラには存在していた。火事を出した場合の後片付けは大変な作業であるが、Aムラでは、火事があると消火後すぐにムラ中に触れが回り、決められた時刻にすべての家から手伝いが出て、火事になった家に集まってくる。そして、焼け焦げた柱の残骸や家財などを、男性たちがすべてきれいに片づける。女性たちは近くの家を借りて握り飯を作り、焼け出された家の人と手伝いの人たちに振る舞う。どちらも無償の労力提供である。葬式の場合には必ずしもすべてのムラの人ではないが、近隣の家々とイッケと呼ばれ

表1　農業集落による農業用用排水路の管理　（単位：集落）

	農業用用排水路がある農業集落	農業集落として管理している	非農家にも出役義務がある
全国	123,044	96,262	38,440
北海道	5,104	2,536	584
東北	15,848	12,415	4,179
北陸	10,439	9,399	4,321
関東・東山	21,648	16,088	6,251
東海	10,699	9,016	3,526
近畿	10,885	9,241	3,331
中国	17,851	13,561	7,012
四国	9,549	7,355	3,640
九州	20,646	16,565	5,535
沖縄	375	86	61

（4）ムラ仕事として行われる道路の修繕。道路が舗装されていなかった時代、ムラ内部の主要な道では共同作業による修復や草刈りが行われた。

（5）二〇〇〇年世界農林業センサス（五年に一度行われる農業に関する全国規模の統計調査）によれば、農業用排水路を農業集落（ほぼ民俗学でいうムラにあたる）で管理しているところが七割以上であり、地域差はあるものの全体の三割を超える農業集落で非農家も含めた構成員に出役義務を課している（表1）。

図３　家々が協力して行う田植え（群馬県高崎市）

る本家・分家が中心となって葬具の手配や作成、弔問客の受付・接待など、葬儀の手伝いを行う。このようなムラの相互扶助のしくみにおいて、労力や資材を他の家に無償で提供することは、次に自分の家で何かあったときに、ムラの他の家々から同等な無償の援助を無条件で受けられる保証となった。

群馬県北部、利根川上流部にある藤原というムラでは、かつて茅屋根の葺《ふ》き替《か》えがあると、谷沿いのほとんどの集落から手伝いの人がその家に集まった。葺き替えは二五年か三〇年に一度行われ、葺き替えた家では「屋根替え普請帳」に手伝いに来た家と人数、提供された資材の量を記録しておいた。手伝ってくれた家の葺き替えの際に、同じだけの労力や資材を返さなくてはならないからである。その中で、比較的早く茅屋根をトタン葺きにした家があった。この家では一人暮らしになって葺き替えの労力や資材を各家に返すことができなくなり、義理を欠くくらいなら、いっそ葺き替えの必要がないトタン屋根にしてしまった方がよいと考えたのである。

ムラに住む

家々の力を結集して支え合うムラのしくみは、ムラの土地の上に何世代も継続して居住してきた家どうしが築き上げてきた社会関係を基礎にして成り立っている。ムラで生まれた人々は、小さい頃からの記憶と経験を共有しつつ、上の世代からの伝承によって、ムラのしくみとそれに伴う規範を一種の「常識」として身につけている。この「常識」を共有しない人々が新しくムラに住みつくのは困難を伴う。そのことをもってムラの閉鎖性ともいえようが、ムラの側としても、ムラの相互扶助

図4　葬儀の手伝いに集まった近隣の人たち
（群馬県伊勢崎市）

のしくみが担えるかどうかわからない新しい家を、無条件で構成員に加えるわけにはいかなかったのである。ムラに定住する際には、ムラの中で世話をしてくれる身元保証人ともいうべき存在が必要であった。ワラジオヤなどといわれる家がそれである。その紹介で、ムラの寄合の場で挨拶をするなどの一定の手続きを踏めば、一応ムラの一員として認められた。それ以降、ムラの共同作業や寄合へ参加し、ムラの家どうしのつきあいを重ねることで、徐々に一人前の構成員として認められていくのである。新しい家は、そうした際の経験や観察、あるいは世間話を通して、ムラのさまざまな規範を学び取っていかねばならなかった。

Aムラでは近年新しい家が増え、ムラ入りの手続きはかつてよりよほど簡単になった。酒二升を持って寄合で挨拶することと、集会所利用費をムラに納入することくらいである。以前は、世帯全員の名前を表書きした手ぬぐいを近隣に配るとともに、近隣の家を招いて新しい家の中を見せ、酒食でもてなす慣わしであった。ムラの共同作業の範囲や労働量も減ってきている。ムラとして道普請と用水路清掃は行っているが、水路も多くが清掃の必要ない暗渠《あんきょ》になった。ムラの構成員に非農家が多くなり、農業にかんすることはムラ全体ではなく、農協の農事支部で話し合われる。葬儀は外部の葬祭業者に頼んで、葬儀場で行われることが普通になり、近隣の家々の手伝いは大幅に縮小している。ムラに入るのは容易になったが、ムラの中の家々の関係は希薄化する傾向にある。最近では寄合の出席者が、どこの家の人かわからないこともあるという。ムラにおける結集と排除のしくみは表裏の関係にあるといえるのかもしれない。

（飯島康夫）

Question 6

「祭り」はなぜ盛り上がるのか？——神事から祝祭へ

図1　にぎわう祭り（福岡市東区筥崎宮《はこざきぐう》の放生《ほうじょう》会《や》）

祭りのイメージ

「祭り」という言葉からどのような光景が思い浮かぶだろうか。[1] 神輿《みこし》を担いだ男衆の姿、豪華絢爛《けんらん》な山車《だし》がひかれる様子など、そのイメージがさまざまであるように祭りも多種多様である。実際の祭りを見たことがなくても、新聞やテレビなどから祭りのイメージを得た人も多いに違いない。地域の文化や時々の季節感を伝える格好の素材として、祭りは毎日のようにどこかのメディアで取り上げられている。ともすれば一年中行われているように思われる祭りであるが、行われる季節によって異なる意味を持つ。春と秋には作物の豊穣祈願と収穫祝いとして行われる祭りが多く、農村部を中心に最も多くの祭りが集中する季節である。また、夏には疫病退散を祈願する都市部の祭りが多く見られ、冬には山間部で神楽などの芸能を伴って行われるものが多い。祭りのイメージにもし特定の季節感が伴っているとすれば、それはその人が生まれ育った地域の特徴をも同時に示しているのである。

　ところで、大学生に祭りのイメージを聞いてみると、観光地や商業地域での催し物やイベントを思い起こす人が多い。確かに「さくら祭」「港祭」など、祭りと銘打たれたイベントは多い。夏であれば浴衣姿で行き交う人々や、立ち並ぶ露店など

（1）祭りという言葉の原義については諸説あるが、神に供物をタテマツル（奉る）、あるいは神の来臨をマツ（待つ）、神にマツロフ（服ふ）など、いずれも神に仕え奉ることを意味する言葉であったと考えられている。

も祭り気分をかきたてる。言うまでもなくこれらのイベントに祭りという名が付されていることは、祭りの語に大勢の人々で賑わう特別な時間という意味が付されていることを示している。近年インターネットの掲示板などで大勢の人が書き込みを続ける状態を祭りと表現することも同様の語義理解に基づくものであろう。では、そもそも祭りとは何であるのか。

祭りとは何か？

祭りの場に神を迎えるにあたって、祭りに参加する人々には日常生活とは異なる、精進《しょうじん》や潔斎《けっさい》、忌《い》み籠《ごも》りなどが課される。(2) 祭りの実施に臨んで「○○を食べてはいけない」「○○してはいけない」などといった禁忌《きんき》（タブー）が見られるのも、祭りという非日常の行為がすでにこの準備段階から始まっていることを意味している。

神が人の世界へと来臨すると、来客を食事でもてなすのと同じように神前に米・塩・お神酒《みき》、季節の農作物や魚などの供物が供えられる。(3) そして司祭者である神職の祝詞《のりと》によって参拝者の祈願や感謝を神に捧げる。供物が下げられると、下げられた酒食を参拝者が共に食べる場が設けられる。これを直会《なおらい》という。神への供物を人々が食べることは、神と食事を共にすることを意味しており、神と参拝者との関係がより一層深まると考えられている。さて、主だった人の挨拶や、参加者一同の祝い唄《うた》などが歌われると直会は一旦終了となるが、これは中締めであり、席を入り混じっての飲食がここから始まる。カラオケセットなどが用意されていれば歌いだす人もいるだろう。宴会が始まったのである。ここにはもはや神祭りの厳粛さはな

図2　直会（長崎県壱岐《いき》市，若宮神社例祭）

（2）祭りに先立って滝や流水で身を清める、男女の交わりを断つ、世間と隔離した空間で一定期間を過ごす、特定の食べ物を食べないなど、その方法はさまざまである。

（3）神饌《しんせん》とも呼ばれ、海や山でとられたものや、特定の田で氏子が育てた米を使って餅を搗き鏡餅にしたものを供えるなどする。材料の調達や保管、調理に決められた手順や清浄性が求められ、その神社を特徴づける供物は特殊神饌とも呼ばれる。

く、ただそこに集った人同士が肩肘張らずに飲食しつつ歓談する。芸を披露する人なども出て場は一気に盛り上がる。

このように見てみると、祭りがいくつかの過程から構成されていることがわかる。祭りの前にはまず神を迎えるための忌み籠りがある。そして祭りが始まると、神に司祭者が食べ物を供えて祈願や感謝を伝える「祭り」、神と司祭者・参拝者とが共に飲食をする「直会」を経て、人と人とが盛り上がる宴会となる。祭りはこのような複数の段階によって構成されているのである。

図３　直会後の宴会（長崎県壱岐市，若宮神社例祭）

神事から祝祭へ

ここまで読み進んで、自分のイメージした祭りとは違うと思う人もいるであろう。ここに出てくるのはその地域の神社をまつる氏子《うじこ》と呼ばれる人々だけであり、神輿が練り歩く御幸《みゆき》やさまざまに趣向を凝らした作り物、流鏑馬《やぶさめ》などの競技、民俗芸能などが登場しないからである。柳田国男は『日本の祭』の中で、祭りを「祭」と「祭礼」とに分けて考えている。「祭」は神祭りであり、神と神を祀る人との間において執り行われるものである。それが見物人という第三者の登場によって、より祝祭[4]の色合いが強く、見る人の目を意識した「祭礼」が生まれた。祭礼では、より多くの見物人を集めるため、あるいは他の地域と張り合うため、競って豪奢な神輿や作り物、趣向を凝らした飾り物が作られるようになる。すると人の目は物珍しい方へと向き、それが評判となって見物人が集まってくる。さらに人気が高まると、うちのムラでもやってみようということになり、類似の飾り物や作り物が周辺地域に

（4）神をまつる人々が非日常的な時間と空間のなかで交流したり共同で行動したりすることによって、集団的な高揚が起こり、神をまつるという行為を越えて展開していく華美で享楽的な様相。

図４　都市の祭礼
（福岡市博多区，博多祇園山笠）

次々と伝播するようになる。

このような「見られる祭り」は、主にマチを中心に発達したが、その注目すべき特徴として、外部からの参加者が多いことが挙げられる。たとえば青森のねぶた祭、京都の祇園祭《ぎおんまつり》、博多祇園山笠《ぎおんやまかさ》といった大きな祭りには、マチに住む人だけでなく、周辺地域あるいは全国から集まってきた人々が大勢参加している。祭りが好きで参加する人のほか、アルバイトや学校・企業の研修などで参加する人もいる。いわばヨソ者といわれる人々の存在が祭りの執行に欠かすことができないのであり、マチの祭は本来的に広範囲の人々によって支えられることを前提に成立していたと考えられる。

たとえば、岐阜県の高山祭《たかやままつり》において絢爛豪華な屋台をひく人の多くはマチの人ではなく、周辺農村部、あるいは市内の会社や大学からの参加者である。一見するとマチの人口減少による近年の傾向かと思われがちであるが、話を聞いてみるとそうではない。江戸時代の高山祭では、マチの旦那衆が金を出して立派な屋台を作るのだが、実際にその屋台をひくのは周辺農村からやってきた奉公人たちであった。マチに住んでいた旦那衆は決して屋台をひくことをせず、屋敷の二階の窓から懐手に屋台の曳行《えいこう》を眺めていたという。一方、農村部の人々にとって高山祭に参加することはすでに年中行事となっており、七代続いて今も同じ屋台をひきに来ているという人もいる。このような助っ人ともいうべき外部者の参加は、祝祭性の強いマチの祭礼には欠かせないのである。

図５　絢爛豪華な屋台をひく春の高山祭（岐阜県高山市）

ハレの時間としての祭り

祭りは人々の生活にとってどのような意義を持っているのか。石川県能登地方の各地では夏になるとキリコと呼ばれる大きな灯籠《とうろう》が出る祭りが行われる。日中は比較的静かな祭りだが、夜になると派手な法被《はっぴ》に身を包んだ大勢の若者たちが集まり、祭りは最高潮を迎える。過疎地ともいわれる小さな村々になぜこれほど多くの若者が集まるのかと驚かされるが、能登では「盆には帰らんでも祭りには帰る」という言葉があるほど祭りが盛んであり、「祭りが近づくと血が騒ぐ」という話をよく聞く。一年のうちで一日だけ、祭りで盛り上がり大騒ぎするということが、地域の人々の生活リズムに織り込まれているのであろう。日常の時間をケ、非日常の時間をハレととらえた場合、夜という時間、立ち並ぶ露店、派手な法被等の衣装は、その夜が日常のケの時間から隔絶していることを明確に示している。祭りは非日常のハレの時間なのであり、このような日常からの逸脱こそが祭りを盛り上げる大きな要素となっているのである。

言うまでもなく祭りは集団行為である。多種多様な職業や年齢の人たちが、祭りの準備から終了まで多くの作業をともに行い同じ時間を過ごす。祭りというハレの時間を終え、再び日常のケの時間に戻った後にもその共同作業の経験は生活の潤滑油のように機能する。

祭りと地域

「神賑わい」という言葉があるように、多くの人で賑わうということそれ自体が

図6　輪島大祭のキリコ（石川県輪島市）

（5）国・県あるいは市町村の無形民俗文化財に指定された祭りも多い。文化財指定は祭りの担い手の誇りにつながる一方、祭りの実施にさまざまな制約をもたらす。現代の祭りを考える上で文化財保護制度の影響を無視することはできない。

神にとって喜びであると考えられている。しかし、すべての祭りがこのように盛り上がっているわけではない。民俗調査をしていると「祭りの最期《さいご》」を看取ることもままある。祭りをやめるにあたっての理由を尋ねると、過疎、第一次産業の衰退、担い手の高齢化、若者の無関心など、答えは大体決まっている。これら消えていく祭りの多くは、先の柳田の分類に従えば、神事として行われる神祭りのほうに属している。

また、祝祭の色合いが強く見物人を意識した祭礼においても、見物客が年々増加する反面、都市の空洞化による祭りの担い手不足は深刻だという話も聞く。文化財指定や公的補助金といった措置を受けたとしても、肝心の担い手がいなければ祭りを持続することはできないのである[5]。

その一方で、地域伝統の新たな担い手も現れている。たとえば、福岡県の小倉祇《こくらぎ》園太鼓《おんだいこ》では、学校や職場、太鼓塾、若者を中心とした有志チームなどが祭りの新たな担い手として登場している。地縁・血縁といった従来型の集団とは異なり、いわば個人の選択縁ともいうべき絆で結ばれた集団であるが、彼らのさまざまな試みが地域を刺激し、祭りの盛り上がりと継承に大きく寄与しているのである。

このように、祭りの盛衰には地域とそこに住まう人々の生活の移り変わりが如実に反映されているともいえる。どのような祭りが盛り上がり、どのような祭りが消えているのかをつぶさに見つめていくと、そこに現代社会の課題と未来への展望が浮かび上がってくるのである。

（須永　敬）

Question 7

お中元、お歳暮はなぜするのか？——つきあいと贈答

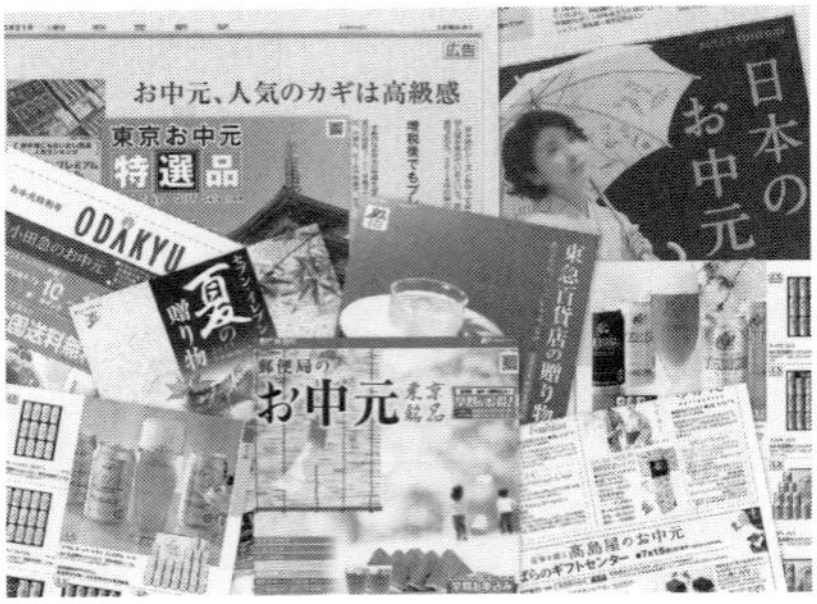

図1　中元商戦の広告

商戦の出陣式

二〇一三年初夏、アサヒビールから「アサヒスーパードライプレミアム」が発売された。近年、ビール業界は、発泡酒や第三のビールという安価なビールと高級志向のビールという二つの路線がある。この年の中元商戦に、ヱビス（サッポロ）とザ・プレミアム・モルツ（サントリー）にもう一つの銘柄が加わったことになる。ドライプレミアムは、中元と歳暮の期間限定のギフト用としてのみ発売されたが、二〇一四年二月から通年発売されている。現在の中元、歳暮の市場は、メーカーにとって、市場開拓の機会でもある。

中元と歳暮の時期はだいぶ早まってきた。二〇一三年五月一五日のインターネットのニュースには、高島屋大阪店にて浴衣姿の社員が開店前の朝礼で「がんばろう」と声をあげて、中元商戦の成功を祈念したという記事が掲載されている。東京は若干遅くて、五月二九日に日本橋の高島屋と三越が中元の出陣式を行っている。日本橋高島屋では相撲の親方を招いての出陣式であった。歳暮商戦の出陣式も一〇月末に行われるが、相手に品物が届くのは、中元は六月後半、歳暮も一一月後半からである。デパートが出陣式という名称で気合を入れる風景も、今ではテレビでも

お馴染みの風物詩となっている。半年に一度のこの時期は、ボーナスの時期とも重なり、売る側にとって商戦の名のとおり、大きな市場なのである。

物で結ぶ人間関係

中元も歳暮も、普段、世話になっている人が世話をしてくれた人へ贈るものである。これが、バレンタインデーやクリスマスなどと大きく違う。つまり、目上の者は目下の者へ中元や歳暮は贈らない。贈る側にとって、半年間、有形無形で世話になった礼と、これからの半年間、何かと心にかけてもらうことへの先払いの礼がこめられている。中元や歳暮は、水引をかけた品物を持って、相手の家を訪ね、きちんと礼を述べて渡し、受けた側でも、適当な物を用意しておき、帰り際に手渡すものであった。ただし、帰り際に貰う品物は、中元や歳暮の贈答ではない。先に述べたように、目上の者からの加護に対する礼をこめた品物が中元であり歳暮なのである。

現在では死語になってしまったが「仲人《なこうど》三年」という言葉がある。頼まれ仲人(1)に対しての義理は三年間という意味である。では、新郎新婦は、具体的に三年間何をすれば義理が果たせるのだろうか。それが中元と歳暮を贈ることである。

中元のそうめん・歳暮鮭・嫁御鰤

中元は、道教の祭日の三元(2)の一つで、道士が経典を読み上げて亡者を救う日であった。仏教では七月一五日は盂蘭盆会《うらぼんえ》であり、亡くなった人の霊魂をまつり、供養する日である。

(1) 仲人とは男女の仲をとりもち、結婚の段取りをして取りまとめる役をいう。「仲人親」「仲人は親も同然」といわれるように、仲人と新郎新婦は親子に擬した関係を結ぶこともあるが、頼まれ仲人とは結納や結婚式、披露宴のときだけの仲人をいう。

(2) 一月一五日を上元、七月一五日を中元、一〇月一五日を下元といい、三官大帝という三人の神が生まれた日だという。中元は人の罪を許す神である地官の誕生した日とされる。

日本では、中元は、盆の贈答やその品物のことをさし、明治以降に使用されることが多くなった言葉である。盆の贈答を示す語彙としては、盆礼がよく知られており、実家へそうめんや小麦粉、米などを持っていくものであった。持っていく品物のことを盆供《ぼんく》などといい、新盆[3]ではとくに盛んに行われた。静岡県では、この供物をミタマというところもある。盆のときに品物を持っていくのは、精霊《しょうりょう》[4]に対してばかりではない。両親への盆のときに贈り物をすることを生見玉《いきみたま》といい、刺し鯖《さば》などを届け、両親が健在であることを祝った。中元は、本来は盆にまつられる祖先や健在な両親への供物であり、その贈答の部分が次第に切り離されて現在の中元になったものと考えられる。季節のものということもあるが、現在も中元に、そうめんやうどんを贈ることも少なくない。

歳暮は、年末に行われる贈答のことをいう。通常、一二月一三日から二〇日頃までに届くように贈るといわれてきたが、近年は早くなってきていて、一二月になると歳暮が届くようになってきた。クリスマスや正月が近いこともあって、高級な食材や飲料などが人気がある。

東日本では、仲人や実家の親に塩鮭を歳暮に贈る習慣がある。何度も仲人をしている夫婦には、たくさんの塩鮭が届けられる。塩鮭は、土間に吊して保管した。何本も塩鮭が吊してあるのは、夫婦にとって、誇りでもあった。塩鮭は、大きな切り身にして、正月のご馳走にしたばかりではなく、長く保管しておいて農繁期に焼いて食べた。田植の手伝いに出す食事には、この塩鮭を出すものだったともいう。そのくらい保存のきく塩辛い鮭であった。

図2　出荷を待つ塩引き鮭
（新潟県村上市）

（3）新たに亡くなった死者を、死後はじめてまつる盆のこと。三度目の盆までを新盆とするところもある。新盆の家では新仏のために特別な祭壇を設け、盆提灯や高灯籠などを準備する。盆の期間、親戚や近所の人々が供物をもってお参りにくる。

（4）先祖の霊のことで、お盆のときには先祖の霊をお迎えしてまつり、送り火などをして送る。家や子孫を守ってくれるとされた。

福岡県など、九州を中心に、嫁御鰤《よめごぶり》の習慣がある。結婚した年の年末に、嫁ぎ先から妻の実家へ「良い嫁ご振り（ぶり）です」という意味をこめて玄界灘でとれた大きな鰤を贈るのである。「初正月」の熨斗《のし》をつけ、正月の雑煮に用いたり、親戚にご馳走したりする。

嫁側から婚家へ贈る地域もある。石川県能登地方では、結婚した年の一二月初めに嫁の実家から大きな鰤が贈られる。この鰤は三枚におろし、半身を嫁の実家へ返礼として贈り、残りは大きな切り身にして親戚に配るのである。嫁の実家でも返礼の鰤を切り身にし、こちらも親戚に配ることもある。一本の鰤を軸にして、切り身を分け合い、婿方と嫁方がお互いに親戚であることを確認する場になっている。

九州の例も能登地方の例も、現在でも行われている習俗である。鰤の贈答の季節になると、「嫁御鰤」としてインターネットでも販売される。また、本来は鰤を一本贈るのが慣例であるが、三枚におろした状態で販売されているものもある。これは、塩鮭も同じであり、現在の嗜好への配慮で、塩分が控えめのものが好まれている。切り身にしたものも多く流通している。

食品を贈る

中元や歳暮の売り場を見渡すと、ほとんどが食品である。柳田国男は、『食物と心臓』の中で、贈り物に食物が重視される理由として、贈り物は神に捧げる供物が起源であるとした。民俗学では、柳田の考えを引き継ぎながら、神への供物を人々が神と共に食して、力を分与されるという神人共食[5]を説き、これが贈答の習慣につ

（5）祭りのあとに神に供えた供物をともに食すること。人々が神とともに同じものを食べることにより、神とのつながりを深め、氏子の健康や長寿などが得られると考えられた。

ながったという。塩鮭や鰤は、歳神《としがみ》(6)への供物でもある。また、届けられた鰤の一部を送り主に返したり、親戚に分けるということも、神人共食の考え方による。

中元は盆という精霊の祭り、歳暮は稲の収穫後、正月の直前にあり、それらに伴う食物の贈答を起源として考えることができる。しかし、それだけでは、現在のデパートの出陣式のような風物詩を説明するのは難しい。

中元は、時期としては麦の収穫の後なので、農家であれば小麦粉を持っていくことも頷ける。それでは、町ではどうだったのだろうか。一九一一年に出版された『東京年中行事』には、七月一日になると店先に「中元御進物」の看板が出て、薄っぺらな大きな砂糖袋や菓子箱が並ぶと記されている。そして、一〇日から一三、四日までに、借家人は家主に砂糖袋を、出入りの商人は得意先へ、そうめんや団扇《うちわ》や婦人向きの小間物などを贈ると書いてある。そして、砂糖袋一つやそうめん三把で得意先をつなぎとめられるなら、などという描き方である。農作物を贈り、親戚の絆を確認するような贈答だけではない中元の姿が見えてくる。

軽やかな贈答へ

人に物を贈るのは意外に難しいものである。中元や歳暮は贈与ではなく、お返しを前提としての贈答である。世話になった人へ贈るとはいえ、賄賂とか虚礼といった負の意志もまとわりつく。『東京年中行事』では、中元をマイナスイメージで記述していることが明らかである。近年、日本の企業では、コンプライアンス保持ということで、中元や歳暮の贈答をやめるところが増えてきた。

（6）歳徳神《としとくじん》や正月様とも呼ばれ、正月にその年の恵方《えほう》に歳棚（恵方棚）を設置して迎えまつる。歳棚には注連縄をはり鏡餅を供える。歳神は田の神と深い関わりをもつとされ、また、祖霊としての性格をもっているともいわれる。

それでも中元も歳暮も、その勢いは止まりそうもない。『東京年中行事』に描かれているような借家人にしても、目の前の利益のために大家《おおや》に中元や歳暮を贈るのではないだろう。半年に一度、大家と借家人という関係を確認するための行動規範、言い換えれば義理ということになる。これらの贈答が、義理という言葉に置き換えても後ろめたさがないのは、そうめんや小麦粉のように、金額の負担が少なく、しかも皆が同じ物を贈りあったからではないだろうか。

中元や歳暮を贈る相手は、両親、仲人、親戚が多かった。それらは、一生のつきあいである。つまり、中元や歳暮は、一回だけ贈るということは例外であって、ずっと贈り続けるものであり、いわば、そのような関係の確認の機会であった。

現在の中元や歳暮の事情は少し変わってきている。たとえば、異性の知り合いに仕事の上で世話になったとき、どのようにお礼をすればお互いに気持ちが楽だろうか。クリスマス、バレンタインデーでは誤解をまねく。中元や歳暮を利用すればよいのだ。誰に贈るのかというと、マナーの本などでは、従来の贈る相手ばかりではばく、そこに「マイファミリー」が加わるようになった。配偶者や家族に贈ってはどうかという業者側からの提案である。

従来の中元や歳暮から、義理の気持ちを抜くと「相手を喜ばせたい」という部分が残る。本来、中元や歳暮は、変わったものを贈るのではなく、皆が同じ物を贈った。しかし、今は、たとえ食品という範疇の中でも、相手の好みや家族構成を考えながら、品物を選ぶ人が増えている。業者もそのような品物を取り揃えている。義理ではなく、もっと軽やかな人間関係の潤滑油としての贈り物の機会になりつつある。（山崎祐子）

Question 8

人々の絆はどうなっていくのか？――血縁・地縁・社縁、そして無縁

震災と「絆」

東日本大震災後に大きくクローズアップされた言葉として「絆」がある。未曾有の災害を体験する中で、家族や地域社会の大切さを再認識する機会が生まれた。また、被災地でのボランティア活動や、インターネットを利用した多種多様な支援が展開された結果、普段は顔見知りではない人々の間でも、支援する側とされる側という新たな関係が生じた。既存のつながりを深めるとともに、新しく構築された人間関係を示す言葉として「絆」が使われた。

ところで、「絆」という言葉が広く社会に受け入れられた前提には、震災以前の社会における人間関係の希薄化があったように感じる。少子化や非婚化による単身者の増加、地域社会の崩壊により、血縁・地縁関係は弱まっていた。また、戦後の日本社会における会社関係の中で培われてきた社縁も、終身雇用の崩壊や非正規雇用の増加で失われつつあった。人々の孤立は深刻なものとなり、周囲に気づかれることなく孤独な死を迎える現実があった。震災の前年に流行語となった「無縁社会」はまさにそうした状況を的確にとらえた言葉であり、(1)「絆」とは対極に位置づけられる言葉でもある。震災をきっかけに「絆」が多用されるようになったのは、

(1) 二〇一〇年一月放送のNHKスペシャル「無縁社会――〝無縁死〟三万二千人の衝撃」は大きな反響を呼び、無縁社会は流行語にもなった。

「無縁社会」の到来に対するある種の反動だったのかもしれない。

しかし、そもそも震災以前の社会は本当に無縁社会へと向かっていたのであろうか。人々の関係性やつながりを見つめてきた民俗学の観点から、二、三の事例を示しつつ考えてみたい。

（2）日本の村落では、決められた一定の資格を有する男子が宮座と呼ばれる祭祀組織に加入をして、ムラの鎮守（氏神）の祭りを執り行うことがしばしば見られる。宮座は定員制で、神前に一座して神事を行う点に特徴がある。

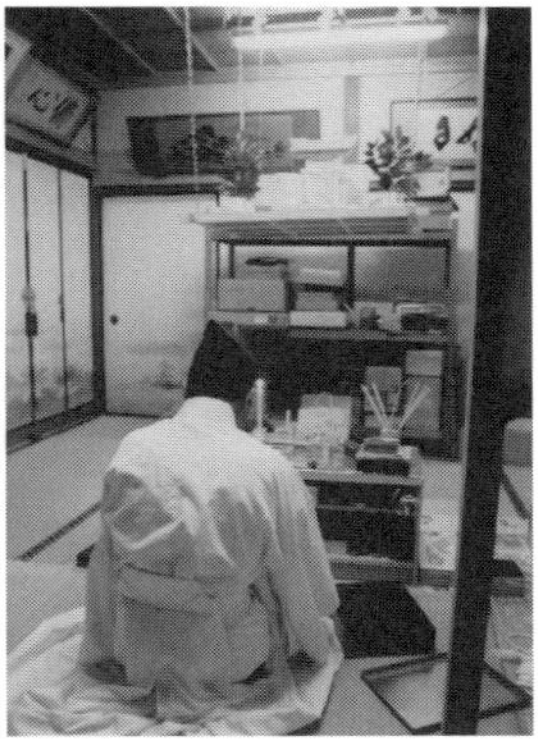

図1　1年交代でつとめる神主
（滋賀県東近江市）

ムラの神主になる

滋賀県東近江市のあるムラでは、氏子《うじこ》である男子が年齢（生年月日）順に宮座《みやざ》へ加入する。(2) 宮座内は二つに分かれ（本村座《ほむらざ》・新村座《しむらざ》）、それぞれの座に一名ずつが入る。そして、座入りをして一二年目、「社守《しゃもり》」とよばれる神主《かんぬし》の役がまわってくる。それまでムラの中でふつうに生まれ育ってきた人が、一年間だけ神主として氏神《うじがみ》に奉仕するもので、これを一年神主（年番神主）という。

神主は夫婦が揃っていないと（結婚をしていないと）つとめることができない。また、神主の家には祭壇と水垢離《みずごり》（水を浴びて身を清めること）をとるための行場《ぎょうば》が作られるが、このうち行場の準備は親族たちが行う。血縁関係にある親戚とか兄弟に集まってもらい、援助（祝儀）を受けて行場を立てる。ムラの神主になるためには、夫婦が揃い、親戚からの協力を得る必要があり、「家」の継承の問題と深くかかわっていることが分かる。一年神主は、毎日午前○時頃自宅に設《しつら》えた行場で水垢離をとって身支度を整え、火打石でおこした火種を持ち神社へ参る（朝参詣《あささんけい》）。神前に灯明《とうみょう》を燈《とも》し、境内にまつられる神々に祝詞《のりと》をあげ、洗米《せんまい》を供える。神主は肉類を食べてはならず、葬式に出てもいけない。一年間、精進潔斎《しょうじんけっさい》の生活を営み、氏神に奉仕をする。

神社（宮座）では折々にさまざまな儀礼や行事があり、神主はその中心となる。一方、ムラで行われる地鎮祭や竣工式などの祭主もつとめ、合格祈願や交通安全などムラの人たちの個人的な祈願にも対応する。さらに、失せもの《う》や病気の原因などについて、「おうががい」と呼ばれる一種の神意占いも行う。ムラの神主は、その集落の人々にとって欠くことのできない存在なのである。

一年神主になると生活は一変する。当然ながら、神主はそれで生計を立てているわけではない。兼業農家であったある年の神主は、不景気により勤務条件が厳しくなる中で神主をつとめることに苦慮していた。神主をつとめていることを職場で理解してもらうことは容易ではなく、仕事との折り合いに悩みながら奉仕をした。ある神主経験者は一年神主について、「これもひとつのツキアイやろうな」と語ったが、一年間にわたる精進潔斎の生活と朝参詣、祭りの執行から、近所の人々の祈願や占いまで、さまざまに対応するムラの神主は、われわれが想起する「近所づきあい」のイメージとは大きくかけ離れている。

女性のムラ入り

茨城県かすみがうら市のあるムラに、閑居堂《かんきょどう》と呼ばれる小堂があり、当番の女性たちが毎月一五日に集まりを持つ（十五夜講）。閑居とは江戸時代後期に女性たちを病から救った僧のことで、その命日にあたる三月一五日にムラの女性たちが集まり、当番[3]の引き継ぎなどを行う。

この日はムラに仲間入りをする女性、すなわち新たに嫁いできた女性のお披露目

（3）祭りや講などで一定の任期でその主宰をし、準備や世話をする中心的な人、またはその人の家をトウヤ（頭屋・当屋）と呼ぶ。家並びや抽選でトウヤの順番を決め、長期的に見ると村落内の家々が平等に負担をするしくみになっている。

図２　仲間入りをする女性（左側）
（茨城県かすみがうら市）

も行われる。仲間入りを済ませないと、ムラの行事にでることはできないといわれている。二〇一〇年は二人の女性が仲間入りをした。二人は閑居堂に隣接する公民館に酒一升を持ってやってきた。酒一升には「一生のおつきあいをさせていただきます」という意味があるのだという。そして、「両近所のお母さん」と呼ばれる付き添い役の年配の女性とともに、六〇人ほどの女性たちが取り囲む座敷の中央に座った。「両近所のお母さん」が、「〇〇さんのところにきたお嫁さんで△△さんです」と紹介し一升瓶が差し出された。口上が済むと、当番役の女性と付き添い役の女性、お嫁さんが盃《さかずき》を交わして仲間入りを果たした。

この日は閑居さまへあがった賽銭を数えたり（賽銭たたき）、新しい当番（トウケ）を決める籤《くじ》引き、安産祈願のための僧侶による護摩焚《ごまた》きや年占《としうら》そしてトウケの引き継ぎと、一日をかけてさまざまな行事が行われる。かつてのトウケの引き継ぎでは、新しく当番になる女性とその所属する組の人たちが他の女性たちとかけあいをしながら唄を歌った。唄が続かなかったり、上手に歌えなかったりすると、なかなかトウケを引き渡してもらえなかったため、引き継ぎが深夜に及ぶこともあったという。

面倒な「ムラ社会」を生きること

前述の二つの事例を通して、こうした社会を窮屈で面倒なものだと感じた読者も多いだろう。確かに血縁・地縁といった言葉が持つイメージは、閉鎖的で前近代的な社会であり、「ムラ社会」という言葉にも通じるように否定的な意味でとらえられてきた。このような面倒なしがらみから解放され、自由な社会を希求したのが戦後の日本であった。極端な言い方をすれば、無縁社会は戦後の日本人が求めてきた社会の一つの形といえる。ところが、自由や解放を求めてきた日本人は、無縁社会の到来に強い危機感を感じていた。調査の折に祭り・行事の簡略化やつきあいの希薄化に話が及ぶと、「昔は大変だったけれども、今はつきあいが薄れた。だからこういう世の中になった」との声を耳にする。切り捨ててきたはずのムラ社会への憧憬がそこには含まれている。

そして、中には単なるノスタルジックな感慨にとどまらず、自らの経験をもとに、人と人とのつながりを生み出すものとして、ムラ社会に対して肯定的な評価を口にする人もいる。実は、先に紹介した一年神主の経験者や、仲間入りを果たして長くつきあいを重ねてきた女性たちも、自らのムラ社会での体験を生き生きと語ってくれた人たちなのだ。つきあいの大変さや面倒さを強調しながらも、一年神主をつとめあげる達成感や、神主やトウケという役を担うことでムラの成員として認知されること、生み出される新たな仲間意識などをプラスに評価していた。個人の経験として見たとき、ムラ社会の民俗事象が新たな人間関係を生み出し、つきあいを深めるきっかけになっているのである。

人々のつながりを示す言葉として

筆者の生家は、化粧品の小売店を営んでいる。戦後、祖父が裏通りで始めた店は、一九六三年頃に表通りへ店舗を構えるようになった。一九五三年生まれの母が中学生の頃、店には住み込みの女性たちがいた。ミセとオクとに分けられるわが家にあって、当時、ミセの二階部分に住んでいたのは二〇歳前後の若い従業員たちだ。(4)こうした事例はかつての町場でよく見られたものである。筆者が生まれた一九七七年当時はすでに同居する女性はいなかったが、かつて住み込みをしていた女性のうち、二人は結婚・子育てを経て店へ復帰し、今も「通い」として働いている。そして、住み込みではなくなった今でも、ミセの仕事にとどまらず、洗濯物の取り込みや掃除など奥向き（家事）の面倒を見てくれる。ほとんど家族も同然の感覚があり、筆者が子どもを連れて生家へ帰れば、まるで自分の孫が来訪したように喜んでくれたりする。

生家は有限会社であり、女性たちは社員だが、この事例を単純に「社縁」という言葉でとらえようとするならば、その本質を見誤るであろう。もちろん血縁や地縁でもない。結局のところ、これらの概念ではとらえることのできないさまざまな縁があり、私たちはそうした多様なつながりの中に身をおいてきたのである。血縁・地縁・社縁といった概念的な言葉で人々の関係性を見ていけば、おそらくその典型として捉えられる事例は少なくなっているし、そのことが社会は無縁化へ向かっていると考える一つの見方を形成してきた。しかし、個人レベルで見れば人々は実に多様なつながりの中で生活をしてきたのであり、今後もそのつながりは継続されたり、新しく結ばれたりしていくはずだ。「絆」はそうした人々の関係性をとらえ直す言葉として有効であり、既成の概念を越えた多様な紐帯《ちゅうたい》を認識させ、新たに構築していく契機にもなる。そして、個人をとりまく「絆」をとらえ、社会の変化を見つめることは、民俗学だからこそ可能な面があると考える。

（萩谷良太）

（4）一般に商家は間口が狭く奥行きが深い。商いを行うミセと、その後ろに続く主人と家族の生活空間であるオク（奥）に大別される。ミセの二階は住み込みで働く人たちの生活空間として利用されることがあった。

次の扉を開くための読書案内

岩本通弥編『覚悟と生き方』民俗学の冒険4、ちくま新書、筑摩書房、一九九九年

会社人間、主婦とワーキングウーマン、恋愛婚とお見合い婚、終の棲家などをテーマに、人々を拘束してきたものは何かを考え、戦後の日本人がどのような覚悟と自己決定を行ってきたのかを説く。新歓コンパや公園デビューなどの身近な話題も取り上げられている。噂話（世間話）の共有が仲間意識を築いていく過程も興味深い。

新谷尚紀・波平恵美子・湯川洋司編『暮らしの中の民俗学2　一年』吉川弘文館、二〇〇三年

一年というサイクルのなかで、人々の暮らしのリズムがどのように形作られてきたのか。本書では、正月と盆、稼ぎと休み、祭り、中元と歳暮そして旅などをテーマに綴っている。あわせて、繰り返される年中行事のなかで、人々がどのように関係を深めていったのかも言及している。たとえば、「祭り」では「よさこい」や「ねぶた」がなぜ各地の都市の祭りに組入れられていったのか、その背景をさぐっている。本シリーズには他に「一日」と「一生」がある。

福田アジオ『可能性としてのムラ社会——労働と情報の民俗学』青弓社、一九九〇年

ムラ社会を「労働」「関係」「情報」という三つの視点で切り取っている。なかでもユニークなのは「情報」で、ムラ社会において公的な情報がどのように伝達されたのかを言葉、文字、音、光に分類して示している。伝統的な情報伝達の手段について言及しており、今日の高度情報化社会だからこそ学ぶべき点が多い。

宮田登編『現代の世相⑥　談合と贈与』小学館、一九九七年

日本人の人間関係を「談合」と「贈与」という視点から読み解く。政界・官界の汚職の話題かと思いきや、「談合の民俗」「〝永田町〟の民俗文化」など、民俗学の視点と民俗事象を豊富に盛り込み、日本文化の「根っ子」を捉えようと試みた一書である。ムラ社会や町内会で展開する人々のつきあいを具体的に描いている。バレンタインデーやムラの交際と贈答の変化を取り上げた論考もあり、本章の内容と関わるものが多い。

八木透編『フィールドから学ぶ民俗学——関西の地域と伝承』昭和堂、二〇〇〇年

本書は、民俗学の研究者がそれぞれの問題意識のもとでフィールドワークを行い、地域の姿を描き出すことにこだわった異色の入門書である。対象を関西に限定し、取り上げられている内容も限られているが、いずれの論考にも説得力があり、民俗学におけるフィールドワークの重要性を示す一冊となっている。

柳田国男『日本の祭』弘文堂、一九四二年（『柳田国男全集』一三巻、ちくま文庫、筑摩書房、一九九〇年）

祭りと祭礼の違い、祭場に木を立てることの意味、祭りにおける物忌みの重要性など、柳田国男ならではの視点で祭りの変遷を説いている。日本各地の様々な事例がとりあげられており、その変化の無数の段階の比較をすることによって、「記録無き歴史の跡を、探り出し得る希望を約束する」という。柳田の構想した民俗学の方法を知るうえでの好著である。角川ソフィア文庫にも収録されている。

第3章　墓と葬儀

「墓をどうするのか」という悩みは、とくに都市に暮らす一定以上の年齢の人々に共通する。また、つながりのあった人の葬儀に際してどのようにふるまえばよいのかは、職場や地域社会で多くの人々を悩ませている。人類は、墓や葬儀など、一個人の死を感情的・社会的に受け入れるしくみを発達させてきた。日本列島でも死をめぐるさまざまな社会制度や慣習は、時代ごと、地域ごとにさまざまなかたちで営まれていた。

江戸時代に生まれた家を単位とする墓や葬儀のあり方は、近代的な人間観や衛生観、さらには死そのものをめぐる感覚の変化を反映して大きく変化しつつある。そして、それらの変化は、宗教や信仰だけでなく、行政や商業サービスと密接に関係していることが多い。本章では、現代社会における墓、葬儀をめぐる特徴的な変化について、民俗学が調査研究してきた事例と照らし合わせて考える。

Question 9

お墓にはどんな意味があるのか？——墓地と墓石の変化

図１　妙光寺の安穏廟（新潟市西蒲区）

現代の葬送

二〇世紀の末、日本の火葬率は九九パーセントをも超えるようになった。一九九〇年頃まで火葬後の遺骨を墳墓《ふんぼ》に納骨し、家の跡継ぎがそれを維持・継承していく形態が葬送のありふれた形式であった。しかし、少子化の影響もあって、跡継ぎの確保が困難になり、家によって墳墓を継承することが困難になった。この頃、新しい焼骨の処理方法が提案された。一九八九年一一月に新潟の妙光寺《みょうこうじ》に建立された「安穏廟《あんのんびょう》」、一九九〇年三月に京都の常寂光寺《じょうじゃっこうじ》に建立された「志縁廟《しえんびょう》」、そして東京巣鴨に「すがも平和霊苑」等、合葬式共同墓が建立されるようになった。

散骨は、九一年一〇月「葬送の自由をすすめる会」によって相模湾で行われ、これをマスコミに公表した。また、墓石に代わって樹木を植える樹木葬が登場するのも、九〇年代である。「自然葬」[1]を標榜《ひょうぼう》[2]した散骨の合法性に疑いを挟みながら、他方では人間と自然との循環を埋葬の領域でも実現しようとした。岩手県一関市の樹木葬墓地がその嚆矢《こうし》である。だが、このエピゴーネン（模倣者）は、従来型墓地の一角を「樹木葬墓地」とし、樹木を植えただけの墓石のない「合葬式共同墓地」を作り始めた。そこに桜を植樹すると「桜葬墓地」と呼ぶのがその例である。

新しい墓の形態は時代の要求に応じたものであるが、これまでの日本の墓のあり方に大きな変更を迫るものであった。一つは、祖先崇拝を踏まえて遺骨を承継するしくみを前提としないこと、第二は「弔《とむら》い上《あ》げ」の習俗[3]に見られるように長い時間をかけて死者を供養し遺骨をゆっくりと自然に還すというこれまでの葬法とは異質なものであった。

墓制の展開

現在に伝承される埋葬や墓制の形態が歴史の中で登場するのは、一二世紀末以降になってからのことである。平安時代末期から鎌倉時代にかけて、浄土思想に浸透により、死者を供養・祭祀するという観念が登場する。

八世紀に貴族階層において火葬が導入されてくると、日本人の遺骨への考え方が変化する。火葬は穢れの源である遺体を短期間に浄化するものとして貴族階層に受容されたが、火葬受容の初期の段階では遺骨には関心を示さず、遺骨はそのまま放置され・遺棄されるのが一般的であった。しかし、九世紀になると、遺骨に一定の意味を付与するようになる。淳和《じゅんな》天皇（承和七〔八四〇〕年崩御）は、「私は、人は死ぬと霊は天に昇り、空虚となった墳墓には鬼が住みつき、遂には祟りをなし、長く累《わざわい》を残すことになる、と聞いている。死後は骨を砕いて、山中に散布すべきである」（『続日本後紀』巻第九）とする遺詔《いしょう》（天皇の遺言）を残した。

古代の火葬はそれ自体完結した葬法であり、火葬によって死骸への浄化は終了した。しかし、焼骨は残される。火葬場に焼骨を放置する行為も、川に流すという行

（1）「自然葬」ということばを最初に用いたのは五来重であり、風葬のような人間の手が加わらない葬法を自然葬と呼んだ。

（2）現代では、散骨を自然葬と呼ぶことがある。これは火葬を前提とし、ある一定の意図に基づいた方法である。現代の用語法では遺骨が自然に還ることを希望して自然葬と呼ぶが、遺骨が文字通り土に還るかどうかは疑わしい。

（3）死後一定の年数ごとに年忌、回忌という供養の儀礼が行われる。その最終の年忌を弔い上げという。年数は三十三年、五十年などが多かった。これ以後、死者は、先祖になる、神になるというところもある。

図２　両墓制の２つの墓地（右：埋墓，左：詣墓，鳥取県東伯郡北栄町）

為も、散骨する行為も、この段階では「遺棄」という範囲を超えていない。ところが、淳和天皇の遺詔は、遺骨が死穢の問題ではなく、祟りをもたらす御霊《ごりょう》の問題として位置づけ、遺骨が霊魂と不可分なものと認識されるようになる。

この頃から日本の墓制は大きく変貌し、大きく三つの方向に墓のあり方が収斂していくことになる。第一は、火葬後の遺骨を保存し、それを墳墓の中に納める形態である。この習俗は、まずは貴族階層の中で受容されるが、これが庶民階層にまで浸透していくにはなお長い時間が必要であった。第二は、死体（遺体）は土葬をするが、死者のために供養・祭祀の場を設けるという形態である。近畿地方を中心に遺体を埋葬する場所としての埋墓《うめばか》と祭祀の場所としての詣墓《まいりばか》を設ける両墓制と呼ばれる習俗があるが、これがその一つの典型を示している。第三は、屋敷内あるいは屋敷付属の土地に遺体を埋葬し、墳墓を設ける墓制である。

これらの葬法は、明治維新以降に転換期を迎える。明治民法は祖先祭祀を国民道徳の基礎として位置づけ、墳墓を祭祀《さいし》財産として家によって継承すべきと考えた。そして、二〇世紀になると、火葬の浸透とともに、第一の形態にすべてが収斂されていく。この段階で「〇〇家之墓」と刻まれた墳墓が家の祖先祭祀のシンボルとして意識されるようになった。

なぜ火葬か

日本人はなぜ火葬を選択したのであろうか。日本人の火葬の受容へ説得力のある説明は、死穢《しえ》の早期の浄化作用である。柳田国男はこれを触穢《しょくえ》(4)からの解放として

（4）穢れに触れること。穢れは伝染するものとされ、穢れに触れると神社への参拝・神事への参加などを控えるものとされた。

図３　木津の惣墓（京都府木津川市）
鎌倉時代末期に建立されたと伝えられる供養塔。庶民階層のものとしてはもっとも古いものとされるが，泉木津僧衆22人の寄進により建立されたと伝えられる。

論じた。柳田は、「最も平和なる魂と骸との分解方法」（風葬）から破壊的な「魂と骸との分解方法」（火葬）への展開する原因を「触穢からの解放」に見いだしている。

火葬の受容と関連して、霊魂と肉体の分離を強調することも、死穢からの浄化作用を強調するとしても、相互に矛盾するものではない。ただ、日本人にとって重要であるのは、浄化作用を経た遺骨を、生者にとって、「意味のない」もの、単なる無機物とは見なさなかったことである。触穢から解放された遺骨に今度は怨霊が取り憑くかも知れないと考えた淳和天皇の遺詔は日本の葬送史にとって画期的なことであった。それは、多くの論者がいうように淳和天皇の遺勅《いちょく》を「散骨の詔《みことのり》」として語ることではない。筆者の解釈は全く逆である。すなわち、遺骨を怨霊が取り憑くかも知れない「意味のある」ものととらえることによって、遺骨を保存する習俗へと展開させたのである。

両墓制

両墓制の成立過程も、日本古代における火葬の受容過程ときわめて類似した性格を持つ。両墓制は、①死骸と霊魂の分離を踏まえて死骸＝穢れ＝埋墓と霊魂＝浄霊＝祭地＝詣墓という二つの墓地が存在すること、②古くは祭地には石塔はなかったが、中世から近世の初期にかけて石塔墓が建てられるようになった。

人々は死穢を恐れて死者を人里離れた空間に葬った。しかし、ある段階から個としての死者への供養の感情が表れてきた。ここで「供養」とは、死霊を鎮撫し、慰

図4　都立小平霊園・樹林墓地（東京都東村山市）
この墓地には843㎡の墓地に1万700体の遺骨が埋蔵される。

霊する行為である。供養とは、具体的には死霊に供物を捧げることであるが、畏怖の対象である死者を「あの世」の世界に閉じ込めようとする行為も、迷わずに「あの世」にいってほしいと願う行為も、「あの世」で冥福を祈る行為も、ここでは供養としてとらえておきたい。

卒塔婆《そとば》(5)を建立するという行為も、石塔を建立する行為も、供養を目的とした行為である。ここには、死者をあの世に確実に位置づけ、死者と生者の関係を安定させるための、生者の新しい試みが展開されるようになったのである。

埋墓における墓上施設を設ける行為も供養を目的としたものである。この段階では埋墓も遺体遺棄の空間とはいえなくなった。また、詣墓＝石塔墓も供養のための施設という意味を持つが、それ以上に霊魂の依り代《よしろ》(6)＝祖先祭祀のための施設としての意味を持つ。石塔は死者の霊魂の依り代であり、石塔墓はここでは穢れを脱した火葬後に霊魂の依り代となった遺骨と同じ意味を持つことになる。ここに両墓制の二つのハカの違いがある。

「供養する」と「（祖先を）まつる」の違いは、死者に対する関係性の違いに基づく。供養とは、近親者にも他人でも誰でもが行うことができる行為であるのに対し、まつる行為は死者との間で一定の関係性にある人による行為（一般的には子孫）になる。死者にとってどのような関係性の人々を「子孫」とするかはその社会・親族のシステムに規定された問題である。

（5）梵字・経文が書かれている。故人を供養するための板木・仏塔などの建立物。
（6）神霊・霊魂のよるところ。

墓地とは何か、墳墓とは何か

墓地とは法律上は墳墓を建立する場所であり、墳墓とは遺体や遺骨を埋葬・埋蔵した標識である（墓地、埋葬等に関する法律〔一九四八年〕第二条）。しかしこのような定義によっては、民俗上の墓制も、現代の墓制もとらえることができない。墓地は一般的には遺体や遺骨の置き場所ではあるが、時として死者の霊魂が宿る空間も墓地として認識することもある。墳墓は遺体や遺骨を埋葬した標識であるが、多くはその墳墓に死者の霊魂の依り代として、標識以上の意味をもたすこともある。

また、近年では遺体や遺骨の埋葬・埋蔵した跡に標識を遺さない新しい墓の形も登場してきた。祭祀承継者がいない人々のための新しい墓の形態というのがそのキャッチフレーズであるが、時として遺骨というゴミの集積場かと思わんばかりの形態の墓地もある。新しい墓のあり方は今後も問い直されるであろう。その意味では、一律に墓地や墳墓に明確な定義を与えることは難しいが、いずれにしても「個」としての死者の慰霊空間としての意味を持つことになる。ただ、死者の祭祀を承継する跡継ぎの確保が少子化のために困難になっていくと、祖先をまつるという観念が後退するようになる。現在のように死後の自己決定論の考え方が強調されるようになると、死者に対する伝統的な慰霊形態そのものが変化することになるだろう。

一般論として、墓地や墳墓はそれぞれの時代と地域（社会）の意思（集合表象）(7)を反映している。その意味では、墓地は「社会を映し出す鏡」であり、墓地や墳墓から社会の多様な情報を私たちは受け取ることができる。

（森　謙二）

（7）E・デュルケームのことば。集団あるいは社会に共有された行動様式や考え方。

Question 10

昔は土葬が普通だったというのは本当か？——土葬から火葬へ

東日本大震災における土葬

二〇一一年三月一一日に起きた東日本大震災で亡くなった人たちの中で、その遺体が土に埋められた例があったことは未だ記憶に新しい。歴史博物館につとめる筆者は、この大震災の際に行われた土葬が法律的に許された行為なのかという、市民からの驚きを持った問い合わせを二度にわたって受けた。博物館において時事的な事柄への質問を受けることは珍しい。これらの質問に対して、土葬は禁止されておらず、現行の「墓地、埋葬等に関する法律」では、墓地において埋葬、すなわち土葬することは認められていて、土葬を禁ずることは地方自治体に委ねられている。地域によっては土葬を選択することも可能であると伝えた。

その後、この土葬の光景は宮城県内で見られたものだと知った。収容される被害者の遺体が予期しえないほど増加していったにもかかわらず、震災当初、県内の火葬場は停電や燃料の不足などで稼働できない状態であった。これらの事情のため、火葬が間に合わないとの判断から実施された仮埋葬であった。[1] 実際には宮城県内の遺体を火葬することへの対応として、阪神淡路大震災の経験[2]に基づいて広域の火葬場で亡くなった人たちの遺体を火葬することが速やかに計画された。その計画に基

(1)『大規模災害時における遺体の埋火葬の在り方に関する研究　平成二四年度総括研究報告書』二〇一三年。
(2) 一九九五年一月に発生した阪神淡路大震災による死者は地元の火葬場の能力を超えていた。そのため自衛隊などが「遺体輸送」を行い、周辺府県の火葬場へ陸路、空路で遺体が運ばれた。

図1　土葬の墓（滋賀県甲賀市）
右は墓穴への埋葬，左は埋葬後の墓。

づいて、北海道から東京都まで九つの自治体内の火葬場の支援が実施されたのである。しかし、道路網の破損などによって十分に遺体を搬送できず、すべての遺体を火葬することが追いつかなかった。宮城県内の仮埋葬は三月二一日から六月八日まで行われ、その後の宮城県内の火葬場機能の回復から遺体を掘り起こし、火葬したとされる。墓穴を建設業者が掘り、市町職員と自衛隊が遺体を納め、掘り起こしは葬祭業者が行った。その際には、奈良県から入手した土葬の手引書によって、深さ一・五メートルの墓穴を掘り、頭部を北側に向けて棺を納め、土を掛け盛土《もりど》をし、墓標を立てたとされる。宮城県や地元で対応した人たちの間には、かつて地域で行われていた土葬の作法は伝えられていなかったといえる。先の質問から、くしくも宮城県の地元においても人の遺体を埋葬する経験は忘れられ、現在の葬儀からははるかに遠ざかったものとなっていることを改めて知ったのである。

土葬と火葬

もともと土葬は遺体を処理する方法である葬法の一つである。葬法には、遺体の状態から土中に埋める土葬、焼いて骨にする火葬、地上において風化させる風葬、川や海などに流す水葬などさまざまなものがあった。日本においては、一般的に土葬と火葬が行われてきたといえる。もちろん、直接に結び付けることはできないが、土葬自体は先史時代より行われており、かつては多くの地域で、土葬が普通に行われていた。

『新版　逐次《ちくじ》解説　墓地、埋葬等に関する法律』（生活衛生法規研究会、二〇一二年）

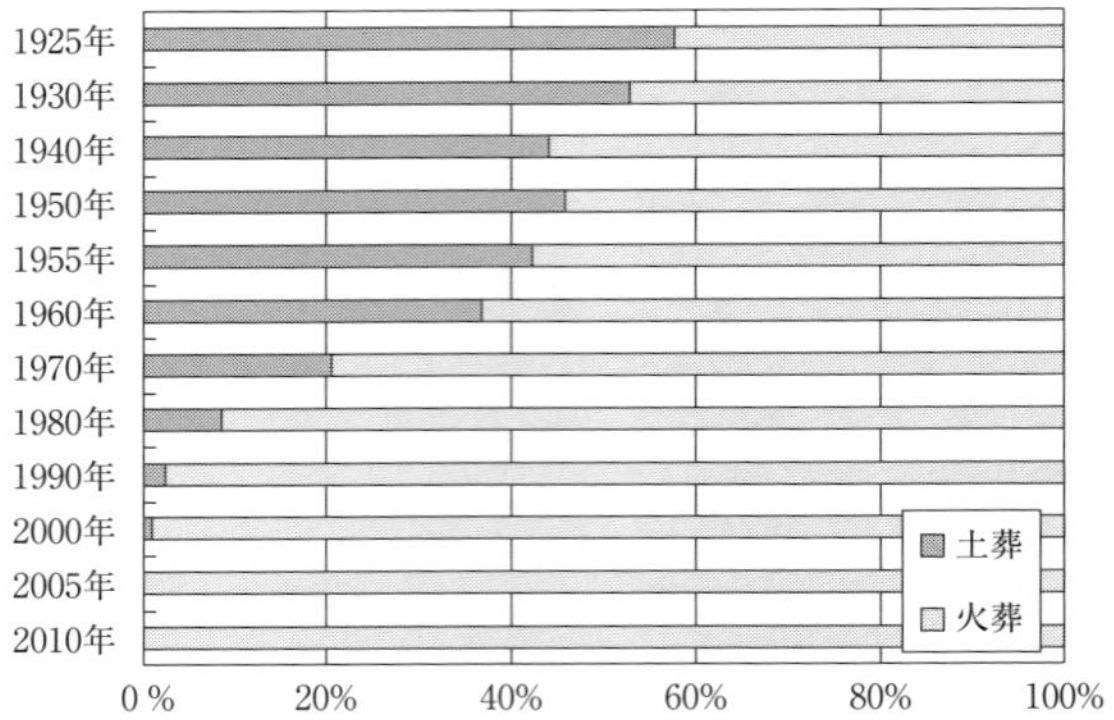

図2　土葬と火葬の割合

に掲載された厚生労働省「衛生行政報告例」に基づく「埋火葬数の推移」によると(図2)、先の東日本大震災における仮埋葬が示すように、実際に二〇〇五年時点において全国で葬儀の九九・八パーセントが火葬であり、土葬はわずか〇・二パーセントとほとんど行われていない。しかし、一九二四年において、土葬(五六・八パーセント)が火葬(四三・二パーセント)の割合を上回っていた。そして、一九三〇年には土葬(五二・三パーセント)と火葬(四七・二パーセント)がほぼ拮抗し、四〇年後の一九七〇年には、土葬が二〇・八パーセント、火葬が七九・二パーセントと八割となり、火葬が一般的な葬法となった。そして、現在のようにほとんどが火葬となっていったのである。

伝統的な火葬

ただし、まだ土葬の割合が上回っていた一九二四年において、東京では土葬(二一・五パーセント)に対して火葬が三倍以上の比率(七八・五パーセント)、さらに大阪はそれ以上に火葬が全体の約九割(八九・九パーセント)であり、都市部では火葬に比べて土葬が行われることは少なかったといえよう。都市部では近代的な火葬場が普及する以前から、近世において三昧《さんまい》、火屋《ひや》などと呼ばれる建屋を伴う火葬場がつくられ、土葬とともに火葬が行われていた[3]。

また、一九二四年の北陸地方の富山県では九九・九パーセント、石川県では九九・〇パーセントとほとんどすべてが火葬であった。両県は浄土真宗を宗旨とする人々が多く、伝統的に自らの葬法として火葬を行ってきた。これらの地域の村では

(3) 近世の江戸では小塚原・千駄ヶ谷・桐ヶ谷・渋谷・炮録新田の五カ所の火葬場があったことが一七三二(享保一七)年成立の『江戸砂子』に記されている。これ以外にも、江戸ではいくつもの火葬場が機能していた。

（4）野焼きの火葬は北陸地方のほかにも琵琶湖周辺、中国地方など各地にみられた。

野焼きと呼ばれる伝統的方法で火葬を行ってきたことが、これらの地域の民俗調査で報告されている。野焼きにも、その都度、場所を変えて穴を掘って炉を用意する場合と、石囲い、土坑、敷石などの固定した設備のものが見られた。いずれにしても、そのときに村の当番となった人たちが、遺体を焼く木材や、藁、濡れ筵などを用意し、一晩かけて遺体を火葬するものであった。(4)

土葬から火葬への変化

近代における葬送儀礼の最も大きな変化は、都市部や北陸地方などの伝統的に火葬を行ってきた地域を除いて、土葬が行われなくなり、火葬に変わったことであった。しかし、この葬法の変化が全国で一律に進んだわけではなかった。土葬が全国で二割になった一九七〇年においても、山梨県では七三・三パーセント、茨城県では六四・九パーセントと、依然として土葬が行われる割合が高かった。

国立歴史民俗博物館が全国に調査地を設定して、一九六〇年代前後と九〇年代前後の死・葬・墓の民俗の変化を調査した成果によると、従来、農村地域などにおいて土葬をしていたものが、六〇年代から九〇年代間において新たな近代的な火葬炉を備えた公営の火葬場の設立が契機となって、土葬から火葬へと変化した場合が多いことが報告されている。たとえば、千葉県の調査地であった松戸市紙敷における一九五七年に亡くなった男性の葬式では、当日の午後に葬列を組んで遺体を墓に土葬していることに対し、一九九四年に亡くなった男性の葬式では、当日の午前中に市営火葬場で火葬し、午後に同様の葬列を組んで墓に納骨していることを調査している。松戸市内の農村では、一九六五年前後を境に土葬から火葬へと変化している。現在の火葬場は「墓地、埋葬等に関する法律」第一〇条（一九四八年五月制定）によって「火葬場を経営しようとする者は、都道府県知事の許可を受けなければならない」とされるとともに、厚生労働省が所管する衛生行政の対象となるものである。東京都区内などの都市部を除いて、多くの市町村では戦後、公営の設備として火葬場が整備されていったと考えられる。現在の私たちの大半が経験する葬儀では、自宅や葬儀場において通夜、告別式を行って出棺し、棺を霊柩車で現代的な設備の火葬場に送り、遺体を火葬し骨壺に収める。そして四十九日の供養などを機会に何々家と刻まれた墓石が建立された墓の地下、カロート(5)と呼ばれる納骨施設に骨壺を安置することが行われているのである。

図3　再現された野辺送りの葬列（2009年，企画展「人生儀礼の世界」松戸市立博物館）

野辺送り

図3は、二〇〇九年秋、千葉県にある松戸市立博物館で企画展「人生儀礼の世界」で再現した松戸市域の農村部で行われていた野辺送りの葬列の場面である。松戸市域の農村部においては野辺送りの葬列を組んで死者を墓地に運び土葬することは、死者の体と魂をあの世に送ることを目的としたと考えられている。葬列の中でロクドウ（六道）と呼ばれる役目の男たちが遺体を納めた棺を輿で担ぎ、その上を太陽の光を遮る天蓋を呼ばれる道具をさしかけている。それでは、かつての松戸市域の農村における土葬の様子を見ていきたい。

ロクドウは墓穴を掘り、棺を輿で担ぎ墓まで送り、遺体を埋葬する役割をつとめ

（5）石塔の下部に設けられた骨壺を納めるための納骨施設。近代になって普及した。

る。墓穴は葬儀当日の朝に寺の住職に拝んでもらってから掘り始め、必ず全員で掘らなければならなかった。墓穴は喪家《そうか》から運ばれた酒を飲みながら六尺（約一メートル八〇センチ）の深さまで掘り、墓穴には古塔婆などを十文字に渡して、鎌をつるしておいた。ロクドウの人数は六人の場合が多く、棺を担いで喪家から墓地まで運ぶ役割を六人のうち四人が担った。埋葬では、ロクドウが棺を荒縄で縛り吊した状態でゆっくりと墓穴に下ろしていき、穴の底に着いたら荒縄を鎌で切る。墓穴の中には、死者にお供えしてあったものも一緒に埋める。はじめに家族や親族から順に土を掛け、最終的にはロクドウが完全に埋める。ロクドウと呼ばれた村の男たちによって死者は土葬されてきたのである。

昔は土葬が普通だった

しかし、松戸市域の農村で土葬を行わなくなってから五〇年程の年月が経ち、自らロクドウの経験を持つ人は高齢化し、減少している。そのことは、先の全国的に土葬が減少し、火葬に変わってきたこととの統計に含まれるものであり、「昔は土葬が普通だったというのは本当か」という本文の問い掛けの答えである。先の東日本大震災において仮埋葬を行った宮城県の光景を見て、土葬が行われていること自体を質問した人たちにとって、土葬は遠い過去の存在であった。

死者を弔う葬送儀礼は死に至らしめるものから死者の体と魂を安定させ、死後の世界である、あの世に送る意義を持ってきた。ロクドウが行った土葬もその一環であり、死者と同じ地域の人々が担ってきたのである。

（青木俊也）

Question 11

おくりびとは昔からいたのか？――葬祭業の現代

湯灌の民俗

映画『おくりびと』[1]が公開されたのは二〇〇八年のことであった。これは音楽家を挫折し納棺を専門とする仕事に就いた主人公が納棺を真摯に行うことで、周囲の人々の忌避感を解消し仕事の意義が理解されていく映画である。

この映画の原作とはなっていないが、松竹関係者によれば実際には青木新門《あおきしんもん》著『納棺夫日記』[2]がそのもとにあったという。『納棺夫日記』では、親族が座棺《ざかん》に納棺していた時代から、葬祭業の社員となった著者が、専門家として納棺のやり方を確立していく中で、宗教観、死生観について達観していく。ただし、この著書では「納棺師」ではなく、「納棺夫」と称しており、その相違は当時の位置づけと現在の専門性の進展を物語っている。

遺体を取り扱うのは、従来、多くの地域において近親者などの重要な役割として認識されていた。かつては座棺《ざかん》が使用されていたことが多い。座棺とは方形や六角形の板製のものや円形の桶のことをいい、遺体を横たえる寝棺とは形態も用い方も異なる。たとえば、和歌山県串本町のあたりでは、六角の座棺を土葬の際には使用していたが、高さ七二センチ、横五三センチ、奥行き四六センチであってかなり小

（1）二〇〇八年公開の日本映画。滝田洋二郎監督、本木雅弘主演。松竹配給。キャッチコピーは「キレイになって、逝ってらっしゃい」。主に山形県庄内地方で撮影された。

（2）一九九三年に桂書房から刊行された。一九七〇年代から富山市の葬祭業者に勤務していた青木の体験をつづり、ベストセラーとなった。

（3）葬儀の際、死者の遺体を湯で清める民俗。清め方や湯の作り方などに地域差や時代差がある。

図1　座棺輿（和歌山県東牟婁郡串本町）国立歴史民俗博物館展示

さいものであった。よって座棺といっても実際には座るというより、膝を折り曲げて体に引き寄せ、首を曲げて詰め込むことになる。遺体を小さくするために、首の後ろからサラシや帯で膝に通して思いっきり縛ることもよく行われ、ふたを閉めるためによく首の骨が折れたという。

そして遺体を棺に納める前には、湯灌《ゆかん》（3）といって体を清めることも行われてきた。東京でも大正期までは、遺体を裸にしてたらいなどに座らせ、沐浴《もくよく》させたという。その際、逆さ水といい、湯加減を調節する際に通常とは逆に水に湯を加えたり、湯灌をするのは男性で六尺ふんどしをして裸になって湯灌をするなど、特有の作法があった。

さらに湯灌は単に遺体を清めるだけではなく、死者の浄化という宗教的な意味合いもあり、かつては宗教者がかかわっていたこともある。一五〇〇年の後土御門《ごつちみかど》天皇の葬儀の記録『明応凶事記』によれば「黒衣を付けらるる輩」が浴湯（湯灌）していたという。さらに湯灌の準備も般舟院《はんじゆういん》の僧衆であり、死装束は泉涌寺雲龍《せんにゆうじうんりゆう》院《いん》の僧衆が用意したという。また一五五〇年の室町幕府一二代将軍足利義晴の『万《ばん》松院殿穴太記《しょういんでんあなほき》』には、「御沐浴の事」として出家授戒作法を行うために心身を清めた。つまり湯灌と授戒作法と剃髪《ていはつ》が一連として行われており、仏教と湯灌は密接であったと考えられる。

宗教者による湯灌は、どの程度まで広がりがあったかは不明であるが、一部は昭和期になっても湯灌をしている宗教集団について五来重《ごらいしげる》は指摘している。浄土真宗の一派である「聖徳和讃会」は、教祖やその家族が死者を洗っていたという。具体的には死者の垢がたまっているところを全部落とし、おしりに詰めものをして、目を閉じさせた。これは信者だけでなく依頼があれば誰でも行ったという。

このように宗教者の関与が歴史的にはあり、一部は近代まで見られたが、一方で近親者の役割として行われてきた地域も多い。こうした習慣も次第に近親者から、葬祭業者などの専門家に移行していった。

葬儀における遺体

さて、葬儀においては、基本的に死者の身体を中心に葬儀を行うことになる。そして身体と一体化していた死者の人格を、葬儀を通して肉体を超越した新たな存在として位置づけていくものである。

日本では、災害や事故等で遺体が発見されない場合、徹底的に捜索し、なるべく完全な形で収容しようとする。とくに海外の事故においても、かなりの努力を払って遺体の捜索が行われる。今回の東日本大震災にしても、遺体の捜索はかなり長い間行われており、また死後しばらく経てもＤＮＡ鑑定を行うなど、その努力は相当のものである。

こうした対応について波平恵美子は『日本人の死のかたち』において、身体がその人の存在を示すものであり、アイデンティティのありかであった身体によってその死を確かめようとするための行動であり、通常のような葬儀を行うことで、死者のアイデンティティを遺体から引き離すことが、何よりの慰霊の方法だととらえていたからであるという。

さらに東日本大震災の場合、火葬が進まずやむを得ず土葬した遺体を、わずか半年程度ですべて掘り起こし火葬を終えた。かつて土葬地帯であった地域でも、その動きは早かった。それも、なるべく遺体を前にして通常の葬儀をすることが、死者のためになるという意識からとも考えられる。

葬祭業における祭壇の成立とサービス業化

葬祭業のなかで遺体の取り扱いがなされるようになったのは、昭和初期以降である。明治大正期までは、葬祭業の主な業務は、葬列の道具とその人足の手配が主であったが、葬列が廃止されるようになると、その代替として社会的に喪を発する儀礼として普及したのが告別式であり、その飾り付けが主な業務となっていった。明治期には自宅や寺院の飾り付けは重視されず、香炉や燭台、供物など簡素であったが、大正期以降、次第に白布を掛けて段を組むようになった。祭壇の誕生である。昭和初期になると白布祭壇の基本的形態が整えられ、祭壇道具の単価を積み上げて総額を出し、そのランクにあわせて棺も付属するようになった。こうして祭壇を基準として費用が決まり、それが葬儀規模に結びついていくシステムがほぼ昭和初期にできあがった。祭壇は当初、白布祭壇だけであったが、アジア太平洋戦争を挟んで、昭和三〇年代以降になると、問屋業者が金襴を掛けた祭壇や、さらに現在一般的な白木彫刻祭壇を開発し、仏浄土的な意匠をとるようになった。高級化を意図し寺院の須弥壇《しゅみだん》の意匠を取り入れた須弥型祭壇も使われるようになる。

こうした祭壇の発展と並行して、昭和初期にはサービスの提供も業務に含まれていった。近親者が行っていた納棺や、近隣や親族の役割であった役所の届け出なども葬祭業者が行うようになる。こうして葬儀における葬祭業者の役割は大きくなり葬儀に不可欠な存在になった。とくに納棺は、葬儀の業務の中でも最も重要な役割であると葬祭業者自身も認識しており、時には納棺によって遺族との関係が大きく変わり、納棺を丁寧に行うことで、遺族の信頼が大きくなると語った葬祭業者もいる。

衛生観と遺体の取り扱い

ただし、こうした遺体の扱いが専門家へ移行していく背景には、実は公衆衛生的な観点があった。現在では、病院による死後処置は当たり前であり、清拭《せいしき》(4)が行われ、逆に民俗としての湯灌は行われなくなっている。清拭については一八九六年刊行の『実用看護法』というアメリカの看護書の翻訳版にすでに登場し、消毒薬を用いて全身を清拭することが記載されている。つまり、医療現場における清拭は、欧米の死後処置法を導入したものと考えられる。これ以降の日本の看護書にも、死後処置として清拭の記述を見ることができる。

こうした清拭は病院だけでなく、家庭でも行うようになっていく。それは、派出看護師の看護書や家政書にも見ることができるからである。派出看護婦とは病院に勤務する看護師ではなく、病人を抱える家庭が雇うもので、自宅療養などで看護に当たる人であった。さらに主婦を対象とした家政書にも、看護書同様のことが記載されている。

(4) 一般的には、看護や介護、死後処置などにおいて湿らせた布などで身体を拭うこと。

図２　移動式入浴システムを援用した「湯灌」の装置（葬儀社のデモンストレーションのために用意されたもの）

清拭が民俗としてではなく、公衆衛生として中間層以上に浸透するに従って、従来の湯灌があまりよいイメージを持たれなくなり、次第に清拭が湯灌に代わって一般に浸透するようになる。しかし、公衆衛生的には適さない温水の使用が清拭にも導入されるようになるのは、湯灌を意識した変化であると考えられる。また家庭での清拭を「拭き湯灌」と呼ぶ地域もあった。

一九六〇年代から七〇年代にかけて、『納棺夫日記』のように北陸や北海道などで、専門とする職種も誕生した。それ以外の地域では葬祭業者が、納棺を担っていった。そうした中で、一九八〇年代の後半には、在宅看護用の移動式入浴システムを援用して、新たに「湯灌」と称して新型の葬儀サービスを始めるようになる。そこでは、民俗としての湯灌を歴史的な正統性としながらも、それだけでは人々に必要性を感じさせないので、最後のお風呂という叙情的な共感を呼ぶことによって、次第に浸透していった。湯灌や納棺は専門家の領分となったのである。

さらに、遺体の保存処置であるエンバーミングもほぼ同じ時期から導入されるようになった。公式には公衆衛生が強調されるものの、葬儀の現場では、遺体のやつれや損傷などの修復に最も関心が払われるなど、遺体の取り扱いは専門家へと移行していった。つまりおくりびとは、昔からいたわけではなかった。遺族は遺体を主体的に扱う側から、専門家に遺体を委ね、扱われる遺体を見つめる観客になっていったのである。そして自らができなくなっていることを、代わりにしてくれることで『おくりびと』の映画への共感と感動が生まれていったのではないだろうか。

（山田慎也）

Question 12

どうして香典を持って行くのか？——葬儀と義理

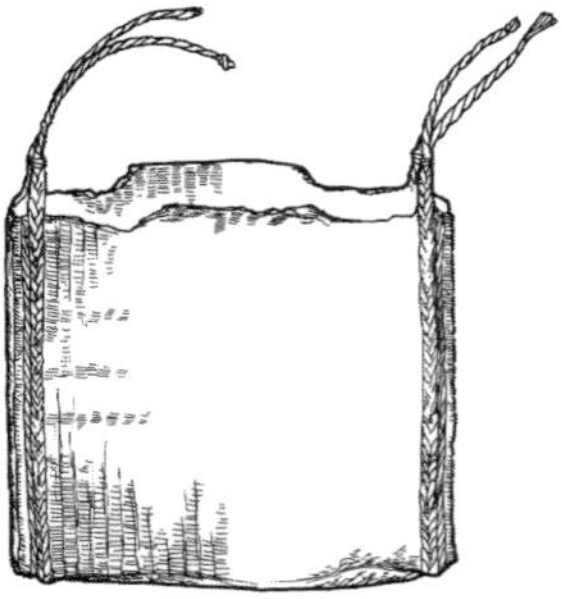

図1　叺（静岡県浜松市天竜区水窪《みさくぼ》地区）

義理の世界に生きる

新聞の「おくやみ」欄だけは、毎日、目を通すという人は多いのではないか。そのために地方紙を購読しているという話も聞く。家庭や職場での一日の話題が、訃《ふ》報《ほう》欄から始まることも珍しくない。もちろん、筆者とて例外ではない。

「おくやみ」欄は氏名・年齢・住所に始まって、通夜と告別式の時刻と会場、喪主の氏名や続柄、故人の簡単な職歴や肩書きなどを記す。一九九〇年代までは、「脳卒中」「心不全」などの死因まで書かれていた。昨今の香典返しは茶葉が圧倒的である。「おくやみ」欄をお茶菓子に、香典返しの茶を飲みながら世間話に花を咲かせることになる。事前に知らされるケースがないわけではないが、世間はその外側に広がっている。ゆえに、新聞に頼ることになるのである。

政治・経済記事を読み、熱心に世間を論ずるかたわらで、別の世間に気を配る。義理によって結ばれた世界が現に存在する。義理のことを山梨県などでは「ジンギ」という。『国語辞典』（旺文社）で「義理」「仁義」を拾うと、「他人との関係や交際上、果さなければならない道義上の務め」「他人に対してなすべき礼儀」とある。公共道徳として機能しているのは確かで、われわれ日本人は義理を欠くのを嫌う。

金銭の前は何を持って行ったのか？

利根川下流の千葉県と茨城県の二つの集落（現在の栄町麻生《さかえまちあそう》と稲敷《いなしき》市松山）で、民俗調査を行った経験がある。三〇年も前の「叺《かます》づきあい」を紹介したい。

千葉県の麻生は戸数四〇戸余で、集落の入口に道祖神がまつられており、民俗学でいうムラの典型である。三つのクルワ(1)からなり、古くは葬式組(2)として機能していた。その後、葬式組は四組に再編され、ジャンボン・グルワと呼ぶようになった。僧侶の奏でる銅鑼《どら》の音からの命名であろう。

叺とは藁で編んだ袋のことで、不祝儀に際して米を詰めて差し出す。要は香典である。米の授受で結び付いた間柄を「叺づきあい」という。当時、すでに叺を使うことはなかったが、香典として米を持ち歩く習慣は残っていたのである。

麻生では、「本叺《ほんかます》」と「半叺《はんかます》」の二種である。米の量は本叺が二升、半叺が一升である。ムラ内で、「叺づきあい」（二升と一升）をしている間柄（相互認知と片方認知）が約四割、「叺づきあい」のない間柄（相互不認知）が約六割である。

具体的な関係を見てみると、隣・近所・クルワの地縁関係が全体の約四割、本家分家や親戚関係が約三割、関係が不明であっても叺を持ち歩いているのが二割弱である。ひとたび生じた義理が、簡単に断ち切れないことを物語っている。

四〇戸余の小さなムラにあって、「叺づきあい」のない間柄が全体の六割を占めた。相互につきあいのないことを認めているのであるから、まちがいない。義理・仁義は押しつけられた義務ではなく、選択的なのである。また、他家を媒介に結ばれる間柄にも注目したい。相対の関係がないのに、一割が「叺づきあい」をしてい

（1）ムラの中を分割する単位で、地域によって呼称が異なる。千葉県側の松山はツボで、道祖神の祭祀単位でもある。埼玉県の武蔵野台地ではホラなどと呼ぶ。山梨県ではコーチの呼称が広く見られ、道祖神の祭祀単位になっている所が多い。

（2）葬儀を行う際、告げ人、葬具作り、炊事、穴掘りなどの裏方仕事を担当する互助組織。一〇〜三〇戸規模のことが多い。村組や近隣組が葬式組として機能することが多いが、念仏講などの信仰集団や系譜関係にある家々による互助の場合もある。

た。それらの多くが「親戚の親戚」「一族の親戚」で、「引っぱり」などと呼んでいる。義理は互いに引っ張り合う。媒介者を経て、拡大する性質を持つのである。

茨城県側の松山の「叺づきあい」は、二升・三升・五升・七升・一斗・二斗の種別があった。麻生の香典帳にも「米一俵代」「米二俵代」の記載があり、二種になったのは合理化の結果であろう。香典の元は米である。米である以上、食するのが目的である。土地の人は、自分たちの食い扶持《ぶち》として叺（米）を持ち運ぶと説明していた。本叺（二升）は夫婦二人、半叺（一升）は一人の援助を伴う。香典は葬家に向けた援助というよりも、仲間の葬儀を完遂するのに必要な食料であった。

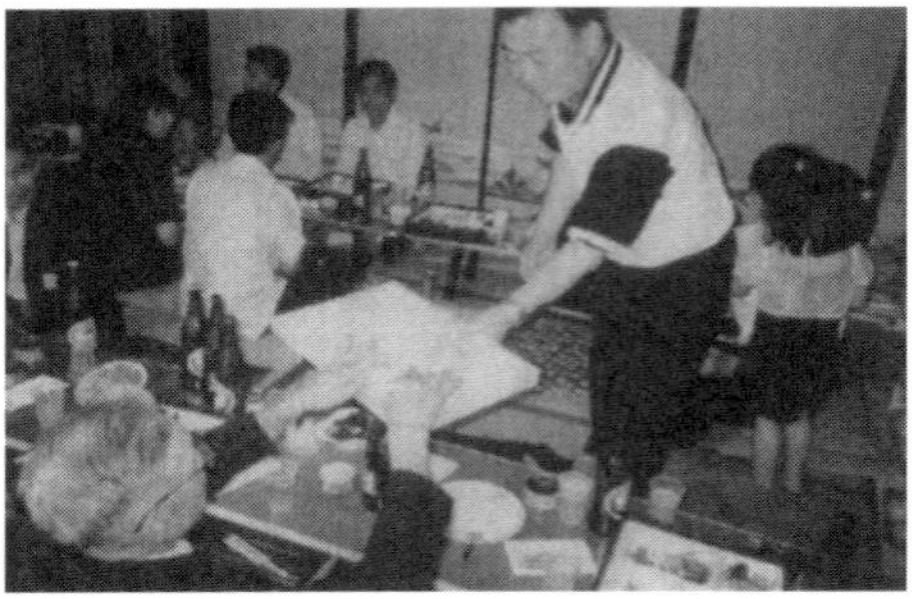

図2　紙位牌を配る（山梨県北杜《ほくと》市須玉町）

香典を差し出す相手は誰か？

次は、一九九〇年代の体験である。職場の同僚が病気で亡くなった。一同で香典（金銭）を持参し、葬儀の手伝いに出向いた。

葬儀が終わって慰労会が催され、香典返しを手渡された。帰宅後、砂糖の箱に故人の戒名を記した、紙の短冊が添えられているのに気づいた。いわゆる紙位牌である。仏壇や神棚を持たないわが家である。扱いに困った。躊躇したが、お札の隣に画鋲で止めておいて、年末に古い札類と紙位牌を束ねて神社に納めたのである。

親類縁者でもない者に紙位牌を配ることは、山梨県では珍しいことではない。山梨県に隣接した都県に広まっており、位牌分けと呼ぶ。一〇〇枚以上の紙位牌を仏壇に納めている家も少なくない。位牌ほどの板を立て、それに紙位牌を重ねて貼り付けておく。故人の子どもには正式な位牌を配るなど、位牌分けは多様な形をとる

表１　紙位牌の枚数

枚数＼代数	1	2	3	4	5	6 以上	計（比）
0 ～10	12	15	12	4	6	42	91（46.2）
11～30	7	15	6	2	4	15	49（24.9）
31～	1	12	6	5	3	30	57（28.9）
計	20	42	24	11	13	87	197（100.0）

代数は家の古さを示す。例えば「３」は調査時の世帯主が「３代目」であることを意味する。「６以上」には明確な代数が不明であるため，記載のなかったものが含まれている。「６以上」であっても10枚以下の家が42戸もあるところを見ると，紙位牌はいずれは処分される性質のものと思われる。

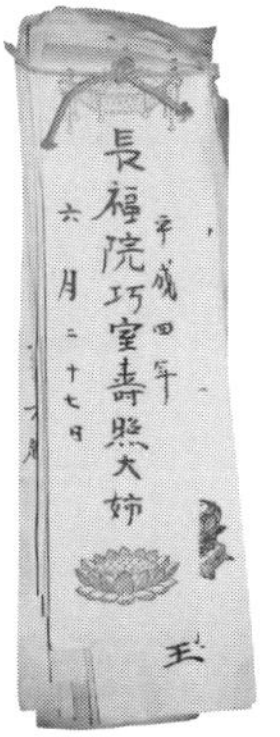

図３
紙位牌の束（山梨県北杜市長坂町）

が、いずれであっても仏壇は賑やかである。先祖に関係のある人々が寄り集い、義理はあの世まで持ち込まれるのである（表1）。

位牌分けに重なって、別帳場の習俗が分布する。故人の子どもたちが、喪主に並べて帳場を設けることを別帳場と呼ぶ。会葬者は複数の帳場に香典を届けることになる。これを「つけ仁義」もしくは「つけ見舞い」という地域もある。

婚出した嫁や息子に「つける」と表現する。各々に香典返しがあり、砂糖をリヤカーで運んだと証言する人がいた。子が親の葬儀に同等にかかわるのは、ある意味自然である。会葬者の全員が「つけ仁義」を出すのではない。どのような関係者が持参するのか。実父を亡くした娘の「つけ仁義」を分析してみると、八割以上が嫁ぎ先の関係者であった。親戚関係者と並んで地縁関係の比重が高い。

「つけ仁義」は先の「引っぱり」現象に似ている。新しい仲間であっても、仲間の親の死去は見捨てられない、重大な出来事として受け取るのである。一点だけ補足すると、彼らは香典を持って会葬に出向いたのではない。嫁が実家から位牌を持ち帰る頃を見はからって参集し、「つけ仁義」を差し出して供養するのである。僧侶が加わらないが、二次の葬儀を経て、親の霊は嫁ぎ先の霊たちの仲間入りをするのである。よそ者の位牌が混じるのは、「家」の系統を重んずる日本の伝統に矛盾するように思えるが、規準とした日本らしさなるものが歴史をつらぬいて伝わる伝統であるのか、吟味する必要がある。

義理は喪家に対してのみ働く義務ではない。間接的であっても、仲間と認知された対象に及ぶ。「つけ仁義」は危機に直面した仲間のために機能するしくみである。

結集する義理

義理は来世の霊を想定する。われわれの義理は、先祖の霊にも及ぶ。それが証拠に、盆や正月の帰省ラッシュは、全く衰えを見せない。移動するのは子であり、向かう先は生みの親の住む家である。各家の先祖の霊が、いわゆる祖霊である。(3) 帰省ラッシュを引き起こしているのは、子らの祖霊に対する義理の力だといえる。

葬儀のことを「親を送る」などという。「親送り」は「まつりごと」の一つであって、子らが協同して事業に当たる。その具体例が別帳場である。そして、子だけでは心細いから、仲間が支援する。彼らが差し出したのが「つけ仁義」である。同じ社会に生きる者が助け合うのは、説明を要しない道徳であろう。

各々の家の先祖は、送られた親々の融合体である。ただ、「親」が生みの親に限らないのは、広く了解されよう。仲人や契約書に記す保証人など、現代において機能する擬制の親子関係(4)は少なくない。「親」の語義が「敬う」であり、「親(祖)」の霊が集合・融合化の傾向が強いと説いたのは柳田国男であった。祖霊とは、敬いの対象となる霊の総体である。生みの親はもちろん、さまざまな親(擬制の親)を含む。生きる者は、親(祖)から命(霊)をたまわった子である。「親送り」はお互いさまである。親を送り出す儀礼に、即物的な返済を求めるのは道徳に反しよう。

義理・仁義に返礼を求めるのは、経済合理主義の影響である。香典は葬儀という一大事業を完遂するために、子らに供された仲間の援助である。事業が終了すれば、それで区切りとなる。返礼を予定するのは後の変化である。現世の生活に汲々とし、帳尻が合わないのを不条理と考えるようになった結果であろう。

(3) コンパクト版『国語辞典』の多くは、「祖霊」を載せていない。「祖霊」は柳田国男が造った学術語である。日常に使う「ご先祖」は、「始祖」を含む代々の先祖を指しており、「祖」は「はじめ」でなく「おや」の意と解釈すべきである。

(4) 本当の親子ではないのに実の親子と同じような契りを結ぶ風習は日本に特徴的なもの。任侠の世界の親子子分関係は代表的な事例。結婚に際して依頼する晩酌人なども擬制的親子関係のひとつ。病弱な子を一度棄て、拾ってくれた者との間に新たに親子の契りを結ぶ習俗なども広く知られる。

表2　葬儀会場の変化

年	自宅	ホール	寺院など	不明	計
1990	86	0	8	4	88
1995	102	6	16	0	124
2000	56	40	7	0	103
2005	6	119	13	0	138
2010	0	129	11	3	143

各年の10月の最終の１週間（日～土曜日）の『山梨日日新聞』に掲載された「おくやみ」欄の特徴を一覧にした。「ホール」はセレモニーホールなどの施設を指す。「寺院など」は教会・公民館・集会場を含む。「不明」は斎場の記載のないもの。

ボランティアのように返済を予定しない義理や仁義はある。義理は子らを結集させ、親の死という一大事を乗り越えさせるのが本来の主旨であった。

義理の将来

義理とは無関係に「おくやみ」欄を眺めると、新たな発見がある。二〇〇〇年をはさんだ二〇年ほどの間に、葬儀の場所が大きく変化した。一九九〇年にはホール葬は皆無であったが、二〇一〇年には自宅葬がなくなり、完全に逆転した（表2）。葬儀会場の大革命が、われわれの世間をどう変えたのか。義理や仁義の観念に変化を及ぼしたのかといえば、ほとんど影響がない。むしろ、斎場の場所がわかりやすくなった。駐車場が確保されており、往来が便利になった。「久しぶりに〇〇さんに会った」などの土産話が増え、斎場は健在を確認し合う社交場に衣替えた感がある。

香典は、葬儀の執行を助けたいとの善意の表明である。香典返しが飲食物の形をとるのは、共同飲食(5)の名残である。本来は葬儀の場にいて援助すべきであるが、合理化・簡略化されて香典返しとなった。時と場を替えて、故人を偲び供養する機会を提供しているのである。ホール葬の時代になっても、義理は健在である。

義理は狭いムラで生まれたシステムである。残念ながら、広い世間に通用する程度に改良されていない。義理を供する側に選択が任されているのは、今も昔も変わらない。だから悩ましいのである。その悩ましさは所属する世界（世間）のあり方と深く関係している。義理が現世と来世の幸福を契るシステムである以上、本来の主旨を知らないまま切り捨てては、それこそ不義理な話である。

（影山正美）

(5) 家族・親族や地域社会の成員が集まって、同じものを飲み食べること。祭りのあとの直会など信仰的な意味を持つものや、宴会のように特定の目的をもつもののほか、年中行事や祝儀・不祝儀の際には、食事を共にする機会が設けられることが多かった。

次の扉を開くための読書案内

五来重『葬と供養』東方出版、一九九二年

初期の民俗学では、墓や葬儀を研究する際、仏教の影響を重視せず、仏教以前の姿を見出そうとする傾向があった。五来は仏教民俗学という分野を提唱し、民俗の中に見られる多様な仏教の影響を対象化することを目指した研究者である。仏教民俗学の立場で庶民葬墓史を描いた長期間の連載をまとめた著作で、葬法論、葬具論、葬儀論で構成され、死をめぐる民俗を多角的に論じている。

谷口貢・板橋春夫編著『日本人の一生――通過儀礼の民俗学』八千代出版、二〇一四年

民俗学では、墓や葬儀は、人が地域社会に誕生し結婚して次世代を育み、死を迎えるまでの諸儀礼を対象とする通過儀礼研究という分野に位置づけられる。本書は従来研究の対象とされてきた通過儀礼のほか、食文化や病気、老いなどをめぐる現代的な民俗に関するフィールドワークの成果を紹介する。民俗学における通過儀礼研究の成果をまとめた初学者向けの著作。

中込睦子『位牌祭祀と祖先観』吉川弘文館、二〇〇五年

墓や葬法に比べて、民俗学が位牌を研究の対象とした時期は新しい。位牌分けは、長野県東南部から山梨県全域、群馬県全域、栃木・茨城県境地域、福島県南部、静岡県東部から伊豆諸島利島・大島に分布している民俗である。これらの地域の位牌分けを対象とし、この民俗に反映された死者・祖先観や、家族関係の再編過程などを分析する。

森謙二『墓と葬送の社会史』講談社現代新書、一九九三年（吉川弘文館、二〇一四年）

墓や葬送をめぐる制度は、地域社会の内部的な条件だけでなく、法制度や衛生観念、権力の政策的関与などの影響を受けて成立している。本書は、日本の墓や埋葬方法について、民俗だけでなく近代以降の法制度や政策を視野に入れて分析し、現代社会がかかえる墓と葬儀の課題と方向性を整理している。

柳田国男「葬制の沿革について」一九二九年（『柳田国男全集』一二巻、ちくま文庫、筑摩書房、一九九〇年）

墓や葬儀を民俗学的に対象とした初期の論文。短い論文でありながら、研究方法や理論、事例レベルでのちの研究に大きな影響を与えており、この研究分野の古典となっている。両墓制の問題や都市部の埋葬地の問題などについても言及している。のちに両墓制と呼ばれる墓制について、本論文では「葬地」「祭地」という二つ概念を用いて整理しており、この課題はのちの墓制研究へ展開していった。一方、沖縄の墓制との関連を重視している点など、のちの研究に受け継がれなかった視点もあった。

山田慎也『現代日本の死と葬儀――葬祭業の展開と死生観の変容』東京大学出版会、二〇〇七年

民俗学は、地域社会における墓や葬儀について数多くの調査研究を行ってきた。一方で、近代社会におけるそれらに対する関心は薄かったが、従来の民俗社会における葬儀の変化だけでなく、葬祭業者が葬儀に関与していくことで生じた変容の過程とその要因を分析する。現在では農漁村部までひろく普及した葬祭業者が関与した葬儀について民俗学の立場から調査研究し、民俗学の可能性を示した著作である。

第4章　区別と差別

社会にはさまざまな差別がある。部落差別、男女差別、国籍差別、病気の差別……。差別をなくそうという試みも、長年にわたって行われてきた。しかし差別は今なおなくならず、むしろ社会の変化に対応するように新たな差別も生まれている。水俣病患者と同質の差別が福島原発事故の被災者に向けられ、国籍差別はヘイトスピーチという形でより先鋭化している。

本章では、差別用語という視点から、メディアと差別、被差別部落問題と「ブラク」ということばについて解説するとともに、民俗学が日本人の差別観の根底にあると考えてきた「ケガレ」観念に視点を当て、差別と排除の問題を取り上げる。また、差別につながる子どもの「いじめ」については年齢集団に解決の糸口を求めている。

なぜ、人は差別するのか。これは人類共通の課題である。差別の構造を理解することは問題解決のための第一歩であり、民俗学研究はそのヒントを与えてくれるのではないだろうか。

Question 13

放送禁止用語・放送禁止歌って知っていますか？——「言い換え」に表れた差別

放送禁止用語とは

「竹田の子守唄」(1)は被差別部落とかかわる歌であることから長年、放送されることがなかった。歌詞の中の「在所《ざいしょ》」(2)が被差別部落を指しているとされて問題になったためだった。部落問題にかかわる「チューリップのアップリケ」「手紙」、あるいは南北朝鮮問題に絡んだ「イムジン川」なども放送禁止歌とされていた。

「放送禁止用語」「放送禁止歌」とは何か、そうしたものは存在するのか、という問いから始めよう。ひとことでいえば「現時点で、そうしたものは存在しない」とされている。ある特定の言葉や楽曲を放送してはならないという規定はどこにもないのである。しかし、現実には放送の世界で「使ってはならない」あるいは「使わないよう心がけるべき」とされる言葉や、「放送にふさわしくない」とされる楽曲は存在している。楽曲についていうなら、問題とされるのはメロディではなく、その歌詞、すなわち「言葉」である。

民間放送連盟が出している『放送ハンドブック』は、人権侵害で問題になるのは「人種・性別・職業・境遇・信条や、障害、身体的特徴、疾病などに関する差別的な表現」であるとしつつ、「放送基準は決してマニュアルではない。まして、言葉

図1　赤い鳥「竹田の子守唄」レコードジャケット（1971年）

（1）「竹田の子守唄」はフォークグループ「赤い鳥」がアレンジして一九七一年にヒットさせたが、次のような歌詞が問題とされた。
「早よも行きたや　この在所こえて　向こうに見えるは　親のうち」
「久世の大根めし　吉祥の菜めし　またも　竹田のもんばめし」

の言い換えで差別がなくなるものでもない」としている。一方、日本新聞協会による『放送で気になることば２０１１』には「注意して使いたい言葉」という項に、「足が奪われる」は事故・疾病や戦争・紛争などで足を失った人がいることに配慮し「通勤に影響が出た」などの表現を使うようにしたい、と書かれている。

放送は活字メディアに比べて受け手に与えるインパクトがはるかに強く、社会的影響力が大きい。その表現が多くの人に影響を及ぼすとされる放送業界では、長年、さまざまな場面での差別語の「言い換え」に腐心してきた。これが世にいう「放送禁止用語」とされる実体である。

差別語と「言い換え」

かつてラジオ番組の花形だった古典落語は、最近、ほとんどその出番がなくなっている。理由の一つが「差別用語」の存在である。古典落語の世界は差別語、とりわけ身体的な障がいのある人や職業的な差別用語が当たり前のように登場し、放送できない演目が多い。高座にかけるときには、落語家が時代背景など「お断り」解説を入れて演じたりしているが、「紙屑屋」「丁稚」「めくら」「つんぼ」など、言い換えてしまうと落語本来の味わいを失ってしまうため、寄席でははなすことができても、放送はできないということになる。

共同通信の『放送ニュースの手引き２００４』では、「差別をなくすための努力は報道陣の責務」として、病気・職業・身分・人種・民族・地域・性差別などについての言い換え例を示している。[3] もっとも二〇〇四年版に差別語として「簡易宿泊

（２）一般に「田舎」や「村」の意味で用いるが、近畿地方では自分のムラを指していうことが多い。本来、「在所」に差別的な意味はない。

（３）部落→被差別部落の意味では不適切な表現。一般語として村落の意味で使用する場合は、村落、集落、地区などとする。
足切り→二段階選抜、門前払い。
片手落ち→不公平な、不平等な。
浮浪者→ホームレス、路上生活者。

図２　森達也『放送禁止歌』（2003年）

所」と言い換えられている「ドヤ街」が、四〇年前の一九六四年版では、サツ（警察）、ロハ（無料）などと同様、「一部の社会にだけ通用している隠語」にすぎなかったように、六四年時点では、「差別用語」の項目自体、存在していない。この時期はテレビが急激に普及する直前であり、「差別用語」への関心は低かったといえよう。「放送の言葉」に対して人々が敏感に反応するようになったのは、テレビの存在が一般的となった七〇年代のことである。言い換えはテレビの普及とともに定着していった。

柳田国男は「所謂特殊部落ノ種類」の中で、「明治ノ世トナリテ公ニ革太或ハ穢多ナル文字ノ使用ヲ廃」し、その代用として「新平民」という語を用いたが差別がやまず、内務省は「又之ヲ避ケテ特殊部落ノ文字ヲ用ヰ始メ」たが、これも程なくして差別語となり「要スルニ彼等ガ部落ヲ特殊ナリトスル一般ノ思想存スル限ハ、百ノ用語ヲ代フルモ無益」であると結論づけている。

以来、すでに八〇年以上が過ぎているが事態はあまり変わっていない。七〇年代には「言葉狩り」と批判されるほどにまで差別用語に対する指摘が頻繁に行われ、表現の自由か規制かが問題になった。放送の言葉をチェックすることで差別はなくなったといえるだろうか。柳田が指摘していたように、差別があるところではどのような言い換えをしても無意味なのである。

タブー・禁忌と世間

先に述べたように差別語とされる言葉は、実際には誰かが「使用禁止」と定めたわけではなく、放送局、とりわけ制作担当者が自主的に規制しているに過ぎない。「放送禁止歌」は、民間放送連盟が「要注意歌謡曲指定制度」としてリストに示した時期もあったが、その場合も民放連が禁止したわけではなかった。誰も禁止していないが放送されなかった楽曲。(4)なぜ放送されなかったのか、放送できなかったのか。問題となりそうなことはあらかじめ避ける、という意識が働いていたのではないだろうか。「問題になりそうなことを避ける」すなわちタブー(5)である。

一般の人々にとっては、タブーや禁忌《きんき》は理屈ではなく、イメージであり、感性による決定である。そこでは異常を回避、あるいはつとめて正常を保つことが求められる。ある言葉を発したときに起こるかもしれない「好ましからざる事態」を回避するための手段が「言い換え」、あるいは「放送禁止用語」だったのである。

では、「好ましからざる事態」とは何か。言葉の届いた先にいる視聴者による拒否反応、さらにいえばクレームへの対応、それによって起こる社会的信頼の喪失や経営への影響などが考えられる。『差別語　不快語』という本が二〇一一年六月に出版され、大手インターネット書店のビジネス経済・実践経営・リーダーシップのジャンル別ランキングで一位を獲得したという。差別語や不快語を避けるノウハウは、ビジネスの世界でも不可欠というわけである。本の著者は部落解放同盟中央本部マスコミ・文化対策部で活動していた人物であった。

禁忌は社会活動を拘束し停止させる。法的強制を伴わないが、人の行動にある種の圧力をかけて足かせをはめる。日本人にとって禁忌のもととなるのは「世間」という目に見えない力であり、私たちの多くは、無意識に世間がどう見ているかと、

（4）森達也の取材によれば、「竹田の子守唄」や「イムジン川」は「要注意歌謡曲」のリストにも入っていなかったという。

（5）タブーという言葉は、一八七七年にキャプテンクックがポリネシア語の「触れたり、犯したりすることで好ましからぬ事態が発生する慣習」を意味する言葉として紹介した。日本語ではこれを「禁忌」という言葉で示している。

常に神経を使っている。

忌みことば

民俗学の世界で知られている「ことば」にかんする禁忌といえば「忌みことば」である。特別なときに忌み慎んで使用を避ける言葉、およびその代わりに用いる言葉をいう。梨の実をアリノミ、葦《あし》をヨシ、剃《そ》ることをアタルなど、ある言葉を発したときに起こるかもしれない「好ましからざる事態」を回避するための「言い換え」は、日本では古くから見られた習慣であった。その多くは自然を相手にした狩猟の世界で使われた。

猟師や炭焼きなどの山仕事をする人の山言葉（表1）で、熊はクロゲ、狼はヤセ、猿はヤマノヒト・ヤマノオヤジ・エビス、米はクサミ、クサノミ、血はヘダリ、水をワッカなどといった。動物の本名を使うと感づかれるといった「恐れ」などが言い換えの背景にあるといわれる。一方、漁師が使う沖言葉では、蛇をナガモノ、猿をエテコウ、鯨はエビスなどと言い換え、これも本名でいうと魚が捕れなくなると考えられている。

不安をもたらす因子に対して抱く「畏れ」は、死を「ナクナル、タビダツ」などと表現するように、現代社会にあっても「目に見えない何か」として存在する。忌みことばは、本来、日常生活を離れて忌みの生活に入るものが、物忌み[6]を完全に守るために、差し障りのあることを口に出すのをはばかる心意による。口に出すことで、言葉の力がマイナスに働くのを恐れる。放送禁止用語に通じる感性である。

表1　動物に関する山言葉の例

熊	オヤジ，ヤマノヒト，クロゲ，シシ
猿	ヤマノヒト，ヤマノオヤジ，エビス
兎（うさぎ）	ダンジリ，ヤマノテ，カル，コモノ
鹿	カゴ
猪（いのしし）	ケラ
狸（たぬき）	コモノ
狼	ヤセ，ノジ，オオノジ
犬	ヘダ，セタ，シシノコ
貂（てん）	ヘコ，フチカリ，テンチネ，ロクヅキ
狐	オナガ，サヤ，エッポ
猫	マガリ，ブチ，ナネコ
鼠（ねずみ）	コマガリ，サエゾウ

（6）本来は祭りにあたって神を迎えるために清浄なる状態に入ること、その期間。眠らない、音を立てない、外出しないなど、禁忌を伴う。

図3　美輪（丸山）明宏「ヨイトマケの唄」レコードジャケット（1965年）

共同幻想と差別

言葉の使用を自主規制するのは、視聴者や関係団体からの抗議が予想されるからである。放送局は抗議を受けることのリスクを避けるため、場合によっては過剰な自主規制をすることがある。吉本隆明《よしもとたかあき》は、柳田国男の『遠野物語』の山人《やまひと》(7)の話は想像力が作り出した恐怖の共同性、すなわち「共同幻想」であり、山人の話が私たちにリアリティを与えるのは「心的な体験にひっかかってくる」からだとしている。

マスコミを恐れさせるのは、「大衆」あるいは「世間」であろう。つまり世間が受け入れたとたん言葉や歌は、放送禁止ではなくなるということになる。二〇一二年の大晦日、それまでほとんど放送で聞くことができなかった「ヨイトマケの唄」が流れた。美輪《みわ》明宏《あきひろ》（丸山明宏）が一九六五年に作詞作曲した、いわゆる「日雇い労働者（土方）」を唄ったこの歌は、かつて民放連の「要注意歌謡曲」に指定されていたといわれる。しかし時代状況が変わったことで、美輪自身によってＮＨＫ紅白歌合戦という晴れの舞台で歌われ、多くの人の感動を呼んだ。「放送禁止歌」が、共同幻想から解き放たれた瞬間だった。

森達也は、なぜか関係者が「放送してはいけない」と思い込んでいた、という経緯を探り、ドキュメンタリー番組として放送するとともに、『放送禁止歌』という本にまとめている。(8)取材を進めて行くうちに森は、「放送禁止歌をめぐるこの構造は、日本に今も色濃く残る差別問題とまったく重なる」と直感したという。

その意味で、二〇一二年、「ヨイトマケの唄」の開いた一ページは、差別用語の行方に示唆を与えるともいえるのではないだろうか。

（斎藤弘美）

(7) 柳田国男が『遠野物語』に収録した話のうち、とくに関心を持っていたのが「山人」であった。山に住み、狩猟や山仕事に従事した山人は、里人からは異人と見られ、特殊な力を持つ存在と考えられたとした。

(8) 森達也が企画・演出したドキュメンタリー番組「放送禁止歌――唄っているのは誰？　規制するのは誰？」は一九九九年に放送され、「放送禁止歌」とされていた曲がテレビで放送された。

Question 14

「ブラク」は差別用語か？——被差別部落の民俗

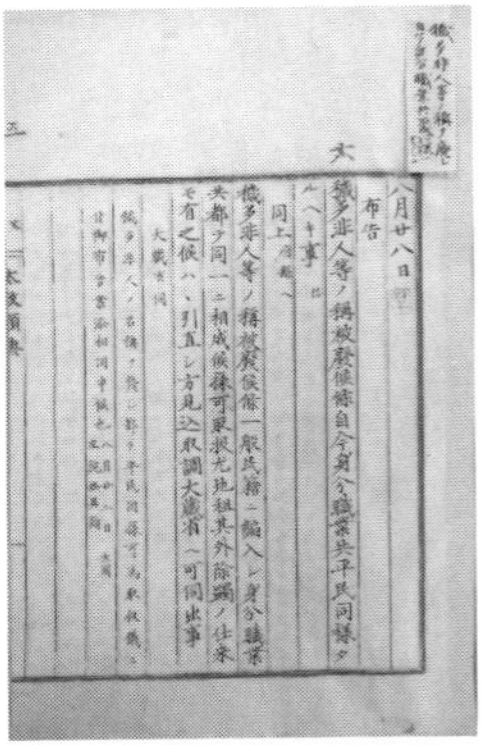
八月廿八日
布告
穢多非人等ノ称被廃候条自今身分職業共平民同様タルヘキ事
同上府藩県ヘ
穢多非人等ノ称被廃候条一般民籍ニ編入シ身分職業共都テ同一ニ相成候様可取扱尤地租其外除蠲ノ仕来モ有之候ハヽ引直シ方見込取調大蔵省ヘ可伺出事

図1　「解放令」（『太政類典』）

本来「ブラク」には差別的な意味合いはなかった

調査に行くと、「ブラク」という言葉をよく耳にする。ここでの意味は、自らのくらしの基盤を置く、地域的な生活共同の単位となっている村落を指す場合が多い。一方で、この言葉が差別用語のように扱われ、あえて避けようとする傾向のあることも事実である。なぜ、差別的なニュアンスを伴うのか。

そもそも、この言葉が日常語として使用されるようになったのは近代以降のことで、本来、差別的な意味はなかった。その展開を見ると、明治初めには集落をさす語であったが、市制・町村制施行前後には今日のような行政組織・社会組織としての意味も付加される。ただし、この段階ではあくまで行政用語であって、一般で使用されるようになるのは、日露戦争後の地方改良運動の時期であり、世界恐慌後の農山漁村経済更生運動、戦時体制下での町内会・部落会の設置を経て定着していく。部落会は、一九四七年のいわゆるポツダム政令により廃止されるが、「ブラク」という呼称は、その後も日常語として今日まで広く使用されている。

一方、近代以降の被差別民の歴史を見てみると、一八七一年に明治政府は賤民身分を廃止し、身分・職業ともに平民と同様とする太政官布告、いわゆる解放令を出し、それ以降旧賤民身分の人々は平民となった。しかし、「旧えたひにん」とか「新平民」と呼ばれ、その集住地域も「旧えた村」と称されるなど、露骨な差別が行われていくが、この段階では「ブラク」と呼ばれていない点は注意したい。

また、一八八五年以降、「貧民部落」という語が公文書などに出てくる。これは、当時猛威を振るったコレラなどの防疫のため、流行の起点となりやすいと考えられた貧民層が暮らす地域を把握するもので、旧賤民身分の人々の集住地域のほか、スラムも含まれており、あくまで衛生政策上の必要性に基づき生まれた概念であった。「ブラク」という表現は用いていても、生活の共同は前提とされず、被差別民に限定されていない点で、今日のものとは性格を異にする点は押さえておく必要がある。(1)

「特殊部落」という呼称の出現とイメージの定着

これに対し、今日の「ブラク」の使用法との関連で注目されるのが、「特殊部落」という呼称である。奈良県では、一八九一年に「一種ノ部落」、一八九九年には「特種部落」、その二年後には「特殊部落」の語が教育関連の公文書などに出てくるが、この語が全国的に広まるのは、日露戦争後の地方改良運動の影響が大きい。

地方改良運動とは、日露戦争に勝利したことで、戦費増大に伴う増税などにより疲弊した地方を立て直すとともに、帝国主義的世界体制に即応しうるよう、国内の社会体制を全面的に再編成する必要が出てきたことから、それにふさわしい財政的・経済的・人的基盤を創出するためにはじめられた官製の国民統合運動である。具体的には、産業組合などの創設に見られるような共同一致による国富増強のため

(1) ただし、京都の場合、この貧民部落を「旧えた村」とスラムに分けようとしたり、農村部では「旧えた村」と重ねたりする例も見られる。また、当時、「旧えた村」では患者が発生していない例もあった。

の生産発達、部落有林野の統一や納税の奨励といった国家財政の基盤となる町村財政の確立[2]、これに対応できる人材育成のための教育普及などが軸となっていた。

これに対し、旧賤民身分の人々に目を向けてみると、共同一致の流れの中での社会的排除、生活水準の低さによる税の滞納、これに差別も加わり不就学・長期欠席が顕著であったことから、その対策が大きな課題となる。そこで行われたのが部落改善政策である。この事業は内務省を中心に行われるが、その具体的方法については、以前から独自に実施していた三重県の活動が参考にされた。

ところで、この政策を進めていくにあたって、対象となる人々をいかに理解するかが重要になるが、この三重県の事業に伴い刊行された『特種部落改善の梗概』を見ると、科学的な検討が行われることなく、身体的特徴の差や病気の遺伝性を強調することで人種が異なるとし、出自についても異民族起源説に依拠していたことがわかる。このような主張（偏見）は、すでに一八八〇年代後半には見られたが、これが県や国家政策にも採用されたことで、正当性を持つかのように誤解され、以後のまなざしに大きな影響を与えた[3]。

その後、問題解決に向け融和政策がとられるが、成果が上がらない中、一九二二年には全国水平社創立大会が開催される。ここでは、あえて「特殊部落」という言葉を用いた綱領が出され、偏見と差別に闘う自律的な運動が進められていく[4]。

このように、国民統合運動でもある地方改良運動の中で、旧賤民身分の人々は異質性が強調され、他者化されていく。「部落」と「特殊部落」という二つの「ブラク」が設定されたのであり、この点からすれば、その後この問題が「部落問題」と

（2）民俗学でよく取り上げられる神社合祀も、一村一社の方針に見られるように、町村強化の一環として行われた。

（3）柳田国男による特殊部落研究は、このような偏見に対する実証的な理解の提示であった。

（4）融和政策の中で、行政用語としては「細民部落」「改善部落」へと変化していく。一方、水平社は「特殊部落」という表現は差別的意味合いが強すぎるということで、一九三四年から「被圧迫部落」と称するようになった。

表現されていくこともうなずけよう。そして、以上のような流れの中で「特殊部落」観が形成され、以後の展開を規定していくことになるのである。

戦後の動きと「ブラク」という呼称

戦時体制下、地方行政の末端組織として位置づけられていた部落会は、一九四七年のポツダム政令により消滅した。しかし、地域的な共同生活の単位である村落を指す日常語として「ブラク」は暮らしの中で定着し、引き続き使用されていく。

これに対し、被差別部落側では一九四六年、部落解放全国委員会が設立され、一九五五年には部落解放同盟と改称し、今日までさまざまな差別と闘い続けている(5)。差別解消に向けた活動団体の正式名称として「ブラク」は使用されることになったのである。また、呼称についても、戦後は未解放部落と称されていたが、一九七〇年代には被差別部落と呼ぶようになり、今日にいたっている(6)。

一方、差別の状況を見ると、高度経済成長から取り残され、また就職や結婚差別、差別落書きに見られるように、旧賤民身分の呼称を用いて異質性・他者性をことさら強調し、社会的に排除していく状況は、戦前とほとんど変わりない。「特殊部落」「細民部落」「被圧迫部落」「未解放部落」「被差別部落」と時代により、立場によって呼称が変わりつつも、その略称として「ブラク」が使用され続けている現状は、戦前・戦後を通してその実態に大きな変化がなかったことを示している。ここに、今日においても「ブラク」という言葉が二つの意味を持ち続けている理由がある。

この言葉が紛らわしいということで、あえて使用を避けるといった傾向も見られ

図２　高度経済成長から取り残される被差別部落（大阪府，1979年）

（5）この他、全国部落解放運動連合会・全日本同和会・自由同和会も結成されている。
（6）なお、戦後の行政は一貫して「同和地区」を使用している。

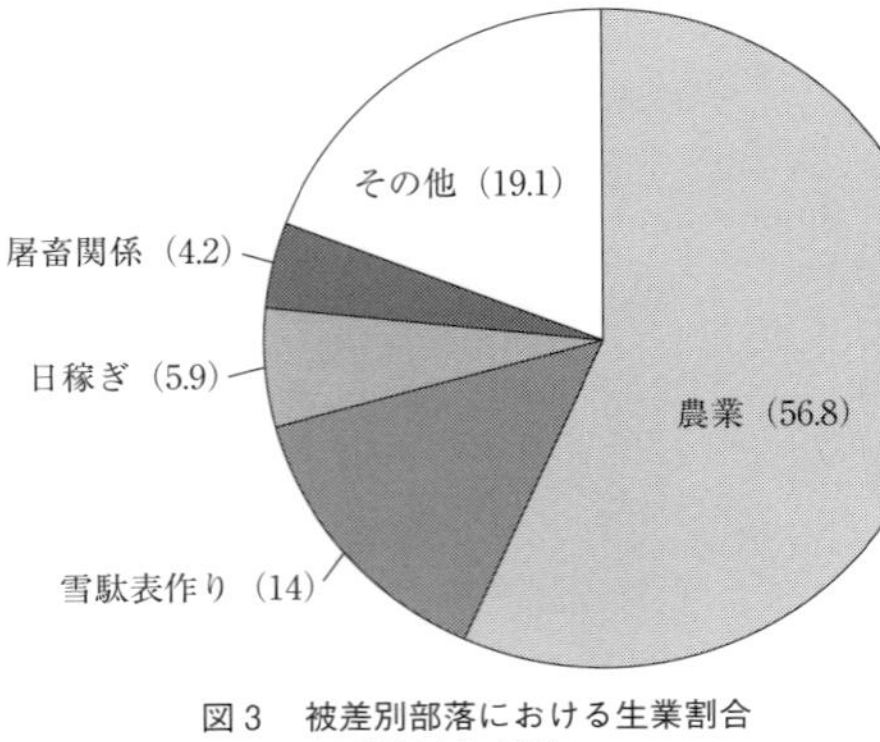

図3　被差別部落における生業割合（大阪河内）（%）

る。もちろん、差別的な使用は言語道断であるが、共同生活の単位となる村落をさす場合は、生活に根差した日常語として定着しているわけで、極端な忌避はその存在を否定し、また差別からも目を背けることにはならないか。丁寧な使い分けの思考と判断こそ、差別問題に向き合う第一歩であり、差別につながらないものに関しては、最大限配慮しつつ使用すべきである。(7)

被差別部落は本当に異質なのか？

ところで、被差別部落は本当に異質なのか。この点について、被差別部落を対象にして地域の民俗を詳細に調査・分析した民俗誌的研究は、非常に興味深い指摘を行ってきた。まず、具体的事例から見てみよう。

図3は、一九一八年の大阪府救済課による『部落台帳』をもとに作成したものであるが、大規模な屠場《とじょう》があることで有名な大阪河内の被差別部落の場合、五六・八パーセントが農業に従事し、つづいて雪駄《せった》表作り(8)が一四パーセント、日稼ぎ五・九パーセントとなっており、食肉行商従事者を含めた屠畜業にかかわる人はわずか四・二パーセントに過ぎない。また、図4は同じ資料の中にある大阪摂津の事例であるが、農業が七一・二パーセントとなっており、順に日稼ぎ一二・六パーセント、草履作り五・七パーセント、牛車ひき三・四パーセントとなっている。このほか、一〇〇パーセントが農業という被差別部落がいくつも見られるのである。

一九九五年刊行の部落解放研究所による大阪府下四十数か村の被差別部落を対象にした民俗誌的研究によれば、真宗寺院が村の中心となり、若者集団とその活動が

(7) どのような文脈で使用されたかを検討しない、表面的ないわゆる「言葉狩り」も同様だといえる。差別の解消ではなく、現実から目を背け、使わなければそれでよいといった誤った対応を広めてしまう危険性があるからである。

(8) 竹皮草履の裏に牛革を縫い付けたはきもので、一八世紀にはかかとの部分に尻金をつけるようになった。雪踏とも書く。丈夫で湿気が通らないようにできている。

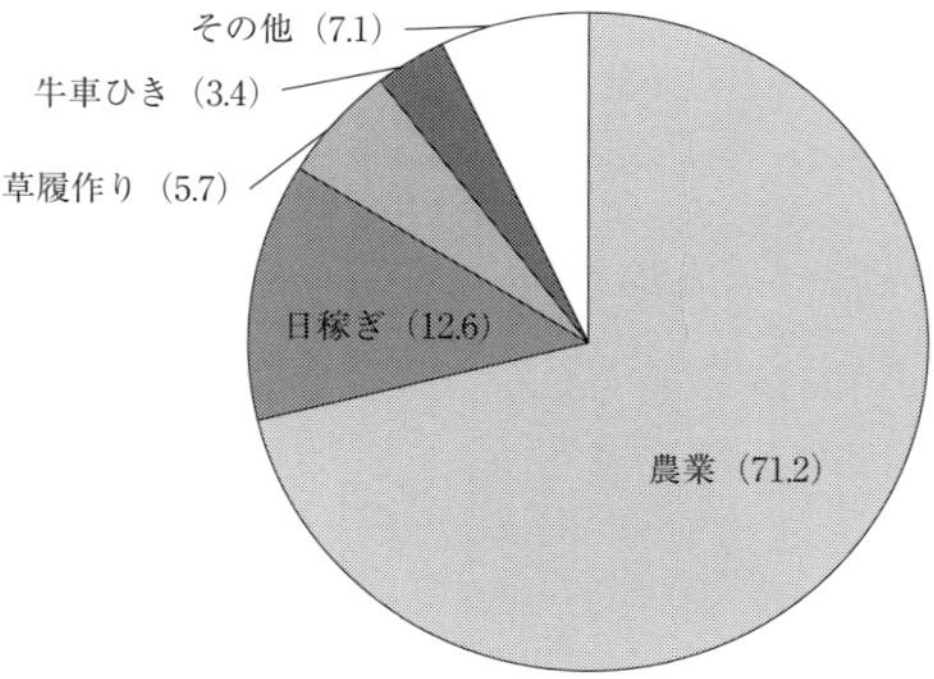

図４　被差別部落における生業割合
（大阪摂津）（％）

顕著なこと、仕事が重層的に存在し、大部分のムラ人は農業だけではなく複数の生業に携わっているなど、被差別部落内に際立って見られる民俗が見られるという。

しかし、これまで被差別部落の中心と思われていた屠畜業・皮革産業・雪駄作り・膠《にかわ》製造など、いわゆる「部落産業」は複数ある生業の一部でしかないばかりか、出作や小作・日雇が多かったという条件付きながらも農業に従事する人が多く、被差別部落に伝承されてきた民俗のほとんどは被差別部落以外でも普遍的に存在するものであって、その基盤には差別の壁はないとし、とくに稲作文化を背景とする民俗が顕著である点を指摘している。(9)

このように、被差別部落の民俗誌的研究は、そのイメージと実態の間には大きなずれが存在し、差別の根拠とされた異質性は存在しないことを明らかにした。この点からすれば、民俗学の成果は、いわれなき差別と偏見に対する反論材料として活用できる可能性がある。また、違いがないにもかかわらず、なぜ異質視され、受け入れられてしまうのか。差別の論理の背景についても考えていく必要があろう。(10)

今日、部落差別は解消されつつあるようなイメージを持つ読者もいるかもしれない。しかし、差別投書や落書き・電話、インターネットによる差別事件、就職や結婚差別は今なお存在し、二〇一二年にはマスコミ・出版界における政治家に対する差別事件が問題となった。(11)本人の能力や責任とは関係のない偏見をことさら強調し、相手を貶《おとし》める点で共通しており、差別のあり様は何ら変わらない。寝た子は必ず起きる。格差が大きな社会問題となった今日、民俗学として何ができるのか、以上のような研究成果も踏まえつつ考えていく必要があるといえよう。

（政岡伸洋）

(9) 長野県や栃木県の被差別部落を対象とした研究でも、ほぼ同じような結果が報告されている。

(10) これまでもケガレや境界といった視点からの研究が見られたが、必ずしも差別解消に向けて貢献できたとはいえない。それよりも、時代背景を踏まえつつ、歴史的な視点から検討を試みる必要があるといえる。

(11) その際には地名を挙げたことが問題視されたが、それよりも血筋や異質性をことさら強調し、それによって相手を貶めようとする姿勢と論理の方に問題があった点は押さえておく必要がある。

Question 15

いじめはなぜなくならないか？――子ども社会の区別と差別

遊びの中のいじめ

筆者が小学生の頃（一九七〇年代）、カンケリという、空き缶を使ったカクレンボの一種の遊びが流行った。広場の真ん中に空き缶が立てられ、鬼は、隠れている者を見つけるたびに「〇〇ちゃん、見つけた」といって、空き缶のところまで戻り、空き缶を足で押さえなければならない。見つけた者に先に空き缶を蹴《け》られてしまったら、鬼に見つけられたことは取り消され、鬼が空き缶をもとに戻している間に、再び隠れることができる。鬼が隠れている者を探しに空き缶を離れたすきに隠れている誰かが空き缶を蹴れば、それまで見つけられていた者全員が、隠れることができるのである。

この遊びの中で、しばしば、鬼になった子どもをいつまでも鬼から解放させないといういじめが行われた。鬼のままやめることはできないという暗黙のルールがある中で、いつまでたっても鬼のままでいることはつらく悲しい。いつまでも鬼から解放されない悲しさに泣きべそをかいたことがあり、また、仲間たちと一緒に、友だちにべそをかかせたこともあった。

リーダー格の子どもの意向が強く働き、いじめの対象が選ばれ、そして、これもリーダー格の子どもの意向が働き、鬼の役目から解放され、いじめは終わるのである。やっと鬼から解放された時の嬉しさは忘れられない。

なくならないいじめ

二〇一二年、前の年に滋賀県大津市の市立中学校で起きた男子生徒の自殺をきっかけに、いじめが大きな社会（教育）問題となった。文部科学省児童生徒課の調査結果によれば、二〇一二年の四月から九月まで、わが国の国公私立の小・中・高・特別支援教室におけるいじめの認知件数は約一四万件である。

文部科学省は、「当該児童生徒が、一定の人間関係のある者から、心理的・物理的な攻撃を受けたことにより、精神的な苦痛を感じているもの」と、いじめを定義している。この定義に従えば、カンケリの中での出来事も鬼の役目から解放されないという心理的・物理的な攻撃を受け、「つらく悲しい」と精神的苦痛を感じている以上、いじめということになるのだろう。

これまでも、いじめが社会問題となるたびに、マスコミが大きく取り上げ、実態調査が行われ、定義が試みられ、カウンセラーの配置などのさまざまな対策がとられてきた。それなのに、学校ではいじめがなくならない。

いじめはなぜ起こるか

民俗学は、村八分《むらはちぶ》(1)や嫁いじめ(2)、婿《むこ》いじめ、継子《ままこ》いじめ、憑《つ》きもの現象(3)等の研究を通し、区別・差別・排除・制裁・供犠・嗜虐《しぎゃく》（残虐な事を好むこと）・遊びといった、

(1) ムラの秩序を乱した者に対するとりわけ厳しいとされる制裁。村ハジキ、村ハズシ、村ハブキなどともいわれ、ムラにおける一切のつきあいを絶たれる。

(2) 嫁入り行列の途中や田植えをする新夫婦に、ムラの若者たちが泥や水をかけたり、妨害したりする習俗。ムラの若者による婚姻の承認儀礼とされる。

(3) 狐憑き、オサキ持ち、犬神筋など、動物霊などが憑いているとされる家に対して、縁組みや交際を絶つ習俗は、かつて西日本を中心に全国的に見られた。

地域におけるいじめを理解するためのさまざまな知見を提供してきた。

民俗学の知見に照らし合わせ、学校現場におけるいじめについて考えてみることにしよう。

いじめでは、特定の個人を何らかの理由で区別し、負のレッテルを貼る生け贄《いにえ》選びが行われる。区別する理由はなんでもいい。性格が暗い・わがまま・自己主張が強い・汚らしい・太っている・動作が鈍いなど、性格や身体的な特徴で区別したり、くさい・うざい・いいこぶりっこ・きもい・むかつくなど、一方的な感情に基づいて区別する。何か特別なことで目立つ子どもが区別の対象となるのは、かつて憑きもの筋として異端視したことと重ねて観ることができよう。区別し、負のレッテルを貼ることによって生け贄を作り、その生け贄に対して、心理的・物理的な攻撃を加えること（または攻撃されているのを観ること）を仲間と一緒に楽しむのがいじめなのである。そこでは悪いことという意識よりも、楽しいこと、遊びという意識が支配する。

カンケリの中のいじめが社会問題にならなかったのはなぜか

カンケリの中では確かにいじめが行われていた。そこでは、リーダー格の子どもの意向で生け贄が決まり、集団で空き缶を蹴り続け、泣きべそをかきながら鬼役を続ける仲間を観ることを楽しんでいたのである。やはり、これも遊びの延長であった。

ところが、カンケリで行われていたいじめは社会問題にならなかった。それは、

図１　天神講（山梨県北杜市）

今日、社会問題になっているいじめと何が違うのだろう。

一つ目の違いは、いじめが生まれる場の違いである。かつての子どもたちは、学校では同年齢の仲間とともに過ごし、地域の中では異年齢の仲間とともに過ごすという、二つの集団の中で生きていたのだが、とりわけ後者は、社会性を身につける上で大きな意味を持っていた。

カンケリは幅広い年齢の子どもたちによる集団で行われていたが、いじめの対象になるのは、中間の年齢層の子どもであることが多かった。ただ付き従っているだけだった子どもが、次第に自己主張ができるようになってくると、その言動が上級生にとって「目につく存在」になってくる。そこで、「最近、少し生意気だ」「調子にのっている」というような考えで、生け贄が決まり、制裁としてのいじめが行われるのである。

子ども集団の中では、さまざまな区別が行われていたが、それらは必ずしもいじめにつながるものではなかった。とりわけ、年齢が低い子どもに対する区別は、弱者を救済するために行われることが多かった。

年齢集団の世界は、年上の者には年上らしく振る舞うことを学ぶ場であるとともに、年下の者には、わがままな振る舞いや年上の者を軽んずる態度を戒められる場となっていた。とくに、年上の者は、カンケリのいじめのように、生意気な態度を示す者に対して、制裁という意味でのいじめの首謀者になることもあれば、もうこれぐらいでいいだろうと、そのいじめをコントロールする役割も担っていた。それをしなければ、自分たちの遊びの母体である集団そのものが成立しなかったのである。そして、そのことを、共に遊んでいる年下の者が無意識に学んでいたのである。

二つ目の違いは、どんど焼きや天神講、地蔵盆など年中行事の様々な機会に顕在化する子ども組の世界を、子どもたちの父母を含む、地域の大人たちが認めていることである。大人たちにしてみれば、遊びの中のいじめは、自分たち自身が経験したことであり、それが社会生活を学ぶ場であることを充分に承知していたのである。

つらく悲しい思いをさせる生け贄を楽しんではいても、集団の中で生活する基本を学ぶ場・社会性を身につける場であることを子どもたちだけでなく、まわりの大人たちも認めていたことが、現代のいじめと、かつて遊びの中で行われたいじめとの大きな違いであるといえよう。

いじめ問題にどう取り組むか

私たちは、いじめ問題にどのように取り組んでいけばいいのだろう。子どもたちを自死に追い込むようないじめについては、今後とも徹底した実態調査を継続するとともに、カウンセラーの活用や、警察を含め関係機関との連携を図っていくことは必要であろう。それと同時に、私たち民俗学にかかわる者は、これまでの民俗学の知見に基づくアイデアを、学校教育や社会教育の現場に、また教育行政に対して、積極的に提言していくべきであろう。

そのひとつの試みとして、どんど焼きや天神講、地蔵盆といった、子ども組の継続のための支援があげられる。一例をあげよう。天神講は、小学校にあがる前の子

図２　地蔵盆（京都府京都市）

(4) 七歳くらいから一四、五歳くらいまでの子どもたちは、小正月や七夕、盆、十五夜、十日夜などの年中行事の際に、随時集団化して行事を行った。これらは、遊びのうちに社会生活を学ぶ場であり、教育的機能を果たしていたとされる。

図３　どんど焼き（群馬県吾妻郡中之条町）

どもたちから中学生までの子どもたちが集まり、天神様にお参りをし、その後、さまざまな活動をする行事である。筆者が訪ねた山梨県北杜市の天神講では、はじめにみんなで天神様をまつる小祠にお参りをした後、公民館で勉強会となった。そこでは習字をしたり、国語の教科書を声に出して読んだり、教科書の文章を暗唱したりしていた。天神祠のお参りでは、参拝の仕方を中学生たちが丁寧に下の子どもたちに教え、勉強会では年上の子どもたちが先生役となって、年下の子どもたちをほめたり、教えたりしていた。このような子ども組の行事が子どもたちにとって、社会生活を学ぶ場であり、教育的機能を果たしていることは、民俗学が明らかにしてきたことである。

ところが、こうした子ども組の意義は、必ずしも地域のなかで認められているわけではない。また、学校教育のなかで積極的に評価されてきたわけでもない。

少子化が進む中、地域における子どもたちによる伝統的行事は急速に消えつつある。このことに関し、文化・伝統面での危機というだけではなく、社会が担ってきた子どもたちの教育的機能の危機という観点から、現在、地域に残る子どもたちによる行事を見直す機会をつくることが求められる。さらに、それらを継続・支援する具体的な取り組みを、学校教育と協力しながら模索していく必要があるだろう。子どもたちによる伝統的行事の意義を社会全体で再認識したうえで継続していくこと、すでに消えてしまっているのならそれに代わる新たな年齢集団的活動を学校や地域につくりださなければならない。このような取り組みが、今日のいじめを解決する道をひとつ開くことになるのではないだろうか。

（古屋和久）

Question 16

ケガレと汚染は同じか？——排除の民俗

原発事故被害者への偏見と差別

東日本大震災で甚大な被害を出した福島第一原子力発電所。その影響により、他地域へ避難、移住した地元住民たちは、移り住んだ各地で、放射能の汚染によるさまざまな差別を受けている。たとえば、小・中学校で子どもたちが同級生に「放射能を浴びたから子どもが産めない」「結婚できない」などといわれる、あるいは放射能の汚染が伝染するから、握手をしないという、さまざまないじめを受けていることがこれまで多く報告されている。二〇一三年に入ってからの新聞にも、福島市から山梨県河口湖町へ避難してきた小学生が、同級生から「誰々ちゃんが放射能を持ってくるなと言ってたよ。放射能がうつるから。地震で死んじゃえばいいのに」といわれ、不登校になった話が掲載されている[1]。

このような差別は子どもの間だけではない。たとえば、献血に訪れた地元男性に対して、担当の医師が「遺伝子が傷ついているかもしれないので献血はできません」と言ったという。しかし実際にはそのような指示は厚生労働省からは出されていないことが判明し、この男性がネットに献血を拒否されたことを書くと、「死ね」「輸血テロ」「人殺し」とたたかれたという。大震災から二年以上が経った今でも、

（1）『京都新聞』二〇一三年四月四日朝刊。

まだまだ放射能への偏見と差別は止んでいないことがわかる。また、二〇一一年の夏、京都五山送り火で陸前高田の被災松を燃やすことを拒否したことから物議をかもした出来事(2)も、上記の差別問題と基本的には同質のものと考えられる。要は放射能汚染が接触や輸血、あるいは燃やすことによって、他人へ〝伝染する〟と無意識的にとらえられたのである。

エンガチョとケガレ

一九六〇年代から八〇年代にかけて、子どもたちの間で大流行したエンガチョと同様に、放射能汚染が他者へ伝染するものと意識され、結果として被災者の子どもを排除するといういじめを誘発したと考えられる。エンガチョとは、子どもたちの遊びの一種であり、誰かが排泄物を踏んだり、手が便所の床に触れたりすると、それを見ていた子どもたちが「〇〇さんエンガチョ……」と囃《はや》し立てる。囃された子どもは別の子どもに触れない限り、エンガチョを持ち続けることになるので、必死で周りの子どもたちを追いまわす。追われる立場の子どもたちは、エンガチョをうつされないために「カギしめた」などと言って、両手の指で輪の形を作るような特別な所作をするというものである。

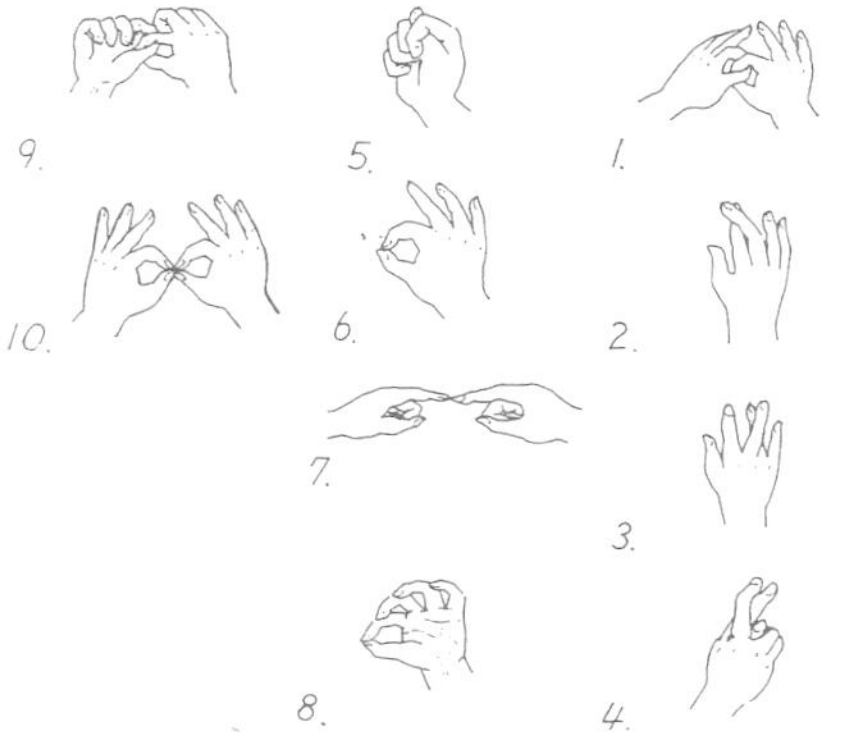

図1　エンガチョのしぐさ

この問題を考える上で参考になると思われる事例がある。一九八四年の夏、長野県の公営プールで、「プールに入った子どもたちが性病にかかる」という噂が広まった。その背景は、東南アジアから来た女性たちがプールを使用していたことから、彼女たちの〝病気〟が子どもたちに〝うつる〟と噂されたものだった。保健所

（2）二〇一一年八月の京都五山の送り火に、津波でなぎ倒された陸前高田の松を燃やす企画が、放射能汚染に不安を感じた市民からの苦情が相次いだため中止となった事件。このとき陸前高田から送られた松から放射性セシウムは検出されなかった。

が水質検査を行ったが、全くの事実無根ということが判明した。その背景には、この時代の〝東南アジアの女性〟に対する偏見が見え隠れしており、まさにそのケガレが〝伝染する〟と意識されたことに注目する必要がある。ならば放射能汚染は、民俗学でいうケガレと同質のものなのだろうか。またケガレの本義とは何なのか。

ハレ・ケ・ケガレ

ハレ・ケ・ケガレとは、民俗学特有の概念である。一般に、ハレ（晴）とは祭り・正月・盆・節供・婚礼などの特別な日、あるいは神や仏がいるような神聖な空間であり、ケ（褻）とは何もない普段の労働の日、あるいは田畑や山などの労働のための空間を意味する。このようにハレとケは時間を表す概念であるとともに、空間を表す概念でもある。かつての日本人の暮らしはハレとケの循環の中で営まれており、ハレとケの区別を明確に意識することによって、日常の秩序が保たれていた。しかし近年のとくに都市生活においては、時間的にも空間的にもハレとケの区別が曖昧になり、その結果、生活の秩序に乱れが生じたと解釈することもできる。

ハレとケをめぐる議論の中からケガレという概念が生まれた。基本的にハレは清浄性や神聖性を、ケは日常性や世俗性を意味する語である。「ケガレ」は一面においては穢れを意味する語ではあるが、まったく同一の概念ではなく、異常な状態や危険な状態を意味する場合や、ハレとケの中間的、境界的な意味を有する場合もあり、きわめて多義的な用語であるといえる。

ケガレの意味をめぐって

江戸時代の国語辞典である『倭訓栞《わくんのしおり》』（3）では、ケガレは本来は「気枯《けが》れの義」であると記されている。このことからも、人間の生命力を象徴する「気・毛」が持続していれば日常性が維持されるところ、何らかの事情でそうはいかなくなったとき、「気止み」や「気絶」という現象が現れ、それを「気涸れ」「気離れ」「気枯れ」と表現したものと考えられる。ということは、不浄・汚穢《おわい》を意味するケガレは、その一面のみが拡大解釈されたものだととらえることが可能であろう。すると、ケからケガレへ、そしてケガレからハレへの循環移動が基本にあることになり、とくにケガレからハレへの移動に際しては、まつりなどの特別な儀礼が必要とされたと考えられる。

　ならばケとは何なのだろうか。これまでも何人かの民俗学者が指摘しているように、ケシネという民俗語彙に注目する必要がある。米を保管しておく米びつをケシネビツというように、「ケシネ」とは飯米を意味する。ケとは稲作農民の日常を表す語彙だということになろう。

　以上のとおり、ケガレの意味は必ずしも汚穢や不浄を意味する「穢れ」ではないということになるが、ケガレの思想は平安時代の『延喜式《えんぎしき》』にも見られるように、元は死穢《しえ》と血穢《けつえ》を中心とした触穢《しょくえ》（4）に発することも確かである。死骸や出血などが異常な状態であることから、そのような生理的嫌悪感をケガレという語で表現したという一面も否定はできない。よって総括すれば、ケガレは、元来は気枯れの意であったものが、宮中および都市生活の中から、やがて穢れという意を多く含むよう

（3）江戸時代中期の一八世紀に活躍した国学者の谷川士清が編んだ、日本で初の五十音順国語辞典である。

（4）神道において不浄とされる穢に接触して汚染されることを意味する。神道では、もし不浄に感染したら、その者は一定の期日を経るか、あるいは祓いを受けるまでは神社への参拝や神事への参加はできないとされた。

になり、それが歴史の中で徐々に一般化していったと考えることができるのではないだろうか。

ケガレの両義性とエンガチョ

ここで、子どもたちの遊びであるエンガチョに立ち戻ろう。エンガチョの遊びの基本は、ケガレの状態になった子どもが、誰かに触れることでエンガチョの状態から回避されるというもので、明らかに触穢を意味する遊びである。一方で、自分がエンガチョに感染しないために、指でカギを作り、バリアを張る。このカギはいわゆる斜十字であり、魔除けとしてのアヤツコ(5)を表しているものと思われる。

一方でまた、エンガチョの遊びには単なる「汚い」という意味とは別の意味が含まれる点に注意する必要がある。具体的には「馬の糞を踏むと背が高くなる」や「女子は馬の糞を踏むと髪が長くなる」という伝承があり、エンガチョの対象となるケガレには、明らかに両義性が認められる。また、エンガチョの「エン」の語源が「穢」だとする一方で、縁切りの「縁」をも意味するものだとする学説もある。そこでは、エンは汚穢を含めたさまざまな穢を切断する力を秘めたものだと考えられている。

エンガチョの伝承からは、ケガレに対して、一つにはこれを明確な意味での汚穢の実態だととらえ、それを排除するための呪法が行われるという側面と、もう一つは汚穢とは異質な、いわゆる異常な状態としての気枯れの状態からの回復を目的とした儀礼が行われるという側面の、異なった二つの志向性を読み取ることができる。

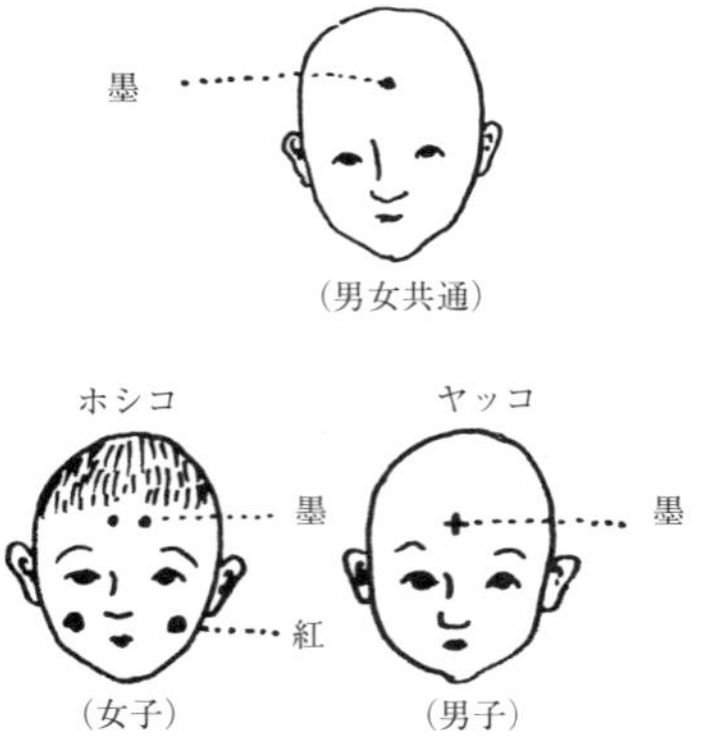

図2　アヤツコ

(5) 異なった二つの世界が交差することを意味する印で、それが転じて魔除けと見なされるようになった。初宮参りの子どもの額に「大」や「小」の字を書くという例はまさに「アヤツコ」であり、元は竈の墨や鍋墨で「×」の印を付けるものだった。

（6）あるものに相反する二つの意味や解釈が含まれていることを指す語。宗教学や文化人類学では、多くの文化で聖なるものが同時に汚らわしいもの、呪われたものとされるような事例がしばしば見出されることに注目し、両義性という概念で説明した。

これこそがケガレの両義性[6]を象徴するものであり、そこにはまさに、ケガレの本来的な意味を無意識に遊びに取り入れた子どもたちの感性が感じられるのである。

エンガチョは排除の意味合いを色濃く有する遊びであるがゆえに、いじめや差別と紙一重であり、その延長線上に、このたびの原発事故による放射能汚染が「伝染する」とした昨今の現象をとらえることができる。しかしそこには、エンガチョのようなケガレの両義性を示す伝承は一切見られない。換言すれば、「ケガレ＝気枯れ」の状態を祭りなどの特別な儀礼によって回復させ、結果としてケの状態を回復させるというシステムは全く見当たらない。

原発の完全廃炉や周辺地域の除染が、いつになれば完了するかが未だ見えてこない、不安だらけの現状を反映させてか、放射能汚染によるケガレ観の背後には、排除やいじめ、あるいは差別につながる要素こそ色濃く見られるが、それを何らかの方法で転換させんとする志向性は皆無である。そこにはもう、何を施そうとも回復の見込みのない、絶望観のみが見え隠れしているのである。ここに、かつての民俗社会におけるケガレ観とは異質な、現代社会特有の、危険性と排他性を色濃くまとったケガレ観が存在するといえるのではないだろうか。

（八木　透）

次の扉を開くための読書案内

沖浦和光『日本民衆文化の源郷――被差別部落の民俗と芸能』解放出版社、一九八四年（文春文庫、二〇〇六年）

著者は日本各地の数多くの被差別部落に赴き、そこに受け継がれてきた民俗文化を調査することにより「日本文化の基層」を研究してきた。本書では春駒《はるこま》、人形舞《でこま》わし、鵜飼《うかい》といった中世以来の民俗や芸能を伝承してきた人々からの聞き書きと豊富な史料をもとに、差別と抑圧の中で被差別部落が伝承してきた生活や仕事は日本文化の基層をなす貴重な民俗遺産であると主張する。同じ著者による『竹の民俗誌』『瀬戸内の民俗誌』なども参考になる。

黒川みどり『近代部落史　明治から現代まで』平凡社新書、二〇一一年

明治政府により布告された「解放令」はそれまでの封建的身分差別を否定し、四民平等を宣言したものであった。しかし著者は、現実には「近代においては社会の構成員が、そしてときには時の権力も、被差別部落の存在を巧みに利用してきた」として、歴史学の視点から部落差別の問題を整理、考察する重要性を指摘。とりわけ政治経済の視点に偏らず、民衆の差別意識・観念から読み解く必要性を訴えている点に注目したい。

礫川全次・田村勇編著『いじめと民俗学』批評社、一九九四年

「いじめの問題に民俗学（歴史民俗学）の手法でアプローチ」しようと、教職の経験を持った八名の研究者により執筆された。編著者である田村は「差別」の基盤をなす心意としての「蔑視」に注目し、現代学としての民俗学の可能性を主張。これまでの民俗学の研究成果を示しながら、教育現場でのいじめ問題を中心に、文学や神話に見るいじめ、藤子Aや野口英世といじめなど多岐にわたるテーマを扱う。

波平恵美子『ケガレ』東京堂出版、一九八七年（講談社学術文庫、二〇〇九年）

人間の不幸はケガレ＝不浄に原因があると考える「ケガレ観念」について、さまざまな民俗事象から包括的に論じた著者の代表作である。ハレとケは民俗学の基本的な考え方であるが、著者はそこに「ケガレ」を並べることで民間信仰の構造的理解を求めようとした。ケガレと差別観についてはは病気、職業、空間との関連で述べたにとどまるが、日本人の信仰の中核として存在するケガレ観念について広く学ぶことができる。

宮田登『ケガレの民俗誌――差別の文化的要因』人文書院、一九九六年（ちくま学芸文庫、二〇一〇年）

「差別というのは、文化現象として捉えるべきである」と主張する著者は、「差別を生じせしめる文化的要因には、ケガレが存在する」とする。ケガレは「気枯れ」であり、本来、不浄の意味は持たなかったとの立場をとる著者は、血穢と女性差別との関わり、シロ・シラ・白山信仰と被差別部落の関連など、文化としての差別の構造を解き明かし、それまで被差別部落の問題に触れることの少なかった民俗学の第一人者としてこの問題に向き合っている。

森達也『放送禁止歌』知恵の森文庫、光文社、二〇〇三年

執筆当時、テレビディレクターだった著者は「放送禁止歌」をドキュメンタリーで検証するという企画の取材をすすめるうちに、「放送禁止歌」という概念自体が存在しないということを知った。ではなぜ放送の現場では「放送できない」と判断され、誰が判断していたのか。そこには日本人特有の行動規範ともいえる「自主規制」があった。放送と差別の問題を丁寧に追い、差別に向き合うことの大切さを主張している。

第5章　横並び志向の心理

「横並び志向」が強いことは、日本人の長所として、あるいは短所として、しばしば指摘される。ジョークの種として取り上げられるうちは笑っていられるが、日本の政治や経済を分析する際に、こういった日本人の性質が大まじめに根拠とされることもある。

日本において民俗を対象とする研究が行われるようになった二〇世紀は、それまでの制度や習慣の多くが急速に新しいものに変わっていった時代でもあった。民俗学が対象とすることが多かった地域社会が変化する前の制度や習慣は、単純に「横並び志向」ということばでは把握しきれない取捨選択によって、新しいものに置き換えられたり、逆にあえてそのままの形で残されてきたものである。

本章では、二一世紀になってもいまだ日本人の特徴とされる「横並び志向」をめぐる問いに対して、民俗や近代史の豊富な事例を通して考える。

Question 17

出る杭はどうして打たれるのか？——個性の発現とムラ社会

出る杭は打たれる

「出る杭は打たれる」という言葉は、急に頭角を現してきた者はまわりから何かと憎まれ、差し出た振る舞いをする者は人から責められ制裁を受けるというほどの意味である。そのことの是非は別にして、日常的によく見られることである。優れた能力を持つ者はとかく嫉妬されやすく、人を差し置いて分をわきまえない発言や行動をした者は快く思われないのは、人の心の微妙な動きによりもたらされるものであり、それゆえこの言葉は生きていく上で注意を要することを教える処世訓として馴染み深いものになってきた。

出る杭を打つ平等主義

自分のまわりを改めて見直してみるならば、そうした場面や経験に出合う機会は案外多いことに気づく。職場や地域社会、学校など、さまざま異なる考え方をする人々が寄り集まるところでは、それは当然のようにも思われるが、志を同じくする同好者が集うグループ活動やボランティア活動などの場でも認められるところから、事は個人的好悪の感情や嫉妬心、競争心によるだけではなく、そこには集団主義

（集団意識）とか権威主義、長幼を重んじる文化の問題もかかわっていると見られる。たとえば、日本の企業などでは、終身雇用制と相まって年功序列による昇進システムが長らく採用され日本型経営の根幹をなしてきたが、こうしたシステムの下では、個人が出過ぎて目立つことは避けがちになるだろう。現在では、互いに切磋琢磨した上で個々人の能力や業績により評価を受けるように変わってきて、目立つ者は職場の同僚や先輩、上司から妬まれたり叩かれたりされがちになっているとも見られ、「出る杭は打たれる」という現象は集団が形成される中ではなかば必然的に生じるものであると理解することができよう。

つまり、集団を一つの器と見立てれば、その器から這い上がろうとする者の足を引っ張って引きずり下ろして皆と同じ状態に置くことで安心を得ようとする、悪しき「平等主義」の現れと考えられる。

村落社会（ムラ）における共同性の保持と平等主義

この「平等主義」は、村落社会（ムラ）わけても農村ではごく当然なものとして受け入れられてきたが、それには理由があった。

かつての農村では、各家が独立性を維持しつつも、他の家々との協力や連合なしては生活が成り立たないのが通常であったからである。とくに生産労働は人力に頼ることが多く、各農家は日頃からムラの家々との付き合いには意を用い、関係を損ねないように努めてきた。

たとえば田植えは、隣近所や親戚の家々が助け合い、ユイ(1)などと呼ぶ労働力を相

図1　女性たちによる田植え（1972年頃の茨城県ひたちなか市）

（1）結。労働力を交換する相互扶助の慣行の一つ。ほぼ全国的に分布する。とくに集中的に労働力が必要になる田植え、稲刈り、屋根葺きなどに際し、近隣や親戚、友人間などで行われた。

互に交換する慣行により行われた。その際には男女により役割が異なる場合が多く、男性による代掻《しろか》き、女性による苗を植える早乙女《さおとめ》(2)役など、それぞれの仕事に求められる能力に対する一定量の基準が定められてきた。そのことにより、家相互間の労力交換量の均衡を保持することができると考えられたからであった。したがって、この基準に到達することは一人前《いちにんまえ》(3)のムラ人として認められる上で欠くことのできない資質ともなってきたのであり、そこに人に後れをとることなく、また出過ぎることのないことを良しとする精神が育まれてきた、といってよいだろう。

その精神は「怠け者の節供働き」という言葉にも認められる。これは、普段は仕事を疎かにしていたためにとうとう皆が仕事を休むべきムラの休み日にまで仕事をしなければならない状態に追い込まれたことを指すが、実際にそのような事態に陥った者は皆から笑われる羽目になってしまう。したがって、普段から周囲の動きに遅れることなく足並みを揃えるように着実に仕事をこなしていく生活態度が要請されたのであり、それを実行することはまた美徳ともされてきた。

つまり農村の生活では、共同性を保とうとした結果、平等主義が生まれてきたのであり、集団的秩序から逸脱しないことが良きこととされ、他の家々から非難を受けることがないように自己主張を慎み、村落の規範に従ってきたのである。

こうした生活態度は、ムラの意思を決定する寄合における議決法が、多数決によるよりも、全会一致の方法をとるところにも現れていた。しかも議論を尽くした末に全会一致に至るというよりも、意見の対立や衝突をさけることを第一に考えるところから、大なり小なり有力者たちの意向が反映されがちであり、その意向に反し

(2) 田植えで苗を植える役割を担った女性をいう。美しく着飾って作業をする姿も見られ、一説には田の神をまつる役目であったともいう。他家の女性をユイで頼む場合や他所から雇い入れる場合もあった。

(3) 社会において到達すべき一定の基準を指す言葉。年齢よりも、従事する職業により求められる技量に力点を置く。農家の男性は米俵を担ぐ、縄をなう、女性では糸を紡ぐ、布を織るなど、生活に応じて基準が設けられ、それに到達する努力がなされた。

た発言は慎むべきものとする考えが暗黙のうちに了解されてきた。また会議前の根回しも行い、反対論を封じる策も講じられてきた。

こうした傾向は、なにも村落に固有の現象ではなく、会社や行政、自治会などさまざまな場でも見ることができ、現代の日本社会において広く認められるものである。ただし、それが時に組織の正当な発展を阻んだり、衰退を招いたりすることにも結びつきかねないこともあり、この点は注意を要する。

日本人と事大主義

柳田国男は、日本人の持つ特質の一つに事大主義をあげている。事大主義とは、自分の主義や考えをとくに持たずに勢力の強いものにつき従っていこうとする考え方をいうが、これは日本人が日本の国土に渡来する以前からの考え方が持ち込まれたのかもしれないと述べている（『日本人』）。そのルーツはともかく、これが近い頃までの日本の国民性の一つになってきたように思われる。

戦後にもたらされた民主主義思想が定着する過程においては、これが利己主義のように誤用されることもあり、社会的秩序の保持という面で反省すべき点もあったように思われるものの、おおよそにおいて民主主義思想は学校教育をはじめとして日本人の暮らしに根づいてきているといえる。学校教育では個性の尊重が重んじられ、子どもたちは一個の人間として自由闊達な自己主張ができる環境に置かれている。しかしその一方で、クラスにおける一部の児童や生徒に対する集団的いじめが見られるのは、個性の尊重が理念として教育されても、その実現は難しい現状にあ

図２　会陽の裸祭り
（岡山市東区，西大寺）

ることを示している。それを阻むものの一つが、「出る杭は打たれる」ということばに示されるものといえようか。

そしてそれは、最近よく使われたＫＹ（空気が読めない）という言葉にも通じているように思われる。その場の空気を読み取りそれに合わせた反応や発言をするのは、一面では社会的マナーといえなくもないが、自分の思いを発言せずにその場の雰囲気に合わせていくという判断は、打たれたくないという「杭」の側の懸念を暗示するものであろう。

ところがその一方で、かつてのムラ生活の中では村人それぞれが得意とする技能を磨いて、田植えをやらせれば「○○の右に出る者はいない」、「代掻きなら××が上手」、などと評判を取ったり、盆踊りの音頭取りは「△△さんでなければうまく踊れない」などといわれたり、神楽舞の技量の高さが評価されるなど、個人個人のさらなる成長を促す性格も認められる。また村の祭りではないが、岡山県の西大寺《さいだいじ》で行われている会陽《えよう》の裸祭りに参加した男たちが神木《しんぎ》を奪い合う様には、ふだん発揮する場のない力を存分に示したいという願いもこめられている。

これらは個人の力量や技量を強く誇示して周囲から注目されたり、賞賛を浴びたりする機会がムラ生活の中に用意されてきたことを示している。普段は言動を慎みながらも時を得れば一気に個人の持ち味を発揮することでムラ生活のバランスを維持してきたとも見られ、そのような機会が設けられてきたことに生活上の深い知恵を見いだすことができる。

時代を変える革新力

ムラの生活が「出る杭は打たれる」ことを避けることばかりを気にしていたのでは、およそムラの進歩は望めないことになるが、実際にはムラは次々に新しい姿へと変貌を遂げ続けてきた。それは何によるのだろうか。

民俗学者の宮本常一は、郷里の山口県周防大島で養蚕が次第に陰りを見せ始めた時代に、これに代わるみかん栽培の導入を考えた彼の父親が、声高に主張するのではなく、みかんの苗木を親しい人に分け与えたり、接木をしてあげたりすることにより、無理をせずに賛同者を増やし、みかん栽培の導入に成功したことを書いている(「よき村人」『家郷の訓』)。

自分が正しいと思うことでも周囲の理解がにわかには得られないと思われる場合には、目立たない方法で自らの主張の正しさや必要性を具体的な行動を通して浸透させていくという態度が有効であったのである。それは緩やかな革新とでもいえるが、ムラの暮らしはムラの持つ気風を知り抜いた者にしてはじめて革新され、やがて古い殻を脱いでいったものであった。「出る杭は打たれる」という言葉の真意を心得た上で、これをプラスの方向に理解し実行した例といえよう。保守的に見えながらも、革新性がやがてはたちまさっていくようになる。それがムラ生活でもあったといえよう。

「出る杭は打たれる」という言葉は、否定的な響きを持つように思えるが、と同時にこの言葉に込められた社会の考え方や性格を理解することにより、社会の進むべき道を探すことも可能になる、含蓄ある言葉にもなるものだといえる。

(湯川洋司)

Question 18

渡る世間は鬼ばかり?——世間と空気

「鬼ばかり」?「鬼はない」?

「渡る世間は鬼ばかり?」というのが、与えられたお題だが、このタイトル、テレビの番組名で、諺《ことわざ》に因むものということはご存じの方も多いだろう。(1)では、どんな諺か。二〇一二年の『故事俗信ことわざ大辞典 第二版』を見ると、「渡る世間(世界)に鬼はない」という見出しがあり、「この世の中には無情の人や非道な人ばかりではなく、慈悲深く人情に厚い人が必ずいるというたとえ」とある。そう、これでいいのだが、末尾にこうも記されている。「このことわざをもじった『渡る世間は鬼ばかり』というタイトルのテレビドラマが一九九〇年から始まり、人気長寿番組となったため、『渡る世間は鬼ばかり』を本来のことわざと思う人も少なくない」。

番組の影響は大きいとしても、「鬼ばかり」が諺として通用するようになった背景に、時代の変化を考えたくなる。だが、ことはそう単純ではない。諺は絶対的な真理ではなく、一面の真理であって、その真偽は使用する場面に左右される。人は状況に応じて適切な諺を選び、それを使ってその場を正当化する。まさに「言《こと》の技《わざ》」なのだ。その証拠に、反対の意味の諺がすぐに見つかる。古い諺ではないようだが「人を見たら泥棒と思え」という諺もある。だいたい「渡る世間に鬼はない」

(1)『渡る世間は鬼ばかり』は橋田壽賀子脚本のテレビドラマ。一九九〇~二〇一一年に断続的に放送。主人公岡倉大吉夫婦と、そのもとへ折にふれて集まる五人の娘たちの各家庭における苦労を描く。全一〇シリーズ。通算五〇〇回放送。

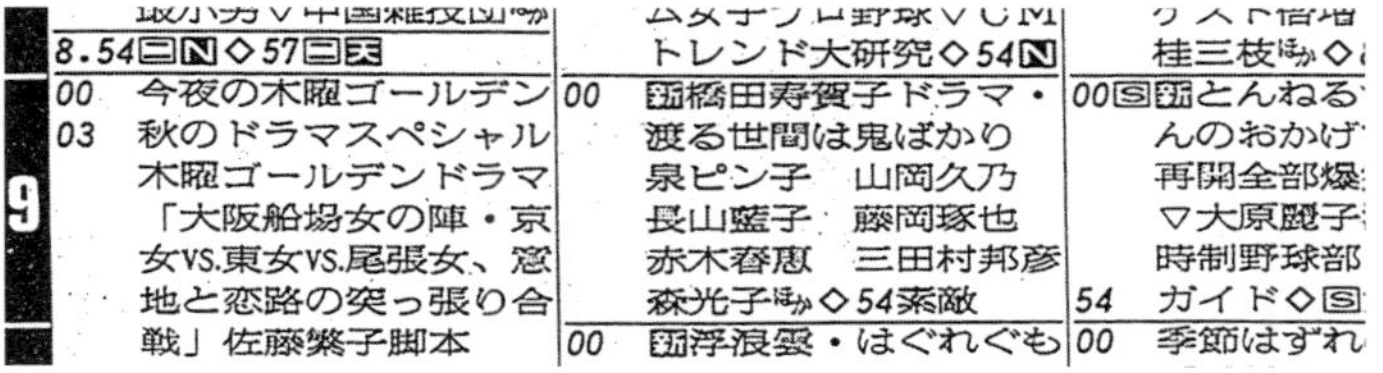

8.54[二][N]◇57[二][天]
00 今夜の木曜ゴールデン
03 秋のドラマスペシャル
木曜ゴールデンドラマ
「大阪船場女の陣・京女VS.東女VS.尾張女、意地と恋路の突っ張り合戦」佐藤繁子脚本

トレンド大研究◇54[N]
00 [新]橋田寿賀子ドラマ・渡る世間は鬼ばかり
泉ピン子　山岡久乃
長山藍子　藤岡琢也
赤木春恵　三田村邦彦
森光子ほか◇54素敵
00 [新]浮浪雲・はぐれぐも

桂三枝ほか◇
00[S][新]とんねる
んのおかげ
再開全部爆
▽大原麗子
時制野球部
54 ガイド◇[S]
00 季節はずれ

図１　新番組「渡る世間は鬼ばかり」を載せる番組表（『朝日新聞縮刷版』1990年10月11日（木）朝刊）

という諺は、本当は無情な世の中で、思いがけず親切にされたときに頭に浮かぶ。そういう諺である。つまり、「鬼はない」という諺がうたう世間のありがたさは、ほとんどは「鬼ばかり」という世間の現実を前提としているのである。

ところで、この番組、筆者は見ていないのだが、主人公と娘たちが仕事や嫁ぎ先の人間関係で苦労する話だという。すると、ここでいう世間とは、家族以外、つまり身内でない者ということになる。が、番組は嫁と姑の葛藤なども描いていたらしい。はて、親族は世間でよかっただろうか。この「世間」というもの、あまりにも身近で、いざ説明するとなるとなかなか難しい。まず基本からふりかえろう。

世間と社会

「世間」は、もとは漢訳の仏教用語で、移り変わる現象世界を意味していた。それが一般化し、人が暮らす現世社会、人が住む空間の広がり、人々との交際、生活・生計などを意味するようになった。文字自体は『万葉集』から見られ、「世間」と書いて「よのなか」と読んでいたらしい。方言としては、よその村・他郷、田畑、付近、また、旅をして見聞を広げることをいう場合がある。ここで「渡る世間に～」と同義の諺をみると、「世界に鬼はない」「世に鬼はない」「浮世に鬼はない」などの例があって、ちょうど現世や世界という意味が、「世間」と入れ替わった語で表現されている。同様に交際を表す例に「人に鬼はない」がある。さらに「知らぬ他国にも鬼はない」「行く先に鬼はない」には、他郷や旅の意味もうかがえる。「地獄にも鬼ばかりはいない」は、これら世間の過酷さをたとえたものだろう。

（2）阿部謹也によると、「社会」（society）は自立した個人の集まりで、成員の意志と自由が「世間」よりもはるかに尊重され、成員（個人）による変革も可能である。

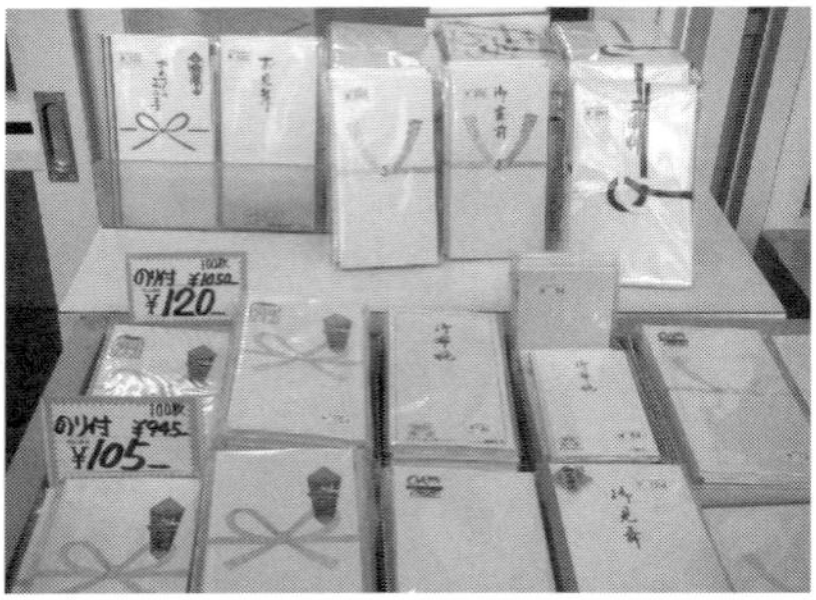

図２　文具店にある世間づきあいの用品（奈良県天理市）

一方、「世間」の類語に「社会」がある。が、「社会」をsocietyの訳語とし、単純に世間と結びつけるのには注意が必要である。[2] というのも、著名な西洋史家の阿部謹也の見解では、日本に社会は事実上存在せず、あるのは伝統的・歴史的な「世間」という人間関係だけだというのである。阿部によれば、世間は仕事や出身地などでかかわる互いに顔見知りの人間関係で、次のような原理で成り立っている。①贈与・互酬の関係、②長幼の序、③共通の時間意識、④差別的・排他的、⑤神秘性。

筆者の理解で多少の説明を加えておけば、①は「お互い様」の関係で、お返しが重視される。③は「今後ともよろしく」とか「いつも、どうも」といった意識。⑤は、まじないや禁忌、つまり、合理的に説明できないが「してはいけない」というタブーの存在。こうした世間が、今でも会社や同窓会、さらには学会などでも機能していて、人々を結びつけ、また拘束し、とくに祝儀・不祝儀のしきたりに、それが大変よく観察できるという。どうだろう、思い当たるふしはないだろうか。

阿部は、西洋の中世にも、世間同様の人間関係があったことに気づいた。それがキリスト教の浸透と都市化で解体し、神に対峙する個人と、その集まりである社会とが生まれた。だが、日本にはそのような契機はなく、依然として昔からの世間と、その構成員という立場が続いている。社会に比べれば個人が自立せず不自由だが、内にいて従っている限り、手厚い保護と協力が得られる人間関係なのである。こうした議論の当否はともかく、「日本人の集団性」の再認識と歴史的な解明について、注目すべき観点が提出されている。ただし、ここでいう世間の典型は、互いに顔見知りの人間関係、いわば「狭い世間」であることには注意しておこう。

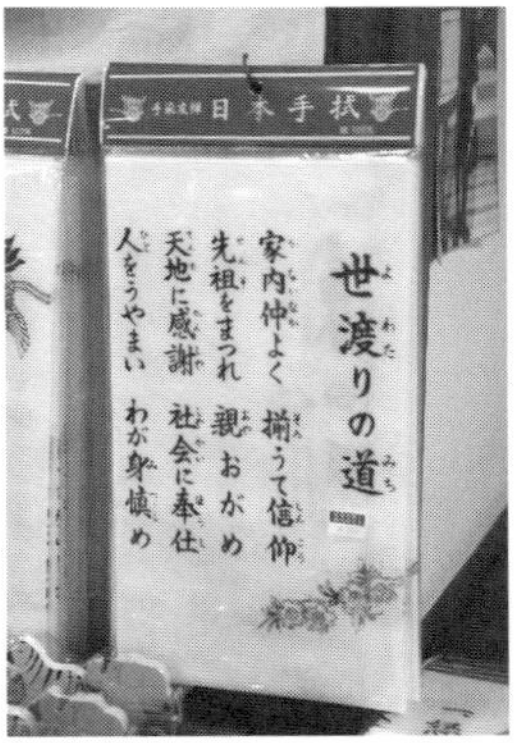

図３　旅のお土産品として売られている「世渡りの道」手拭い（大分県豊後高田市，昭和の町）

「狭い世間」と「広い世間」

実は、民俗学はどちらかというと「広い世間」に注目してきた。それによると、ムラでいう「世間」は他郷、つまり外の世界のことである。世間がこのような意味を持つにいたった経緯は不明だが、柳田国男によると、江戸時代後半から明治を経て「世間の口」「世間の思惑」「世間体」「世間を見てこい」「世間では通らぬ」といったことが盛んにいわれ、内輪より外部の者の批判を一層気にするようになった。

こうした見解を参照し、社会心理学の立場から世間を扱った研究によると、広狭二種の世間の分化の原因は旅の一般化にある。つまり、江戸時代、盛んになった旅行の経験が「広い世間」の存在を村人に教え、同時に自分たちの生活の場を「狭い世間」として自覚させたのである。この世間は、人々を律する準拠集団[3]の一種で、ミウチとタニンの間に位置する日本人特有の人間関係の領域とされる。集団といっても範囲は限定されず、ミウチ／セケン／タニンの境も、どこまでを「内輪」、つまり遠慮のない間柄とするかによって動くのだが、最小のミウチはイエである。この準拠集団という概念は、「気にかかる存在」という世間の特徴を、うまく言い表している。そんな外界の情報が「世間話」であり、それをムラにもたらしていたのが「世間師」と呼ばれる行商人や渡りの職人、寄留者、出稼ぎ人たちだった。山梨県での聞き取りによれば、世間師の人となりを「シャバをこなしてうまい人」「世の流れに精通し、経済に強く、知恵で稼ぐ人」などと表現し、「クチヤクシャ」「ベンゴシ」「ベンシ」とも呼んだ。世間師に対する住民のまなざしが、ここにうかがえよう。

（3）社会心理学の集団概念。人々が心理的に自分を関連づけ、態度や行動のよりどころとする集団。人々が実際にその構成員である「所属集団」と対比される。各構成員の主観的な集団で、客観的に存在する所属集団とは必ずしも重ならない。

世間と空気

世間と同様、人間関係にかかわる現象や言葉で、つかみどころがないのに抗しがたく、いつも動向に注意していなければならない存在に「空気」がある。「空気が読めない」(Kuki ga Yomenai)、すなわち状況を理解していない人間を非難する略語「KY」は、二〇〇七年の新語・流行語大賞の候補にもなった。このように、空気は現代的な問題なのだが、これを伝統的な世間との関係で考察した評論もある(4)。

それによると、空気とは、先に挙げた世間の①～⑤の原理が一つ以上欠けたもの、いわば不安定な世間である。世間は、会社などの形をとって都市でも生き延びていたのだが、いわゆるグローバル化の進行で支える条件が失われ、かわって空気が威力を発揮したという。なかなか巧妙な説明だが、いかがだろうか。筆者には空気とは、世間のように人間関係や場をさす言葉ではなく、その作用をいう言葉のように思える。また、格差社会の広まりで、それまで曲がりなりにも存在していた近代的・社会的システムが機能しなくなり、かえって世間が蔓延しているという見解もある。

さて、こうした世間や空気は、今、どれほど力があるかを論じようというお題である。いずれも私たち自身が巻き込まれていて調査しづらく、まとまった記録もない。となると、各自が自省するほかない。ずいぶん難しいテーマを与えられたものだ。それに扱う内容まで指示されている。いや、依頼してきた方には大変お世話になっている。お返しをせねばならない。先輩だし、いずれまたお世話になるかもしれない。無差別に頼んできたわけでもないし、ご祝儀だし。と、いうような状況は何だろうか。そう、これが筆者の感じる世間である。では読者の皆様はいかがだろう。

(4) 鴻上尚史『「空気」と「世間」』講談社現代新書、二〇〇九年。

図4　灯籠をかねた迷子しるべ石
(京都市東山区，八坂神社)
天保の飢饉に関連して建立された。

図５　石塔の迷子しるべ石
（東京都台東区，浅草寺）
安政大地震の犠牲者の慰霊に建立されたと伝える。

「風のたより」と迷子しるべ石

「空気」という語は、自然科学的な空気概念を翻訳するため、幕末に採用された新語である。それが明治の前半に、雰囲気やムードも表すようになった。それまで、これを何と呼んでいたかが問題だが、「座が白む、白ける」などの表現はあったから、空気が取り沙汰される状況はあったわけである。おそらく「気」や「気配」ではなかったろうか。「雰囲気」も、もともとは大気を意味する訳語で、明治末期に気分や場の感じの意味に転じた。どうも人間関係の作用にかかわる言葉には、気体の空気への見立てが目立つようだ。この空気、そのままでは知覚されないが、動いたり、香りや色がついたりすると、存在が知られるようになる。そうなったものが息や風や煙だが、「息のかかった者ばかりで、意見がいえる空気ではなかった」などというセリフは珍しくない。風や煙は、噂の見立てとして注目されるもので、「風聞」「風評」「火のないところに煙は立たぬ」といった表現や諺を思い出してほしい。

ところで、「風のたより」を仲介する施設として、昔「迷子しるべ石」という石標があった。迷子のほか、さまざまな世間への問い合わせに使う石塔で、両側面の「教える方」「尋ねる方」とあるところへ、それぞれ用件を書いた札を貼る。「仲人石」「奇縁氷人石」「迷子のしるべ」などと呼ばれ、江戸時代後半から明治末期まで、各地の繁華の地に立てられた。[5] 中には飢饉や地震をきっかけに建立されたものもある。まさに「世間に鬼はない」を地で行く物件だと思うのだが、いかがだろう。

（齊藤　純）

（5）阪神淡路大震災や東日本大震災でも、安否確認や連絡用の張り紙が大量に貼りだされた。迷子しるべ石建立の背景には、そのような光景があったにちがいない。

Question 19

なぜユニフォームを着るのか？――衣服で演じる一体感

図1
江東区立某小学校の1962年度入学式の記念写真

入学式と学童服

図1は、一九六二年東京下町の、ある区立小学校の入学式の写真である。二列目一番左の男児だけ、ひとり別な格好で、恥ずかしそうに身体をくねらせ、身を隠そうとしている。なぜそう断定できるのか。写った男子は筆者だからである。小学校入学の前年、この学区に引越してきたものの、学区外の幼稚園に通わせていた母は、入学式に男子生徒が制服のような揃いの服を着るという慣行の存在を知らなかった。今では死語化しているイッチョウライ（一張羅：所有する服の中で最上級の一着）を着させたが、ねだって翌日からは濃紺のこの「制服もどき」に合わせて通学した。だが、半月もせず、これを着てくる者は誰もいなくなった。

こうした制服もどきは、当時、学童服と呼ばれた。各地の小学校入学の記念写真を経年的に通覧すると、全国どこでも大正末年までは筒袖の着物姿が大半だったこと、それが一九二八～三五年の間に一斉に洋服姿＝学童服へと変化する傾向が見えてくる。図1のような開襟ではなく、詰襟金ボタンに夏は長めの丈の半ズボンで、学生服（学ラン）の児童版が急激に普及する。一九四〇年に法制化された国民服令(1)とは違い、着用に上からの指令や通達等はなかったようで、即位大礼や上海事変に

(1) 国民服は戦時の物資統制令下の、国民の衣生活の合理化・簡素化を目的に、厚生省と陸軍省の管理下にあった被服協会により創案され、一九四〇年一一月の勅令七二五号で法制化された。着用が強制されず、実際にはさほど普及しなかった。

図2
1930年の第1回全日本健康優良児表彰式

際した国家的祝典行事が契機や弾みとなって広がった一種の流行現象といえる。女児のセーラー服姿も同様に流行るが、第一次世界大戦以降、上位の中学校や高等女学校で採用された制服の模倣であり、そこには健康優良児表彰のような体格向上や健康増進を志向した、身動きの取りやすい洋装の推奨される時代背景があった。

第一次世界大戦後の産業社会の成立で、工場労働者など都市中間層が増大した結果、結核予防や公衆衛生、また短躯な体質の改善などを目指し、内務省と文部省は民力涵養運動・生活改善運動と呼ばれる一連の施策を始動させる。衣食住の改良も和洋折衷的に模索され、一九二八年に始まったラジオ体操が瞬く間に国民的健康行事へと発展した。子どもの普段着が着物と草履から洋服とゴム靴に転換した。外面が洋装化すれば下着もパンツや肌着に変わっていく。

制服・礼服・標準服

制服とは軍服や警察官・郵便配達員などの被服のように、所属組織や団体から支給され、着用の義務づけられた服装をさす。一八七一年に「服制を改むるの勅諭」が出て、翌年の太政官布告三三九号で「爾今礼服には洋服を採用」するとされ、天皇以下、華士族および官吏の大礼服や通常礼服等が定められていく。従来の衣冠は祭服とされ、祝日式典など近代国家の公的行事には洋服が正装となる。官費生の工学省工学寮や札幌農学校には当時すでに制服が官給されたが、その後の詰襟学生服に通じるのは、一八八六年の東京帝国大学と高等師範学校の服装規定からだといわれている。漸次それが地方の中学校にまで波及するが、各種写真を見ると、大正中期まで学生の日常は、筒袖と袴《はかま》（和服）に学生帽といった出で立ちが圧倒的に多い。制服は卒業式などの公的儀式に着服される式服・礼服だったといってよい。

　女子学校の制服に関しては、難波知子の詳細な研究がある。その主張の通り、単線的にその展開を描くのは危険であるが、一八九八年に制度化された高等女学校の設立以降、袴が女子生徒を表象した衣装となる。それ以前の服装は身分階層を映し、かつ華美や奢侈に流れやすく、風紀の乱れも相俟って一元化に向うが、紆余曲折を経ながらも、一九〇〇年代に袴と徽章が各校で制定され、二〇年代の生活改善運動の中で、機能・衛生・経済・美的基準に適った洋服化が進む。さらに三〇年代になると、戦時体制の対応としてセーラー服に画一化するが、難波は制服を「制定された服」という規則から、所属を示す表象に定義をずらすことで、いくつかの選択肢を示す「標準服」という形で、自由と統一が折衷的に図られていった過程を論証した。すなわち、生活改善運動の多様に揺らぐ議論の中で、個性や美を追究できる理想的な生徒のあり方として服装自由が志向され、自己選択の幅を残しつつも、規範的理想が提示されることで、人々の追従を促し、秩序の統制がもたらされていった。

　戦後、管理教育や没個性の表象と見なされた制服への反発から、六〇年代末に公立高校で服装自由化が進んだが、その多くは標準服へと回帰しつつある。ある都立高校の生徒心得では、高校生にふさわしい服装であれば基本自由としつつも、全校生徒の九割が指定の標準服で登校し、始業式などの儀式的行事には、その着用義務があるとされる。制服にはこのような同調主義的態度を養い、規律や忠誠心を高める効果もある一方で、航空機の客室乗務員の制服や「なんちゃって制服」[2]のように、

図３　大正元年頃の女学校の通学服

（2）服装自由の学校で、制服そっくりの私服・自由服を着たり、他校の制服で登校したりする女子高校生が現われ、自己を演出するファッションとして着こなす現象をいう。二〇〇二～〇三年頃から流行しはじめる。

図4　神輿の担ぎ手の衣装
（『江戸名所図屏風』）

その職種やその学校に入りたいといった憧れや希望も抱かせる。多様な表象やまなざしの交錯する焦点として、人々に多様な解釈が開かれている。

揃いの法被に

揃いの法被《はっぴ》にねじり鉢巻き……神輿の担ぎ手が揃いの衣装を着て、見物する側も浴衣姿になるのは、なぜか。与えられた問いは、その答えを仕来りや伝統だと導きがちである。しかし、法被や羽織袴といった衣装に統一されるのは、たいていの祭礼でそう古いことではない。例を博多の祇園山笠にとれば、現在では町や流《ながれ》ごとにデザインの異なる法被で、その所属が一瞥できるが、近世の屏風絵では全員が下帯だけで、足も草鞋か裸足である。初夏に集中する都市祭礼は、季節柄、その方が合理的だったろうが、文明開化の裸体禁止の影響や、観光客という見せる要素の増加、さらに女性の参加などで、刻々と装いを変貌させていったのが、その実際であった。

東京浅草の三社祭《さんじゃまつり》も、近世の図絵の多くは褌《ふんどし》一丁か褌に素半纏《すばんてん》で描かれる。素半纏とは上半身裸に半纏を羽織ったり、片肌脱《かたはだぬ》ぎや双肌脱《もろはだぬ》ぎ姿を指すが、半纏以前は一七世紀前半に描かれた図4のように、褌か着物の尻端折《しりはしょ》りだけで柄もまちまちだった。ここでは法被と半纏を区別せずに扱うが、贅沢な羽織の代用として町人が用いた半纏は、仕着せの時候に応じて衣服を与える慣行が深く関連する。商家や職人の住込み奉公では、盆と正月に給金代わりの衣装として仕事着となる半纏が給付された。さらに大店で出入りの職人にも、背部に屋号や家印《いえじるし》を染め抜いた印半纏が配られたが、これが一種のユニフォームに近い。出入りの鳶《とび》は仕事師と呼ばれ、

図５　裃を着用する祇園祭の役員
（京都市，2014年）

図６　大学の卒業式の振袖・袴姿
（東京都，2007年）

初荷などの商家の儀礼や町内祭礼を取り仕切り、かつ火事師＝町火消しの火事装束として、印や柄の整った刺子半纏を着用したが、これが祭半纏へと発展したのだろう。

三社祭の衣装はその後、神輿同好会や女性の担ぎ手の登場によって、腹掛けや白晒を巻いて胸を隠し、黒の長股引に刺子半纏という厚手の「仕事師スタイル」が席巻していく。そこには町火消しの伝統らしさのイメージが想起されている。

京都祇園祭の山鉾ひき手の服装も、一七世紀初頭以前は不統一で、思い思いの格好をしている[3]。図５で見るように、現在の山鉾巡行で羽織袴のみならず、裃《かみしも》まで着用されるのは、町内ごとの対抗意識や観られることを意識した以降の、伝統らしさの演出である。祭礼や花火の見物客が浴衣を着るのも、関東大震災以前の日常着が着物であった時代ではわざわざ着るはずもない。七〇年代末から卒業式に女子大生が、図３で見たような振袖（長袖）に海老茶の袴に靴という表象を用いだすのも、伝統らしさの自己演出であって、これらはフォークロリズム[4]の典型事例だといえる。

「一味同心」と喪服の色の統一

中世史家の勝俣鎮夫は「一揆」という語の由来が、強固な族縁的集団の一員として日常生活を営む個人が、ある目的を達成するため、他者との連帯や共同を、一体化の作法や儀式によって結束していく集団に起因することを説いた。「一味同心」という連帯の心性を持たせる作法として着衣や髪形にも着目したが、『太平記』には「赤色一揆」や「白旗一揆」という表記とともに衣類や道具の色や形を揃える所作も描写される。祭礼衣装の斉一化は、競い合う町内ごとの所属を視覚的に弁別す

（３）祇園の山鉾巡行の衣装は、一七世紀中後期以降の祇園祭礼絵巻などになると、山鉾ごとに統一的衣装が見えてくる。

るとともに、その一体感すなわち連帯の心性をもたらしている。

　第二次世界大戦中、靖国神社で毎年催された慰霊祭に、全国各地から参列した遺族に混じって「まっ白い和服を着た十歳ばかりの少女」や「嫁入りの時の裾模様の紋付を着た靖国の妻」が、華やかな色を羞じて消えいるような様子で、九段の坂を登る姿が哀れであったと民俗学者の瀬川清子が記している。瀬川の郷里秋田県鹿角《かづの》郡の葬送では「女子は嫁入りの時の晴れ着をきて、白いきれを被」るのが慣習であり、葬儀に一張羅となる華麗なハレ着で身を飾ることは、当然の慣わしだった。近親者の忌服衣装をイロやイロ着と呼ぶ地方が多い。イロは白の隠語と説かれ、白布を帯としたり、肩に掛けたり、頭に被ったりと、必ずしも全身を覆う喪服ではなかった。婚礼に際しての白無垢に対する綿帽子のように、部分的に白が用いられた地方は広く、冠婚葬祭における服制や服飾習俗は地方ごとに多様で多彩であった。

　明治初め以来の服制改革が、全国的に庶民の喪服の色まで規定が及ぶのは、第一次世界大戦後に内務省の主導した民力《みんりょく》涵養運動《かんようんどう》においてである。各県資料に「白襟黒紋付ニ定ム」といった事項が、官職学校等の制服や出征兵士送迎奉告祭という新たな儀式の記述とともに散見しはじめる。それは一九四一年の『礼法要項（国民礼法）』でひとまず確定するが、服制を礼服と平服に大別し、礼服を公式と一般に分けるものの、大礼服《たいれいふく》・燕尾服《えんびふく》から、フロックコート、羽織袴、ワンピースまで、多様な和洋の形式の服が矛盾に満ちたカテゴリーのまま配置されただけだった。近代国家において新たに必要とされた公的な集団的儀式という場の式服は、結局のところ、色という類別でしか斉一性を得られない、お仕着せにとどまった。（岩本通弥）

（4）造語者のハンス・モザーによれば、「セカンドハンドによる民俗文化の継受と演出」と規定されるが、文化事象が本来の時空を超え、新たな目的や機能を持つ一方で、その集団における連続性を強調する、表層的な伝統らしさを装う現象。

図7　イロ着

Question 20

なぜきちんと行列を作るのか？ ——秩序の民俗

図1
順番を待つ行列
（2013年，新潟市新津鉄道資料館）
200系新幹線の特別公開時。

日本人は行列好きか

混雑する駅構内で通勤客が当然のように整列乗車する東京の朝の風景は、日本人の奇妙な日常として海外でよく話題となるらしい。また、台風や地震などの非常時に、日本では群衆の暴動や略奪が発生することはあまりなく、行列をつくり秩序正しく救援物資の分配を待つことが一般的だと考えられているが、そのことが諸外国の賞賛されたりもする。日本人は他国の人に比べて行列好きなのだろうか。

ここでいう行列は、通勤時や災害時、さらには飲食店や大型家電店などの開店の際に自生的に作られる行列である。イベント会場で開門を待つ人々の列なども含まれるだろう。行列は左記の性質を持つ。

・［逐次性］ 列を作って順番に目的のものや機会を待つ。参加者の権利は対等で前後の順番のみが異なる。新規参加者は最後尾に加わる。

・［自律性］ 順番の秩序は維持される。秩序を乱すことは列の管理者だけではなく他の参加者からとがめられる。

民俗学が対象としてきた行列には祭礼や冠婚葬祭のときにつくられる行列がある。これらは、あらかじめ形式が定められた儀礼である点、集団行動を前提としている点などで、ここで扱う行列とは異なる。初詣の行列やイベントの待機列といった単純な行列を対象とした民俗研究はあまりない。

行動経済学や社会心理学ではなく、民俗学で行列を考える場合には、これらの行列の性質が行列につく個人の自由意志による合理的な判断に基づくのではなく、その人が社会生活の中で身につけてきた感覚や価値観にもとづくのではないかという問いが出発点になる。

図２　上棟式の餅撒き（静岡県沼津市）
左上は餅を撒く人，右下は待ちかまえる人。

逐次性と秩序

行列の性質の一つである逐次性を持つ民俗は古くから研究の対象となっている。たとえば、家ごとに順番にまわってくる当番などは、農村でも都市でも一般的に見られた逐次性を持つ民俗の典型である。こういった民俗は現代でも集合住宅の世帯単位のゴミ当番などで根強く残っている。これらは参加する家や世帯同士が対等な関係にあることを前提としている。

逐次性を持たない民俗も多い。世代を超えて家同士の関係が固定された本分家関係などが反映された民俗は、家同士の上下関係によって順番が決まる。このような平等性を持たないルールは現代社会にもあり、たとえば飛行機の搭乗の際にチケットの等級によって優先順位が決まる例などである。

対等な参加者の中から無作為に順番が決まる民俗もある。たとえば、耕地を定期的なくじ引きで無作為に決める割地制度(1)は全国各地に点在していた。家を新しく建てた時に行う棟上げの儀礼の際に、餅や銭を参加者集団の上から撒くような民俗も

（1）村落の構成員間で、一定の期間ごとに耕地の割り替えを行う制度。

各地で見られる。現代の事例ではバーゲンセールの際の売り場の混雑などもランダムに順番が決まる例といえる。

このように何かの順番を決めるためのルールには、行列のように逐次性を持つもの以外にさまざまなものがある。逐次的に順番を待つことのみが日本で発達してきたわけではない。いくつかある選択肢の中から、何らかの理由によって行列が選ばれていると考えるべきである。

自律する秩序

長い行列を作り、列を乱す者をとがめるような性質は「和をもって尊しとなす」「出る杭は打たれる」といったことばが示すような日本人の同調圧力の強さとされる。そしてこの特徴は稲作農村社会と関連づけて説明されることが多い。

日本の水田稲作では、田植え、草取り、稲刈りなどの作業に際して、家の働き手以上の労働力を同時に投入して効率をあげる集約的な農法が発達していた。労働力は、モヤイ[2]、ユイ[3]などの共同労働（協同労働）によって確保された。スケ[4]、チントリ[5]など参加者同士が対等ではない制度もあったが、対等な関係にある参加者同士が、権力者の強制ではなく自律的な互助の制度として共同労働を行う制度は日本の稲作農村社会に深く組み込まれていた。

一九六〇～七〇年代の日本では、人口が農村から都市へ移動し、とくに若年層が商工業の仕事をもとめて都市部に集中した。これにより、従来の共同労働をめぐる制度を維持していくことが難しくなった。同じ時期に稲作農村では農作業の多くが

（2）荒地の開拓など生産・生活における労働力を出しあう協同（共同）労働をさす。また共同利用、共同所有、利益の平等分配などの慣行。

（3）結。短期間に集中的に働き手が必要な作業において、互いに労働力を交換するかたちで確保する慣行。互いの労力の等量交換が原則。全国的に分布する。

（4）助。一方的な労働力の提供。テツダイともいう。ユイと異なり等量の労働交換ではなく、一方的な労働提供である。

（5）賃取。金銭による労働力の提供。

機械化された。農家が一軒ごとに農業機械を購入することで、それまで共同労働が必要であった農作業の多くは機械が行うようになった。[6] これらの新しい農業技術は、同じ労働を互いに負担し合うことで成立する共同労働の民俗と共存できなかった。また、農業機械の導入に必要な資金を得るために兼業農家が増加したことにより、同じ時間に同じ場所で働くことも難しくなった。面積的に国土の多くを占める水田における人々の労働も大きく変化した。

いまから四〇～五〇年ほど前に生じたこれらの大きな変化によって、都市だけでなく農村も含めて、かつて日本の人口や可住地の大半を占めていた稲作農村社会における共同労働を経験したことのない人々が多数派となった。これらは経済的な成長だけでなく、労働観や秩序感覚にも変化させた。二十一世紀に入った現代の日本人が行列を好むことを、農村社会で発達した感覚や価値観で説明することは難しくなっている。

図３　田植機による田植え（新潟市西蒲区）

日本人は無条件に秩序正しい？

非常時にも秩序を守る日本人の姿は海外で賞賛されているが、日本人はどのような状況でも無条件に秩序を守る性質を持っているわけではない。一般民衆が引き起こした暴動は、江戸時代の打ちこわしをはじめとして数多く見いだせる。

一九一八年には、近代日本で最大の民衆暴動といわれる「米騒動」が生じている。[7] この騒動は主食である米の不足をめぐって全国規模で発生したもので、その後の食糧、とくに米の増産を重視する日本の農業政策に大きな影響を与えている。高度経

（6）一九六〇～七〇年頃、田植の機械化、除草剤の普及により人手による農作業は大きく軽減された。稲刈りも、自動脱穀機とバインダーを組み合わせた自脱型コンバインが登場し、主に平野部の農村部で急速に普及した。

（7）米騒動は、米の需給バランスが崩れ、米価が高騰したことによって社会不安が発生したことを発端とする。富山県魚津市で女性労働者による抗議行動が行われたことを皮切りに、報道などによって全国各地で米をめぐる騒動が拡大し、都市部では打ちこわしも発生した。

済成長期以降の民衆暴動としては、一九七三年三月に埼玉県上尾《あげお》市で発生した上尾事件、(8)四月の「首都圏国電暴動」(9)がある。この時期に頻発した通勤電車をめぐる暴動事件は、現在の都市政策や交通政策に大きな影響を与えている。

頻度はさておき日本人も民衆暴動を経験してきた。そしてそれらの暴動の衝撃は、後の政策に少なからぬ影響を与えている。「日本人は無条件に秩序正しい」という自己像は、自国の歴史からは導き出せない。

行列を作る側の感覚

では、現代社会で行列に並ぶ側はどのような感覚や価値観を持っているのだろうか。一例として筆者の体験から考えてみたい。

筆者はサッカーの試合を観戦するためスタジアムによく出かける。ゴール裏の自由席で応援しやすい席を得るには、入場ゲートの前に長い行列をつくり、長時間にわたって屋外で入場を待たなければならないことが多い。

入場待機列をめぐるルールはホームスタジアムでも少しずつ変化している。筆者の地元のクラブでは、入場者数が少なかった時代には待機列は単純な先着順であった。しかし一部リーグに昇格する前後から入場者数が増え、よい席を確保するために非常識なほど早朝から並んだり、大人数の分の入場順を一人で確保する行為が問題となった。どちらも列への割り込みのような明らかなルール違反ではないが、他の参加者から不正に近い行為としてとがめられた。こうした問題を解決するため、クラブとサポーターが協議し、チケット種別、先着順に配慮した上で、整理券の抽

(8) 国鉄（現ＪＲ）の労働運動の影響で、列車が時間通りにやってこないことに腹を立てた通勤客が駅舎や列車を破壊した暴動事件。

(9) 上尾事件と同じく、国鉄（現ＪＲ）の労働運動の影響で、通勤に支障が出た通勤客が、上野、東京、有楽町、赤羽など首都圏の三〇以上の駅で暴動を起こした。

選を行って順番を決め、あらためて入場順の行列を作り直す複雑なルールがつくられた。そこまでして入場順の行列をつくるのは、スムーズな入場という目的のほかに、入場待機を含めて一体感を楽しむという感覚が、参加者に共有されているからだろう。

行列を作らせる側の論理

順番を決めるさまざまな民俗の中で、行列は、対等な参加者の集団が逐次性という単純な秩序を保って存在することを可視化させるという特徴を持っている。この特徴は、行列に並ぶ側の一体感のほかに、並ばせる側にも順番を決める以上の機能を発生させている。アイドルタレントの握手会や有名店にできる行列が典型的であるが、長さそのものが一般の人々に行列の対象物の人気や商品価値を表す機能を果たしているのである。

日本人はなぜきちんと行列を作るのかという問いに民俗学が答えるためには、日本社会において順番を決める多様な民俗が発達してきたことを踏まえなければならない。その上で、逐次性、自律性を持つ行列という形式が、現代の日本社会のさまざまな局面で、並ぶ側、並ばせる側双方によって、あまり意識されないままに選びとられているという答えを見いだすことができる。

（岩野邦康）

次の扉を開くための読書案内

秋道智彌『なわばりの文化史――海・山・川の資源と民俗社会』小学館、一九九五年（小学館ライブラリー、一九九九年）

人類学者である著者が、近代以前の生業における「なわばり」「入会」「禁猟（禁漁）」などの資源の利用をめぐる豊富な事例を通して分析した著作。支配層からの政治経済的な強制ではなく社会の中で醸成されてきた多様な資源利用法が存在してきたことを紹介した本書は、近年のコモンズ研究に大きな影響をあたえた。

阿部謹也『「世間」とは何か』講談社現代新書、一九九五年（『阿部謹也著作集』七巻、筑摩書房、二〇〇〇年）

西洋史を専門とする歴史学者である著者が、日本社会の特徴を「世間」というキーワードで分析した著作。主として万葉集以降の文学作品の中に描かれた「世間」に注目する手法で論がすすみ、夏目漱石、永井荷風などのヨーロッパ体験をもつ文学者の作品の中の「世間」を通して、日本とヨーロッパのそれぞれの社会と個人との関係の相違を描く。

難波知子『学校制服の文化史――日本近代における女子生徒服装の変遷』創元社、二〇一二年

学校制服は、多くの人にとってなじみ深いユニフォームであるが、その変遷過程は研究の対象とはなっていなかった。本書は掛軸や写真などに残された女子生徒の服装を手がかりに、制服を巡る規定の文章や新聞記事などを関連づけて読み込むことによって、時代ごとに制服に託された価値観や役割を探る。

福田アジオ『番と衆――日本社会の東と西』吉川弘文館、一九九七年

日本人の多くが漠然と感じている関東と関西の違いを、集落や屋敷地の景観、食文化、社会組織などをめぐる豊富な民俗事例を比較することで鮮やかに描いた著作。表題の「番と衆」は関東の村落にみられる家を単位とした「番組織」と、関西の村落にみられる地域を単位とした「衆組織」を指す。

宮本常一『家郷の訓』三国書房、一九四三年（岩波文庫、一九八四年）

宮本常一が故郷の周防大島（山口県）での幼少期の生活を描いた著作である。宮本の自伝であると同時に、周防大島の明治末から大正期の一般の人々の暮らしを描いた生活誌としてもすぐれている。民俗学にとどまらず、教育社会学などでも高く評価される。『忘れられた日本人』と並ぶ宮本常一の代表的な著作の一つ。本章で紹介した、新しいことに挑戦する際には、緩やかに実績を積み上げる方法をとるという地域社会の気風が描かれている。

柳田国男『明治大正史世相篇』朝日新聞社、一九三一年（『柳田国男全集』五巻、ちくま文庫、筑摩書房、一九九八年）

本書は朝日新聞社から発刊された『明治大正史』の第四巻にあたる。昭和恐慌の深刻な不況下にあった一九三一（昭和六）年に出版された。桜田勝徳、中道等らの協力を得て日本各地の新聞記事を集め資料とする手法は、当時の歴史学にはないものであった。衣食住、風景、交通などのテーマごとに明治大正期の世相の変化を描いた。柳田国男の代表的な著作の一つである。

第6章　くらしと自然環境

自然は恵みとともに災いをもたらす。東日本大震災の津波で家族を失った一老人がその悲しみの中で、日頃恵みもたらす海への感謝を語る。一方、笑い話ではなく、少子高齢化・過疎化の進んだ山里では猿が柿を爺婆《じじばば》に投げつける光景が見られる。

民俗社会で培われてきた自然と人との「共生」関係を本章では取り上げる。この言葉は生物の多様性や多文化共生が説かれる今日、地球的規模で考えを及ぼさなければならない問題でもある。人と自然との協調、持続可能な関係性への日本民俗学からの事例の提示、その提言ともいえる。

日本人が生物から食物となるモノの命に対し「いただきます」と感謝の念をもって言い表し、「もったいない」という無生物も含めモノを大事にするしつけの民俗的言い回しが、ケニアの女性環境副大臣であった、故W・マータイによって、環境教育・資源の有効利用を説く標語“MOTTAINAI”として世界的に広まった。自然－人－カミの連続した日本人の民俗的自然観を改めて今日的な視点から見つめ直すことも意味があるのではないだろうか。

Question 21

自然資源は誰のものか？――コモンズの思想

コモンズとはなにか？

コモンズとは、「複数の主体が共同で使用し管理する資源」である。簡単にいえば、「みんなで守って使う資源」である。コモンズを共同で管理する社会のしくみは、世界各国に広く見受けられる[(1)]。それは、自然の持続可能性を高め、資源の保全に寄与するものであった。また、地域で生きる人々の生活の安全保障に寄与してきた。さらに、それは社会的、政治的、経済的に弱い立場にある人々の生活を支えるものでもあった。コモンズは、人々の生活を維持するために有益な多面的機能を保持していることが、これまでの研究で明らかにされている。

日本は「コモンズの国」であったといってよい。日本の前近代には、このようなコモンズが人間の生活空間の中に多数存在し、人々の生活を支えてきた。ただ、そのありようは近代以降、国家政策によって変化、あるいは消去され、また経済的変容の過程で自ずと衰退してきた。しかし、伝統的なコモンズの様相は大きく変容し、衰えてはいるものの、人間集団によって分かち合う資源の共同管理・使用というあり方＝コモンズの思想は、現代社会の中で新しく再生されつつある。

（1）コモンズとは、本来は、中世イングランドやウェールズに見られた資源利用システムである。それは、貴族領主の荘園の中で慣習的に複数の農民が利用するヒツジ放牧地や湿地、薪採集地を意味していた。コモンズに類する資源、および資源利用としては、スペインで共同管理する灌漑システムであるエルタや、チュニジアの雨水利用システムであるジェッサー、等々枚挙にいとまがない。いずれも程度の差こそあれ、コミュニティなどで資源の利用者、利用量、利用時間などにかんしてルールが定められ、そのルールに従って資源利用が行われてきた。

図1　岩手県二戸郡一戸町小繋《こつなぎ》のかつての入会山
この山は小繋の人々が生きるためのキノコや山菜，薪などの山の幸を得るコモンズとしての里山だった。

日本の伝統的コモンズ

日本の伝統的コモンズは、「入会《いりあい》」と呼ばれる資源の利用形態、社会制度に支えられてきた。日本では、山野河海において、コミュニティ（かつてはムラと呼ばれた）を基盤とする資源の共同管理と利用が展開され、それは入会と称されてきた。入会は、コミュニティの構成員がルールを決めて、空間や資源を共同で管理し、利用する在地的な社会制度である。それは日本のコモンズを支えるしくみであり、世界的なコモンズの議論の中でも、その有用性が注目されている。

入会を考える上で、最も典型的なコモンズは、林野における資源であろう。日本の農山村に生きる人々は、米や野菜などの主たる食料は、それぞれが所有する田畑で生産していたが、それ以外の日常生活を維持する上で必要な物資を林野から得ていた。林野からは、生活必需品である用材や薪炭、また肥料、家畜の飼料となる植物などが供給されていた。また、春の山菜や秋のキノコなどの食料資源も、そこから供給されていた。その利用は、個々人によって勝手気ままになされていたのではなく、主としてコミュニティによって使用時期や使用量が管理されていた。その資源は、コミュニティに属する「みんな」のものだったのである。

かつての日本には、このような林野の入会とともに、海や川、湖沼においても同様の共的な利用が存在した。たとえば、河川や湖沼、海では魚介類なども、かつては入会的に利用されていた。海の磯で行われるアワビやサザエ、コンブ、ノリなど固着的な水産動植物の採取、地先水面の地引き網、エリや簗《やな》（魚類を誘い込んで捕る漁法）、さらに河川湖沼などの限定的な水面で行われる小規模な漁業なども、古く

(2) 山菜やキノコ、魚介類など季節性の動植物資源を利用する場合、過剰な競争を防ぐために利用を開始する日時を関係者で取り決めし、それ以前の利用を禁止する場合がある。その開始を口開けという。

図2
多摩川緑地バーベキュー広場（神奈川県川崎市）

はコミュニティで漁期や漁場、漁獲高などが管理され、個々人が勝手に使ったり、捕ったりしてはならなかった。(2)

日本では、自然に依拠する人々の周りに一体化した共的世界＝コモンズが広がり、共的な資源の利用と管理がとり行われていた。しかし、そのような共的世界は、近代化によって解体、消去させられるという憂き目にあった。日本では一九世紀末より、フランスやドイツなどヨーロッパ流の民法を移入して近代民法を整備し、個人の所有権を明確にして、「みんな」が一緒に利用するあり方を限定してきた。そのような流れの中で、コモンズの入会利用のあり方は否定されてきたのである。

伝統的なコモンズは、現代社会において目立たなくなっている。しかし、一方で、現代社会において、新しいコモンズが創出されつつある。

ある川で巻き起こった議論

二〇一〇年夏、神奈川県川崎市高津区瀬田地内の多摩川河川敷の利用をめぐって議論が巻き起こった。多摩川に多くの人々がバーベキューを楽しむために来ていた。それら外来者は、多摩川河川敷を野放図に使い、ゴミと騒音をまき散らかすという問題を引き起こした。そのため地域住民は川崎市へ苦情を申し立て、市は対応を検討した。その結果、市は地域住民に迷惑をかける状況を改善するために、河川敷を柵で囲み整備して有料化する「社会実験」を行った。勝手気ままに河川敷を利用し、地域に苦痛を与える外部者としてのバーベキュー愛好者たちに、受益者というかたちで河川管理を共同負担してもらうという方策である。

図3　新潟県村上市（旧山北《さんぽく》町）大川
このコモンズとしての里川では300年もの長きにわたってサケ漁が維持され，沿岸の集落で共同管理されてきた。

この社会実験は、おおむね「成功」したようである。その後、川崎市が実施した近隣住民へのアンケートによると、この社会実験によってゴミ投棄や騒音などの迷惑行為が改善されたとする回答は、全体の七五パーセントを占めた（『朝日新聞』二〇一〇年一〇月二二日朝刊、横浜地方版）。この社会実験の後、この多摩川の領域は「多摩川緑地バーベキュー広場」という形態で公式に運営されている。

このバーベキュー広場が作られる一連の過程は、現代社会において地域に限定されない多様な人々がステークホルダー（当事者）となって、みんなで資源をうまく共同管理し、利用するという、現代的コモンズの創出過程と見なすことができる。野放図な資源利用がもたらす社会問題を解決する方法として、コモンズ的な思想が再生させられているのである。しかし、この方策は「万全の策」ではなかった。

コモンズには、「排除性」という性質が顕著に見られることが、これまで指摘されてきた。それは、対象物（多摩川でいえば河川敷）の維持や管理に責任を負わない者、すなわちフリーライダー（ただ乗りする人）の利用を排除する性質をいう。排除性は、対象物に対して利用できる人々を制限する能力で、コモンズという社会的しくみの特徴とされてきた。排除性が高いと、対象物を管理する能力を高めることができる。一方、それが低いと勝手なフリーライダーを排除できなくなり、対象物の持続的管理に支障をきたしやすいと考えられている。すなわちコモンズの管理を成立させるには、排除性が高いほど好都合である。しかしそれは逆にいえば、排除性が高ければ高いほど、それが管理する資源利用が制約的——不自由——になるのである。つまり、構成員の限定を前提とするコモンズからは、その構成員に含まれな

図4　石川県加賀市片野鴨池
このコモンズとしての里池では，300年以上の歴史を持つとされる伝統的なカモ猟が継承され，地域の人々によって共同資源管理がなされている。

いものは排除されるのである。

そのような観点から見るならば、現代的コモンズが生成される背後で、大きな困難が生じる可能性がある。私たちは、野放図なフリーライダーとして排除される人々の中に、ホームレスなどの社会的弱者が含まれる可能性があることを見落としてはならない。実はこの多摩川の一部には、ホームレスの人々が居着いていた。そして、バーベキュー問題に対し苦情を述べる市民たちの声に混じって、河川敷に入り込んだホームレスを排除すべきという声も市民から上がっていたのである。バーベキュー問題の解決のために模索された方策は、一つ間違えればそのような社会的弱者の排除にも向けられる可能性がある。バーベキュー問題の解決法は、表立たないやり方で、間接的にホームレス問題に向けられる可能性があるのだ。

社会的弱者と現代的コモンズ

歴史的に見て、日本の河川とその周辺空間は、社会的弱者が集まりやすい場であったことを、これまでの歴史学や民俗学は明らかにしている。たとえば日本中世史の研究では、「河原」が一般社会から切れた無縁の地であり、そこは社会において差別される周縁的な無縁の人々が、活動する舞台となっていたと指摘されている。確かに河川を中心として構成される空間は、一般人の日常的な生活空間の周辺部にある隙間であり、ときに統治権力が及ばない場（アジール）として機能してきた。人口が稠密で可用空間が少ない現代都市においても、河川を中心とする空間の社会における隙間的意味は、いまだ完全には払拭されていない。それゆえ社会の周縁に位置づけられ、マジョリティの社会に入れない弱者たちが、いまでもそこに集まるのである。しかし、そのような河川空間の社会におけるバッファ（緩衝地帯）的性格は、現代的コモンズからは奪われている。現代的コモンズでは、弱者を「みんな」の中（主体の一員）に包み込むことができなくなっているのである。

もちろん、河川空間を弱者救済のコモンズ空間として公的に位置づけ、管理することは不可能である。そのような位置づけは、さらなる倫理的な問題を生み出す可能性もある。そのような位置づけと固定化は、新たなるセグリゲーション（空間隔離による差別）を構成するのであり、弱者の根本的救済にはなりえない。またアジール的空間をあえて選んで入ってきた人々は、河川空間が公的に管理された段階で、その無縁の空間を選択した動機づけを失ってしまう可能性もある。行政サイド社会福祉による支援が、まずはなされるべきであることは当然である。しかし、そのような公的な社会のしくみすら掬《すく》いあげられないような人々が、社会に存在すること、そしてそのような人々にとって、その存在を許される社会的な隙間が必要とされていることを、現代的コモンズをめぐる問題は教えてくれる。

当然、そのような人々が最後に辿り着く場所の存否の是非という問題は、容易に解決できるものではない。ただ少なくとも、いかにも「成功」したかのように見える現代的なコモンズの生成が、周縁的な弱者の排除に、企図せずとも加担する可能性があることくらいには、自覚的になる必要があるであろう。

（菅　豊）

図１　ミズモリセン（浸水線）が残る土壁（群馬県邑《おう》楽《ら》郡板倉町）

Question 22

自然災害はどう伝えられてきたか？——災害伝承の背景

自然災害と日本人

日本列島は南北に長いことから多様性に富んだ森が展開し、年平均降水量は一七〇〇ミリと、年間を通じて多雨・多雪地帯でもある。豊かな自然環境は、日本人に多くの恵みをもたらしてきたが、同時に豪雨や豪雪によって多くの犠牲をうみだし、損害も与えてきた。周期性の長い地震災害や噴火災害に比べ、常習地帯での洪水災害は被害の多少はあっても毎年のように繰り返されてきた。

いつ起こるのか予測が難しい地震や津波、火山爆発は、一瞬にして多くの命と財産を奪う大災害をもたらす。しかし、自然災害の中には台風や集中豪雨、豪雪などのように、ある程度予測と対応が可能な気象災害も多い。ここでは、自然災害の中でも全国各地にある水害に焦点をあてて、人々が実体験をどのように語り、後世にどのように伝え備えてきたのかを見ていきたい。

狩野川の大水

多くの水害常習地帯で、洪水のことをオオミズ（大水）と呼ぶ。洪水は大量の雨が降って河川が増水したり、雪解けが急速にすすんで河川に流れ込んだりしたときに起こる自然現象である。しかし、大水は河川の増水そのものよりも、それによって川が氾濫したり、堤防が決壊したりする水害そのものを指すことが多い。「〇〇年の大水」または「〇〇年の満水」などといわれたり、書かれたりする。

江戸時代の大水の記憶は、言い伝えよりも古文書などの記録類に多く残されている。静岡県沼津市大平《おおひら》は、県東部を流れる狩野川《かのがわ》下流域に位置する。伊豆天城山《あまぎさん》に源を発する狩野川は、北流して蛇行を繰り返しながら大きく西に彎曲《わんきょく》し、やがて駿河湾に注ぐ。大平は、その乱流する河道跡を開発してしだいに定住したと考えられる村落である。一八世紀終わり頃に成立したとされる『大平年代記』には、旧河道の低湿地に切り開いた水田が、度重なる洪水被害にあう記述が繰り返し見られる。

現在、大平の人たちの記憶や伝承に残る大水は、一九〇七年、一九一〇年、一九一四年、そして一九五八年の狩野川台風である。大平では、「雨はミツボ（三粒）降れば水が浸く」と言うほどミズツキバ（水浸き場）で、床下浸水の常習地であった。

大水が出るとわかったとき

一九一四年の大水の際、大平の中央部のある家では床上二メートル三〇センチのところまで水が上がり、屋根のウグシ（棟）にある煙出し(1)から外に出たという。大平には「ズシに上がるときには、ナタガマ必ず持って上がれ」という言葉がある。ズシ（厨子）とは屋根裏のことで、水位が上がってくるとズシに避難し、さらに危うくなれば茅屋根を鉈や鎌で破って屋根上に出て逃げろという教訓である。しかし、

（1）かつては土間やイロリで火を焚いたため、煙を屋外に出すための窓があった。

図２　大平水防倉庫
（静岡県沼津市）

一九五八年の狩野川台風のときにはズシに乗ったまま流され命を落とした人もいた。
また、ズシと同じように中二階にミズアゲ（水揚げ）と呼ぶ防災用の設備を持つ家もある。ミズアゲには、浸水する前にまず畳やタンス、行李などの荷物を上げる。静岡県西部や愛知県などには、ミズアゲダイという足付きの台を常備する地域もある。この場合は主に米俵を載せるという。

近年多発しているゲリラ豪雨のような大災害はまれで、通常は増水する河川や用水の水位を見ながら対応するのが水害対策の常套手段である。大平では、まず狩野川本流から支流の江川へと逆流して水かさが増し、そこから山裾に沿って水が回り、最も低い中央の集落に達するまでに約一時間半かかるという。それまでに荷物や位牌など大切なものを高い場所に上げる。さらに、食料と水の確保も行う。水は五、六升汲んで二階へ運び、時間があれば御飯を炊いて握り飯を用意する。

避難の順番も決まっている。まず、牛や豚などの家畜を山や堤防など高い場所に移動させる。次に年寄りを山付きの家や寺へ避難させる。そして、子どもたちも同様に避難させる。当主夫妻が山伝いに逃げるのは、いよいよ家も水に浸かって危ない状態になったときである。

大水の後始末

堤防が切れて村中が浸水した場合、溜まった水が完全に引くまでにはかなり時間がかかる。地形や水位にもよるが、早くて一日、長いと一〇日ぐらいかかる。大平では、お櫃《ひつ》に握り飯を入れて川漁の舟で孤立した家々に配った。あるいは、隣の日《ひ》守《もり》（駿東《すんとう》郡函南《かんなみ》町）という集落が水に浸かると、山を越えて握り飯を運び、まずは食料の救援をした。

一方、作物が長く水に浸かっている状態はぜひとも避けなければならない。時期にもよるが、六月下旬の水害では折しも田植えシーズンで、苗は浮く、肥料は流れる、麦は刈ったばかりで壊滅状態となった。一九五八年の狩野川台風は九月二六日だったため、稲穂が出る頃に水に浸《つ》き収穫できなくなった。例年水害に遭う田には、早生の稲を植えた。

大水で流されてきたモノを拾う人もいる。天竜川や利根川流域では、流れてきた材木を拾って保存管理しておくと、所有者があとからやってきて買い取ってくれた。材木には所有を示す焼判が押してあるからである。このほか、大水が出たあとの水溜まりにはコイやフナなどの魚が暴れていることが多い。大平ではこれに刺し網を仕掛けて捕り、味噌漬けにして配った。ウナギやドジョウ、ズガニ（モズクガニ）もよく捕れたという。大水の余得であり、このような話は至るところで聞ける。

大水が引いた跡には、汚水とともに山の土砂が混じった泥土が残る。屋内の床にこの泥土が溜まって放置すると、悪臭がただよい、土埃が舞う。大水の後始末は、引き水に合わせて、とにかく素早く水で洗い流すことである。しかし、泥土は厄介者であると同時に、大水で河原状態になった耕地を復活させる恵みの土ともなった。泥土は山間地がもたらす肥沃な腐葉土を含んでおり、荒れた田畑の地力を回復するのに役立った。狩野川流域の伊豆の国市では、これをエゴミと呼ぶ。エゴミが被った表土は放置しておくと堅くなり、地中に空気を通さないため作物に被害が出る。

図3　庇《ひさし》に吊るされたアゲブネ（群馬県邑楽郡板倉町）

そこで、出水後は必ずエゴミ起こしという野良作業をした。しかし、一度水が浸くと二年は桑の肥やしがいらないといい、栄養分に富む土壌として歓迎された。

大水に備え子孫に伝える

利根川・荒川水系の水害常習地帯では、大水に備えて屋敷の一角に水塚《みづか》を築いている。土盛りと、その上に建つ蔵などの建物の双方を水塚と呼ぶ。一方、木曽三川の輪中地帯(2)では建物だけを水屋と呼び分ける。水塚の場合、屋敷全体を高くし、土盛りは主屋より一～五メートル高くする。建物は二階建てで、一階に大麦・小麦・米の順に俵を積み上げ、味噌などの食料を置き、二階に寝具や衣類、ちゃぶ台などを備える。一階の庇《ひさし》にアゲブネ（揚げ舟）と呼ばれる避難用の舟を吊るす。大水の際には水塚での生活が長くなるので、二階に飲料水や米のほかヘッツイ（竈《かまど》）と炭を上げ、炊事ができるようにする。

ところで、水塚は大水から人命と財産を守るという実用面だけで築かれているわけではない。水塚には、稲荷や地の神といった屋敷神(3)をまつることが多い。水害常習地帯以外にも、屋敷の北西隅に主屋の土台より高く土盛りして屋敷神をまつっているのをよく見受ける。静岡県西部には、このような屋敷神祭祀から発展したと考えられる水塚も残っている。水塚は精神面でも大水から家を守ってきたのである。

現在、近代工法による大河川の治水事業が進み、かつてのような大水害の危険性は低くなったと考えられている。道路網の整備や宅地開発が進み、無用の長物と思われている各地の水塚・水屋ではあるが、近年の記録的な洪水被害が繰り返し起

(2) 洪水から集落や耕地を守るために、周囲に堤防をめぐらせた地域をいう。輪中を単位とする水防組織も意味している。木曽川・長良《ながら》川・揖斐《いび》川の木曽三川の合流する濃尾《のうび》平野南西部は輪中地帯として有名である。

(3) 屋敷の鬼門（北東隅）や裏鬼門（北西隅）に災除け・家内安全のため、先祖をまつったり稲荷や八幡などの神を勧請したりした。内神・地神・氏神・荒神など地方ごとに名称が異なる。

こっている今日こそ、自己防衛手段として先祖の知恵を残す工夫が必要であろう。

記憶し記録される災害伝承

富士川下流域の静岡県富士市宮下では、毎年一〇月二七日に近い日曜日に、氏神の山神社で水神待《すいじんまち》という行事が続けられている。一九一〇年八月一〇日の大水害で全住民が氏神社に避難して人命だけは助かったが、田畑四〇町歩が砂礫地となり、一〇数戸の家屋が流失し、五〇戸余りあった戸数も四〇戸ほどに減少してしまった。さらに、稲穂が出始めの時期に壊滅的な被害を受けたため、食糧不足となった。このときの苦労をしのんで始まったのが水神待だという。現在、六〇〇戸と戸数も増えているが、一九四〇年に建てられた水難記念碑の前で記念祭が行われた後、住民が三々五々集まってきて共食をする。献立はオケンチャンと呼ばれる野菜の煮しめとオチャハン（茶飯）のみである。古くからの住民だけではなく、新たな住民も同じように、各自茶碗と箸などの食器と漬け物などを持参して、家族や仲間同士で食事をとる。

津波災害や土石流災害などで多くの人命が奪われた後に建てられる災害記念碑は多い。また、地蔵や観音などの石仏を建てて、死者供養することも行われる。しかし、こうした石造物は、祭祀や行事が伴わなければいずれ現代の人々の記憶からは忘却されてしまう。災害を体験した人間の記憶を記録し、後世に残す努力を続けなければ、災害の伝承は風化し再び大きな被害を蒙ることになるのである。

（松田香代子）

図４　水塚と稲荷社（群馬県邑楽郡板倉町）

図５　水神待の日の水難記念碑（静岡県富士市）

Question 23

鯨を捕るのは悪いことか？——捕鯨と自然保護

図1
描かれた鯨
（韓国蔚山盤亀台）

鯨の肉はどこで買うか？

鯨《くじら》は動物の分類上では哺乳類である。一般に哺乳類の肉は肉屋で売られるが、鯨の肉は魚屋で売られている。日本では鯨は水棲動物ということからか、水産物として扱われてきたし、そのことに違和感を抱く人はいないであろう。

イルカも鯨の仲間で、現在世界には八〇種余りの鯨類が棲息しているとされ、これらはヒゲクジラ類とハクジラ類とに分類されている。

ヒゲクジラは歯を持たず、鯨鬚《くじらひげ》によってプランクトンや小魚等を漉《こ》しとって食べる。ハクジラは口中に歯を有し魚などを食べるが、その中には慣習的にイルカ類と呼び分けている小型の種も含まれる。鯨類のうちシロナガスクジラは体長三〇メートル、体重は二〇〇トン近くもある世界最大の水棲動物であり、漢字の「鯨」は、巨大な魚と見なされたことに由来しているという説もある。また体長二メートルにも満たない、コビトイルカなど鯨類の種類は多様であるが、日本列島周辺には三七種が棲息しているという。

図２　真脇遺跡のイルカ骨
（石川県鳳珠《ほうす》郡能登町）

資源としての鯨の利用

鯨類からは大量の肉と油が得られるので、古くから世界各地で資源として利用されてきた。鯨類の捕獲はすでに先史時代から見られ、紀元前五〇〇〇年前頃とされるノルウェー北部のレイクネスで発見された岩壁画には、鯨などが線刻されている。スカンディナヴィア半島のフィヨルドで鯨類の捕獲がはじめられた頃とほぼ同時期、日本海側では朝鮮半島の蔚山《ウルサン》（韓国東南海岸）の青銅器時代の遺跡に鯨類や鮫《さめ》などの漁撈《ぎょろう》の様子が刻まれている（図１）。日本列島における人と鯨の関係も縄文時代まででさかのぼる。石川県能登半島東岸にある縄文時代の真脇《まわき》遺跡からは多数のイルカや鯨の骨が出土しており、世界最古の鯨類遺物ともいわれている（図２）。イルカや鯨類の骨は、北海道から東京湾、長崎県等にいたる全国の一三〇か所以上の海浜遺跡から出土しており、古くからの日本人の暮らしと鯨類のかかわりの深さがうかがえる。

ヨーロッパでも捕鯨が盛んに行われ、鯨油は灯火用に利用されるとともに、一方ではその油脂から蝋燭《ろうそく》が作られ、明かりをともす燃料源として大量に消費されていた。欧米の捕鯨は鯨油と髭の獲得を目的として行われ、鯨肉を食物として利用することはきわめて稀であった。一八五九（安政六）年、アメリカのカリフォルニア州で石油が発見され、燃料源として用いられるようになると鯨油の価格が下がり急激に捕鯨が衰退してきた。

捕鯨の方法

日本は世界的に見ても鯨類の骨の出土する遺跡が多いとされている。このことは

図3　コクジラ（『三重県水産図解』1883年）

日本人は古くから鯨類を利用していた証拠でもあろう。多くは偶発的に死んで近くの海を漂う「流れ鯨」や、海岸の浅瀬や岩場などに乗り上げて動けなくなった「寄り鯨」などを捕獲して利用していたと思われる。わが国で寄り鯨の利用以外に、食用のために実際に捕鯨をはじめたのは三河湾で、室町時代に行われたという。日本では中世以降、捕獲の対象となる種類にあわせた捕鯨法が各地で開発され、銛《もり》などを使った鯨組などと呼ばれる組織的な捕鯨活動も見られるようになった。

鯨類は広範囲の海洋を回游《かいゆう》するため、季節により棲息の地域に偏りが見られるので、捕鯨は特定の地域で行われていた。日本の捕鯨業は、近代ヨーロッパの捕鯨業のように本国を遠く離れ、鯨の棲息海域まで出かけていって、経済効率のよい鯨油と鯨髭だけを採取した捕鯨とはちがい、一つの浦を基地にして、そこに回游してくる鯨を待ちかまえて捕った。そこでは捕獲用具や技術、解体・処理技術の発達、分配などの取り決めや慣習なども生まれて、捕獲した鯨は骨や内臓を含むすべての部位を捨てるところがないほどに利用するという「鯨文化」が作り上げられた。

日本の捕鯨は、捕獲方法の違いにより、寄り鯨利用時代（先史時代～古代）、突取《つきとり》法《ほう》時代（中世～近世）、網掛突取捕鯨法時代（近世～明治時代前期）、近代的ノルウェー式捕鯨法時代（明治時代から昭和時代前期）、母船式捕鯨法時代（昭和時代以降）の五段階に分類されるという。その中でも、中世から明治時代までの捕鯨は、人力に多くを依存し、陸上においた基地を拠点として沿岸での操業を行っていた。捕鯨は安房《あわ》（千葉県）、紀伊半島（和歌山県、三重県）、土佐（高知県）、西海《さいかい》（長崎県、佐賀県、福岡県、山口県）の四大漁場を中心に沿岸各地で行われた。捕鯨技術の面でも、

図４　鯨をかたどった地下歩道の入口（新潟県柏崎市鯨波《くじらなみ》）

網を使って鯨の速度を落としてから突き捕る網掛突取捕鯨法などといった捕獲方法の考案など日本独自の捕鯨技術や捕鯨活動も展開した。鯨は捕鯨地域のみならず江戸、大坂、京都などの都市部でも脂身や肉が流通し、それを利用した食文化が作り上げられてきた。

現在日本の捕鯨活動は、限られた鯨肉の流通を前提とした沿岸地域で行われる沿岸小型捕鯨と、南極海などで国際捕鯨委員会（ＩＷＣ）により定められた捕獲頭数を致死的方法によって捕らえる調査捕鯨による活動がある。調査捕鯨により捕獲された鯨肉は全国規模で流通している。

鯨一頭七浦を潤す

全国各地に鯨を一頭捕れば七つの浦（集落）が潤うという慣用句がある。鯨類は、古くから肉や皮は貴重なタンパク源として、鯨油は燃料や工業製品、骨や歯、髭は工芸品などの材料として余すところなく利用されており、これは日本の捕鯨の特徴でもある。

また、独特の食文化も伝えられている。鯨は肉、脂身のほか、内臓、尾などさまざまな部分が食される。房総半島南部ではツチクジラの肉を塩蔵して乾燥させた干し肉を「タレ」と呼んでおり、地域の特産となっている。第二次世界大戦後、鯨肉の竜田揚げなどが全国的に学校給食の定番メニューになった。皮に接した脂身の部分を「皮鯨」といい、これを塩蔵した「塩鯨」は鯨汁、雑炊、酢味噌など、さまざまな料理法で食べられている。北海道、山形県、島根県などでは正月に欠かせないものであるが、福島県、新潟県、福井県では夏の土用に食べるなど、鯨を年中行事に欠かせない食として食べる地域も多くある。

鯨は経済的価値も高く、漂着した鯨の売上金で学校を建てたという例も各地にある。たとえば新潟県上越市柿崎区には一九一二（明治四五）年に全長三〇メートル重さ一〇〇トンのナガスクジラが漂着したが、話し合いの結果集落の共有とし、その売上金をもとに学校を建てたので「鯨学校」と呼ばれていたという。鯨の持つ経済的価値の高さがうかがえる。

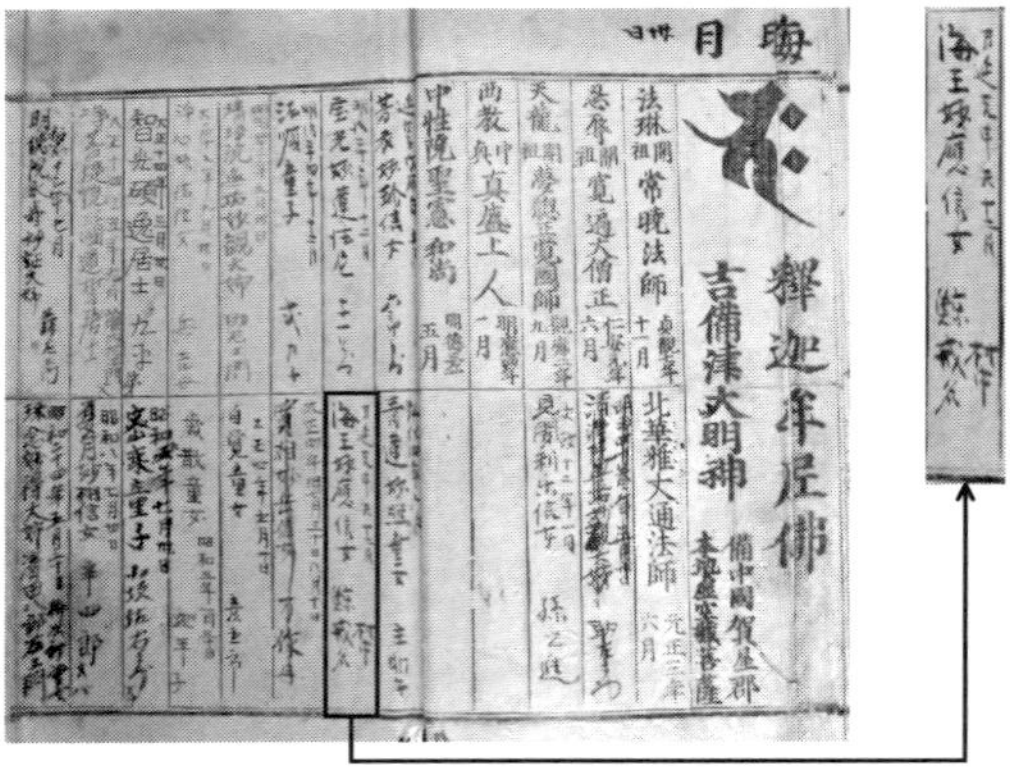

◀拡大

図５
過去帳に記された鯨の戒名
（新潟県佐渡市）
1860年（万延元）12月
「海王妙応信女，鯨戒名」。

鯨はエビス

鯨が一頭捕れることで経済的に七浦を潤すほどといわれたが、鯨が捕れると豊漁になるという言い伝えがある。北海道松前地方では鯨がニシンを追い込んでくるので、鯨のことを「鯡《にしん》の子おこし」とも「エビス」とも呼んで捕ることをしなかった。山形県飛島《とびしま》では鯨をエベス様といい、福の神として決して危害を加えなかった。山形県鶴岡市にある善宝寺は、漁業者からの厚い信仰がよせられているが、佐渡島では春先大群をなし、時には鳴き声を出しながら北上するイルカの群れを「イルカの善宝寺参り」と呼んでいる。イルカ類が来遊すると、スルメイカや他の浮き魚が散らされて捕れなくなったり、逆に集まったりするという。佐渡島ではイルカをオエビスといい、漁を妨げ網を壊すので、取っておいた節分の炒り豆をまくと退散するという。鯨もエビスサンといい、魚群について魚を追い込んでくれたときに「クジラオエビスサン」といい、漁民にとっては豊漁をもたらしてくれるものでもあった。

図６　供養塔となっている鯨の顎骨（新潟県佐渡市）

鯨は捕りっぱなしではなく、日本各地に鯨を供養した寺院があり、戒名をつけた鯨の過去帳を残していたり、鯨の墓を造ったりしている。主に寄り鯨・流れ鯨といわれる鯨を捕獲し、食料や資源としての利用やその地域が救われたり潤ったりしたことへの感謝や追悼の意味で設置されたものである。骨の一部を供養塔（卒塔婆）としてまつっているところもある。日本各地の捕鯨を生業としていた地域では、大漁で賑わったことへの感謝や豊漁祈願、鯨の追悼として地域住民が唄や踊り、囃子《はやし》などを捧げている地域も多くある。

捕鯨文化と自然保護

一九八二年、国際捕鯨委員会（ＩＷＣ）は鯨資源の維持などを理由に商業捕鯨の一時休止を決定した。以後日本では、鯨の生態や資源量などの科学的調査を目的とする調査捕鯨として行われてきたが、伝統的な捕鯨文化を持つ北極圏先住民族には捕鯨が許されている。二〇一四年三月、南極海での日本の調査、捕鯨に対し国際司法裁判所は違法の判決を下した。

日本人も鯨とともに長い歴史を歩み、鯨を余すところなく利用する独自の捕鯨文化を築きあげてきた。それは人々の心意や信仰にまで深くかかわっている。単に捕鯨を悪いこととして禁止すれば、日本人の持つ捕鯨文化そのものを捨て去ることになりかねない。難しい問題ではあるが、国際社会に日本の捕鯨が文化として認知されるよう、自然保護と捕鯨文化の保存・伝承の関係を考えつつ、より深い理解を求める努力が必要であろう。

（池田哲夫）

Question 24

『もののけ姫』のメッセージは何？――草木国土悉皆成仏

日本文化論として見る『もののけ姫』

宮崎《みやざき》駿《はやお》監督のアニメ作品、『天空の城ラピュタ』（一九八六）、『となりのトトロ』（一九八八）などには気根・大樹の洞・里山を題材に、その基調に木にも命・心が宿るとの樹霊信仰が一貫して流れている。木霊《こだま》・森の精がかわいらしい童形で実際に画面に登場する『もののけ姫』(1)（一九九七）は、話題性は高かったが前記作品に比べ何を訴えているのか主題がよくわからないという声が聞かれた。

もののけ姫の「もの」は宗教学・人類学でいうマナ(2)（mana）に近い自然または超自然的な霊的存在「カミ」であり、人や家に憑《つ》いて病気をもたらし命を奪う憑きもの、邪悪な霊の発現として「物《もの》の怪《け》」という負の表現を伴って源氏物語などの古典に登場する。日本語の「もの」は、霊的・物質的な存在の両方に使われる。室町時代の『付喪《つくも》神《がみ》記』の冒頭には、人が長年使用した器物、「物」は心を持つようになり粗末に扱うと人をたぶらかすと記されている。

民俗伝承において、漁民は七浦を潤す鯨に戒名をつけて過去帳に載せ、墓を作ってその霊を供養し、女人たちは二月八日、日頃世話になった裁縫の師匠や針親に対してだけでなく豆腐に針を挿して感謝の意を表し、正月には農具も人とともに歳を

（1）日本社会が大きく変わる室町時代を舞台に、エミシの末裔アシタカと山犬の一族に育てられたサンを主人公に、自然開発と人間の関係を地に、ヤマトとアイヌ、定住と漂泊、農民と山人、女性と差別問題などを綾にして織りなした作品。聖域の森を侵す人間たちに対する荒ぶる神々が山犬や猪（シシ神）として象徴的に描かれている。

（2）非人格的な超自然的な力で、その増減は社会的に解説され、意味づけられる。折口信夫は、マナを増やす儀礼としての「ミタマノフユ」に着目し、神道はマナ信仰の最高の形態であるとした。

取る。このように生物・無生物を問わずその存在を擬人化して霊格を認める事例は豊富である。このようにすべての存在の中に霊魂が宿るという考えをアニミズム（animism）という。宮崎監督率いるスタジオジブリのアニメ作品の底流には、まさに日本的アニミズムの伝統、八百万《やおよろず》の神の考え方が流れている。

今日、日本のアニメが一神教世界も含め国際的に高く評価される理由の一つにアニメーション（animation）の原義、映像に登場するすべての霊的・物質的存在に命が与えられ両義的な「モノ」として扱われていることが指摘できる。宮崎監督は、無生物に命を与え、からくり、具体的には飛行機を「モノ」として作品によく登場させている。宮崎作品はアニメ技法を駆使することによりその有効性を発揮する。

一方、もののけ「姫」の方は、米売りやタタラ場で働く女たちとして登場し、その頭には桂女《かつらめ》に由来する桂包《かつらつづみ》・桂巻《かつらまき》と呼ばれる白い被り物をしているなど、衣装からだけでもさまざまなメッセージが読み取れる。古語のヒメはもともと高貴な女性をさしたが、やがて遊女をもさすようになる。中世の職能民・芸能民には女性が多いが、日本の社会が大きく変化したこの時代、女性、職人の地位は大きく変わり、「穢れ」の思想のもとに社会の周辺、底辺に追いやられていく。『もののけ姫』では、日本の歴史が里に定住し稲作を営む農業・農民を中心に描かれるようになる以前の女性の存在、役割を活き活きと描いている。

里山と水田

宮崎作品でよく取り上げられる日本の自然は、里山である。日本の一般的な村落

図1　山形県西置賜郡飯豊町の景観　水田－里山－深山－奥山（飯豊山）

景観は、集落の眼前に水田や海が広がり、背後に迫る里山の際《きわ》の高台に氏神様が鎮座し、里山は端山《はやま》・深山《みやま》・奥山《おくやま》へと景観的に連なる（図1）。水田とともに、里山は人が自然を相手に長年手入れをして作り上げたナラ林の明るい二次的自然であり、対照的に鎮守の森は照葉樹(3)の鬱蒼《うっそう》とした原生の林相を示し、落葉樹の中に残る常緑の大樹は神樹として祀られた。サカキ（Cleyera japonica）は、神と人の世界を介する境木《さかき》であり「榊」と書き表された。里山はいわば人が自然と共生する領域であり、そこから空間的距離が離れるほど、また時代が遡るのに従い原始の自然に近づく。

自然－人－カミの関係は、木・林・森・山をカミが示現する場とし、時代・地域によりその相互交渉の在り方がそこに顕在化した(4)。山の神は里に降り、人は奥山を目指す。山の神は里の農民にとっては春秋に田の神と交替する神格として意識され、次第に常設化された奥宮（山宮）と本宮（里宮）の屋代《やしろ》（社《やしろ》）を行き来し、やがては里に常住する。一方、山を生業の場とするマタギ（猟師）・杣《ソマ》（林業者）・木地師《きじし》（ろくろ職人）など山人にとっての山の神は、山の幸をもたらす霊格として畏《かしこ》み怖れられた。その間を取り結んだのは山の宗教者、修験者であり、『もののけ姫』でもそれらしき姿で画面に登場している。

里山は宮崎監督にとっては望むべき人と自然の調和のとれた空間・景観であり、人によるそれ以上の森・山の開発はカミの怒りを買うことになる。アシタカは「シシ神は死なない。生と死そのものだから」と語る。シシ神は照葉樹林の森そのものの象徴であり、照葉樹の木霊の叫びを通して現代社会の人々に自然、カミとの対話、協調の必要性を訴え、人類の持続も森との共生次第であることを説いている。

（3）樫・楠・椎・椿・茶など一年を通して常緑の広葉樹を総称して照葉樹と呼び、ヒマラヤ東麓から西南日本に至るその林相上に展開する民俗文化は類似し、照葉樹林文化圏といわれる。

（4）山形県置賜地方では、村からの距離と高度により、山が端山・深山・奥山と類型的に意識され、それぞれ「高い山」行事、作神信仰、死霊入山信仰、成人登拝習俗などが展開しており里民と修験者の交渉から生成されたと考えられる。

草木供養塔

樹木に対する信仰には大きく二系統ある。一つは、天から地、樹上から樹下へカミが降臨する依り代的信仰で、アジア的視角から見ると北方的でその代表樹種は常緑の針葉樹、松である。正月には、正月様を門松に迎え、能舞台の正面の鏡板に描かれた影向《ようごう》の松に降臨したカミは、能役者の身体を通してその意を表す。飾りとして演台に置く松の盆栽もカミが演者の口を借りて語った名残ともいえる。もう一系統は、木そのものに霊が宿る、樹霊信仰である。照葉樹林文化圏には、樹霊信仰と地母崇拝が合体し根から枝葉、地から天への方向性を示し、木に母性を認める樹母信仰とも称すべき信仰が展開する。(5)「となりのトトロ」の大樹の洞《うろ》の中、トトロの上でのまどろみは、母胎・子宮の絨毛《じゅうもう》に抱かれる胎児を連想させ誰しもが癒《いや》される。

樹霊信仰を具体的に表すものに草木塔がある。草木塔の建立は、この世に存在するすべてのモノが仏になれる種を宿しているという教え、仏教の本覚思想に根ざしている。(6) 草木塔は江戸中期、上杉鷹山《うえすぎようざん》(一七五一～一八二二)の時代に米沢藩内で建立され、現在山形県置賜《おきたま》地方に特徴的に分布し、建立年代はおよそ三期に分けられる。初期のものは安永年間から寛政年間(一七七二～一八〇〇)で、碑面には釈迦如来と阿閦如来《あしゅくにょらい》の種子《しゅじ》と「一仏成道　観見法界　草木国土　悉皆成仏」の願文が最も数が多い。中期のものは文化年間(一八〇四～一八一七)を中心とし、釈迦如来や大日如来の種子の下に、「草木供養塔」と刻されている。末期は、幕末の慶応年間から今日までのもので、シンプルに「草木塔」とだけ彫られている(図2)。

本覚思想は「草木国土《そうもくこくど》悉皆成仏《しっかいじょうぶつ》」(7) の句のもとに具体的に説かれその教えは広く

図2　日本最大の「草木塔」
(山形県米沢市，1997年造立，道の駅「田沢」)

(5) 南方熊楠は和歌山県海南市の藤白神社の楠の取り子であり通常、藤・熊・楠から一字をもらうところ二字をもらった。熊楠はまさに〝木の子〟であり、社叢を守るために神社合祀反対運動に奔走した。

(6) 本覚とは、「衆生に内在する覚りの本性」(『大乗起信論』)であり、中国で老荘思想と結び付き、日本では最澄はじめ法華経重視の天台宗で強調されたが、鎌倉期以降、真言系でも盛んに行われた。

(7) 空海は草木国土が仏身(『即身成仏義』)、良源は草木自身が仏道を志し涅槃に至る(『草木発心修行成仏記』)と説く。「草木国土悉皆成仏」の句は、一二世紀、道邃『摩訶止観論弘決纂義』、証真『止観私記』に見える。

民間にまで普及した。この句は、『墨染桜《すみぞめざくら》』『鵺《ぬえ》』など能の謡曲にしばしば登場し、人の死後、亡魂をあの世に無事送るために七日ごと、死者があの世へ旅立つ四十九日までの中陰《ちゅういん》期間に中陰棚の前で読経する『中陰経』に由来するとされるが、この経中には記載はなく、日本古来のアニミズムと外来の宗教である仏教教理の習合と考えられる。また、謡曲『芭蕉《ばしょう》』『杜若《かきつばた》』は、まさに草木の成仏を主題としており、江戸中期の京都画壇を代表する奇想画家、伊藤若冲《いとうじゃくちゅう》（一七一六〜一八〇〇）の「野菜涅槃図《ねはんず》」は、家業の青物屋のパロディではなく本覚思想を意識的に反映した作品と考えられている。

　生木に仏を感得し、その姿を刻んだ立木仏が八世紀頃には彫られ、その伝統は江戸時代の木ッ端《こっぱ》聖《ひじり》・円空(8)に強く認められる。現在においてもアイヌ民族の彫刻家、床《とこ》ヌブリは、木に命じられるままに彫ったものが自身の作品だという（図3）。

　草木塔発祥の地とされる米沢市田沢地区上中原《なかはら》では現在でも毎年五月二〇日早朝、田沢寺《でんたく》（真言宗醍醐派）の法印を導師に草木供養を行い、その札を全戸に配布している。山伏とも称される修験者は、中世までは山野を跋渉、山の精霊と交わりその験力《げんりき》を高めたが、江戸時代には幕府の宗教政策により里への定着を余儀なくされた。この地の飯豊山《いいでさん》修験の系譜を引く里山伏・百姓修験は林業者には樹木にも霊魂があることを説き(9)、獣の命を奪う猟師には畜生済度《ちくしょうさいど》(10)の願文を授けるなどそれぞれの職種に対し、機を見て法を説いた。この地方で小正月に戸主が神棚に供える餅を福田餅《オフクデ》と称することからも、農民に対しては仏教の福田《ふくでん》思想を稲作に即して説いたことがうかがえる。(11)草木塔が置賜地方に特徴的に分布する背景には飯豊山修験と里人との交渉があった。

図3　埋木に彫られた「ユーカラクル／語り部」（1989年）

(8)「作りおくこの福の神なれや　深山のおぐの草木までもや」、「木にだにも御形を移すありがたや　法の御音は谷のひびきか」など円空の作歌には本覚思想がうかがわれる。

(9) 修験道は、日本人の自然観・他界観・祖先崇拝・シャーマニズムなど民俗信仰を基盤に儒・仏・道教など外来宗教を混交して成立した日本人の民族宗教である。『修験頓覚速証集』の中に「草木非常成仏之事」がある。

(10) 飯豊・朝日山系では、集団狩猟の主領を、山崎伊豆守という修験的猟師が務め、山の神に山の幸としての獲物の恵を願い、殺生した獲物に対し諏訪の祭文、四句の祭文を唱え成仏に導く。

（11）「福田」とは、「善行の種子を蒔いて功徳の収穫を得る田地」という意味で菩薩行をさすが、幸せを生みだす田との解説は農民にはわかりやすかった。東北の地は、アジアを表徴する稲作と仏教が結合した終着地といえる。

自然・人・カミの共生

「草木国土悉皆成仏」の句は読めば読むほど味わい深い。山川、虫魚も加え、捕鯨問題なども視野に入れると今日の地球環境保護の絶好の標語となる。『もののけ姫』は、日本の民俗文化が培ってきた自然－人－カミの三者の共生・共存関係の在り方を集約して描いており、まさにアニメ映像を通して世界に向けての自然環境保全へのメッセージとなる。

近年の猪・鹿・猿・熊の里山・村里への出没は、自然側から見れば失地の回復の動きといえる。『もののけ姫』では、森のタタリ神として猪が登場しており象徴的である。山村では少子高齢化もあり棚田・山田の休耕や廃棄が目立つが、その跡には杉などの針葉樹ではなく、元の植生、広葉樹を植えて自然に戻すなどの配慮が必要となる。共生の言葉の背後には、人と自然との生死をかけた苦闘が秘められ、その過程は幾多の民俗誌に記されてきた。開発の歴史とは逆に自然への返還にあたって民俗誌を参考・活用し、その方途を示すことはこれからの民俗学徒の果たすべき大きな使命と言える。

二〇一一年三月一一日発生の東日本大震災は自然－人－カミの関係を再認識させてくれた。『風の谷のナウシカ』（一九八四）以来、日本人はもとより人類のあり方、未来像を自然、中でも照葉樹林文化論に立脚して描いてきた宮崎監督のアニメ作品は、「自然－人－カミ」の関係性の中で育まれてきた民俗伝承を対象としてきた民俗学の現代社会への発言、出番を促しているメッセージとも読み取れるのである。

（佐野賢治）

次の扉を開くための読書案内

網野善彦・宮田登『歴史の中で語られてこなかったこと――おんな・子供・老人からの「日本史」』洋泉社、一九九八年（新書版、二〇〇一年）
歴史学と民俗学の泰斗が、『もののけ姫』に登場するエボシ御前の性格から説き起こし、従来の男性中心史観・農業中心史観をさまざまな視点から見直している。宮崎駿監督が影響を受けたという網野史観が対談形式で縦横に語られる。「平地民」から見た「山民」の世界の、アニメ作品『もののけ姫』への反映というだけではなく、本書は、その背景をなす網野史学・宮田民俗学の平易な入門書ともなっている。

小島孝夫編『クジラと日本人の物語――沿岸捕鯨再考』東京書店、二〇〇九年
南極海での日本の調査捕鯨の国際法違反が国際司法裁判所で二〇一四年四月に決定した。世界的な捕鯨反対運動の中で、今後、伝統的生存捕鯨の行方が問われている。本書は、日本各地の沿岸捕鯨を「生物の命を奪い利用することは罪深いことである。人びとはこうした心意を克服しながらクジラを生活の糧として利用してきた」立場にたって、鯨の捕獲法から信仰まで地域的多様性を指摘し、鯨と人の共存の道をさぐっている。

佐々木高明『日本文化の基層を探る――ナラ林文化と照葉樹林文化』日本放送出版協会、一九九三年
焼畑研究から出発した著者は早くから縄文農耕を提唱していたが、日本文化における東西差を縄文＝狩猟・採集文化、弥生＝稲作文化の伝統にその出自を求める議論が行われる中で、いわゆる南方的な照葉樹林文化とは異質なナラ・ブナ帯に展開する北方系文化の流れを「ナラ林文化」という枠組みで新たに提起し、稲作以前の日本基層文化の形成における二つの源流を本書で具体的に明示している。

菅豊『川は誰のものか――人と環境の民俗学』吉川弘文館、二〇〇六年
現在、ほとんどの川で釣りをするのに入漁券を求めなければならない。漁業協同組合の管理のもとにあるからである。本書は、新潟県山北町（現・村上市）の大川における鮭の「コド」漁に焦点をあて、流域の人々と鮭漁の関係を資源の共的な使用・管理を説くコモンズ論から、鮭を地域共有の水産資源と考え、入札制度はじめ公益性が貫かれ、地域住民の交流の場になっている現況を説明する。自然との共生、資源の共有など現代社会における共的世界の可能性を提示してくれている。

鳥越皓之『水と日本人』岩波書店、二〇一二年
全国土の七割の森林面積を持つわが国は水の恵みが豊かであり、水田をはじめ高度な水文化を培ってきた。一方、ペットボトル入りの飲料水が日常的になった今日、地球的規模での淡水不足、水質汚染など「うまい水」の確保が切実な問題となってきた。本書は日本人の伝統的水利用から生活実態に沿った解決の方途を探る。水とカミと人の関係が作り上げた水辺の暮らしをコモンズ論や「里川」の視点を援用しながら、「飲水思源」を提言している。

野本寛一『自然災害と民俗』森話社、二〇一三年
自然と人間の共生・共存の背景には生死のかかった厳しい歴史が秘められている。本書は地震・津波・火山噴火・山崩れ・台風・河川氾濫・雪害・天候不順という自然災害に対する日本人の民俗的対応、災害と共に生きるための民俗知・伝承知を、各地の信仰・呪術・年中行事・伝説等の事例から具体的に提示する。東日本大震災の後、さまざまな対策が取られる中で、自然と人間の関係が凝縮された災害伝承から学ぶところは多く、本書は必読の文献の一つである。

第7章　神と自然

私たちの中には霊の存在を信じる人もいれば、そのようなものは全く信じないという人もいる。日々の暮らしの中で、神、先祖、妖怪、幽霊、精霊などと私たちとのかかわりを考えようというのが本章である。

近年流行しているパワースポットには寺社や聖地が選ばれ、行列ができるほどの人気スポットが誕生している。自然の中に精霊や神々を感じるといった側面もあり、春の新緑の頃に、花に託して田の神を迎えたさまざまな行事との関連もうかがえる。先祖をまつる行事のあり方と先祖をどのようなものと考えるのかという点も、祖父母の頃とは違いがあるだろう。

私たちの暮らしを取り巻く環境は変化しているので、いわば時代性とともに霊的存在にどう向き合っているのか、をとらえてみたいのである。

Question 25

パワースポットはなぜ流行る？——聖地巡礼とスピリチュアリティ

図1　明治神宮清正井前の行列（東京都渋谷区）

パワースポットの成立と大衆化

「絶対お勧めパワースポット！」「はずせない良縁・開運の聖地特集！」といったキャッチフレーズが躍る女性誌、旅行ガイドブックが人気である。運気を良くするために、どこかの「聖地」へ行きたいと人々を動かす背景には、「パワースポット」ブームがある。そうしたパワースポットのブームは、いつ、どこから始まったのだろうか。

パワースポットの語は、一九八六年の『現代用語の基礎知識』で「宇宙の精気や霊力の凝集する聖地」と説明され、奈良県吉野郡の天河大弁財天社《てんかわだいべんざいてんしゃ》が紹介されたが、大衆的な知識にまでは至らなかった。九一年には清田《きよた》益章《まさあき》の『発見！　パワースポット』が出版されるものの、メディアでの使用例は少ないままだった。しかし、二〇〇六年以降はパワースポットを冠した出版物が飛躍的に増加する。その背景には、スピリチュアリティと呼ばれる文化現象の浸透がある。二〇〇九年末、テレビ番組を発端とする、あるパワースポットの熱狂的ブームが起こった。番組内で、手相鑑定を得意とする芸能人が、明治神宮御苑内の清正井《きよまさのいど》の写真を携帯電話の待ち受け画面にしたところ、仕事が増え、それを真似た知人も同様に仕事が増えたと発

▲清正井の正面

図2　清正井に近づき願掛けをする人々

言した。それを契機に、翌日から清正井には、携帯電話に写真を収めようとする人たちの行列ができ、テレビや雑誌、新聞などの報道で評判は過熱した。一時は五時間待ちとなったが、「あまりに欲を持った人が押し寄せたため、井戸は負の念に汚されてしまい、〝逆パワースポット〟になった」という噂が流れはじめ、流行は終息の気配である。本来は宗教的な意味を持たない場所さえ、私的な聖地としてまつり上げ、まつり棄てて行くことがパワースポットブームにあり、スカイツリー開業年には、それがパワースポットに見なされもした。近年パワースポットとして注目されている場所に、伊勢神宮外宮《げくう》の正殿《しょうでん》前にある三《み》ツ石《いし》や猿田彦神社境内にある方位石（次頁の図3・図4）などがあるが、参詣者は、エネルギーを感じようと石に手をかざし、触れるなどして願掛けを行っている。

「聖地巡礼」から「癒しのパワースポット観光」へ

パワースポットとされるのは、必ずしも新しく発見された場所だけではなく、以前から聖地、霊場と呼ばれてきた神社仏閣や自然遺産的な場所が多く含まれる。出雲大社、熊野古道、伊勢神宮、出羽三山《でわさんざん》等の神社仏閣、屋久島、富士山等自然崇拝の対象となる場所、皇居、沖縄の首里城、それにゼロ磁場といわれる長野県分杭《ぶんぐい》峠等がパワースポットと呼ばれる。聖地、霊場を次々に訪れることとしては、伝統的に聖地巡礼や霊場巡りが、多くは仏教の領域内で行われている。巡礼の語は平安時代から用いられ、同時代末、畿内を中心に西国三十三観音巡礼霊場が作られた頃より、霊場巡拝の観念が成立した。日本の巡礼の大部分は近世以降に考え出され、本

図3　伊勢神宮外宮の三ツ石（三重県伊勢市）
石に手をかざすとあたたかなエネルギーを感じるという。

尊巡礼、聖跡巡礼、地方巡礼の三種に大別される。本尊巡礼では一定の本尊をまつる寺院、仏堂を巡る。聖跡巡礼を代表するのが四国八十八ヶ所巡礼（遍路）であり、弘法大師による創建、あるいは中興がなされたという縁起を持つ寺院を巡る。地方巡礼とは西国観音霊場や四国霊場などが地方に移植されたものである。

伝統的な巡礼では、信仰心が動機となるが、パワースポットブームを受容する人々は、無信仰であれ、メディアの情報を契機とし、思い立って全国の聖地に縦横に出かける。こうした新しい「巡礼」の中心となったのが女性たちである。観光意識も高い女性層向けに、聖地周辺の飲食店や観光地の記事を盛り込んだ女性誌や旅行ガイドが、聖地に「癒し」のイメージを付して刊行された。ブームの盛り上がりを受け、島根県の出雲大社は、二〇〇六年以降、東京で「学んで旅する〝ご縁ツーリズム〟出雲路講座」を開催し、集客に努めている。青森県は、二〇一二年より「美知の国あおもり〝癒し〟スポットプロモーション」として、恐山をはじめ、巨木、神木、十和田神社、キリストの墓など県内のパワースポットを紹介している。

スピリチュアリティの導入と展開

アメリカ西海岸から発信された、若者の対抗文化「ニューエイジ」は、一九六〇年代から日本に届き始め、その中には後に日本で「精神世界」と呼ばれる文化現象が含まれていた。公民権運動やベトナム反戦といった政治的解放への運動に情熱を捧げた若者たちは、政治運動への熱狂が冷めていくと急速に精神的な探求に向かった。その運動はグローバルに広がり、七〇年代以降、欧米の先進諸国の若者を中心

図４　猿田彦神社の方位石（三重県伊勢市）
掌で干支の文字を順に押さえながら祈願する。

に、インドのヨガや瞑想法、ニューサイエンス、心霊による治療、前世の探求など、宗教をはじめとする多様な精神的文化に関心が集まるようになる。ニューエイジャーと呼ばれる当事者たちは、その幅広い活動を宗教とは呼びたがらず、あくまで個人的で、伝統宗教の組織からは外れた自由な精神の探求を標榜した。

日本では、後にスピリチュアリティに展開する、ニューエイジの影響を受けた文化が、七〇年代から九〇年代前半にかけて「精神世界」として除々に浸透し、その中では、禅、密教、神道、民俗宗教など日本の伝統的宗教の要素が重視された。日本では、スピリチュアリティがオカルト的文化を指す語と認識される面があるが、本来のそれは、領域横断的な幅広い社会文化的現象を指し、医療、教育、環境問題、福祉といった複数の領域に影響を与えている。「精神世界」に代わり、「スピリチュアリティ」の語が浸透してくるのは、テレビ番組『オーラの泉』（二〇〇五年四月〜二〇〇九年九月）をきっかけとする。スピリチュアルカウンセラーを名乗るホストが、ゲストの前世や守護霊、悩みごとを言い当てて行う人生相談が人気であった。

スピリチュアリティと癒し

スピリチュアリティの幅広い社会文化的現象の中で、大衆的な支持を得ているのが、「癒し」効果を謳《うた》うさまざまな品やサービスである。オーラ診断、エンジェルカード、パワーストーン、花のエネルギーを転写したとするエッセンス、精油、ハーブティーなどのアロマグッズ、お香、浄化の力を持つとする音叉《おんさ》や鉦《かね》、ヒーリング音楽のＣＤなど裾野が広い。また、癒しグッズとともに普及しているものに、

「ヒーリング」（セラピー、セッション、スピリチュアルカウンセリングとも呼ばれる）がある。これは、精神的、肉体的な悩みを持つ依頼者に対して、ヒーラー（セラピスト）がさまざまなアプローチを施すサービスである。その内容は、直接体に触れる各種マッサージから、体に触れずに儀式的な行為を行うなど、施術者により多様な技術の組み合わせが見られる。主に都市部で活躍するヒーラーは、サロンやカフェ、貸し会場等において、傾聴をはじめとし、カードを用いる占い的アプローチを行うこともあれば、アロマオイルを用いたマッサージをしたり、鉦を鳴らして手をかざし、クリスタルでエネルギーを調整しながら天使や神仏の言葉を伝える儀式的なアプローチを行う者もいる。

図5　占いサロンの看板（東京都渋谷区）手相のほかスピリチュアルなセッションを宣伝する。

日本におけるシャーマニズムの伝統

前世の透視やオーラというと新しく聞こえるが、先祖霊や神仏など超越的な存在につながり、依頼者の悩みに答える人物は、これまでも日本の民俗の中に存在し続けてきた。通常の意識からは離れた変性意識の状態で、神仏と交信し、託宣、卜占、治病などを行う人物をシャーマンと呼び、日本においては巫女《みこ》、神子《みこ》などの存在が古くから知られている。現代では、修業期間中に伝授を受け、神つけの儀式などの儀礼を経て一人前になる東北地方のイタコ、イチコ、ワカ、オナカマ、ミコなどと呼ばれる盲目のシャーマンを総じてミコと呼称している。また、召命巫《しょうめいふ》（1）または行者と分類されるのは、東北地方のカミサマ、ゴミソ、南西諸島のユタやカンカカリヤーなどであり、彼らは巫女になるまでの過程に、神がかりと呼ばれる心身異常

（1）霊的啓示を受けたり、巫病を体験した末に、神に召された使命を受け入れ、シャーマンになることを決めた者。

（巫病《ふびょう》）を経験する。東北地方には湯立託宣や病気治しの儀礼を行う神子がおり、生活の節目に呼ばれて異界との橋渡し役を担っている。このように日本各地には、さまざまな名称で呼ばれる伝統的なシャーマンがおり、病気治しの祈禱や、先祖や神仏との交流、厄払いなどの儀礼を執り行うことで、依頼者に超越的な力や癒しを与えている。スピリチュアリティの浸透により、台頭してきたヒーリングであるが、このように日本伝統のシャーマンは、それ以前から、生活の場において、呪術的な力を行使して人々を支え、頼られる存在であり続けている。

パワースポットはなぜ流行るのか

パワースポットブームは、市場を介して提供される聖地情報によって生じた現象といえるだろう。二〇〇六年以降のパワースポット関連の出版物の増加や、〇九年末の清正井の報道により、超越的な場の力に惹かれる人々が著しく増加した。聖地巡りの中心層は女性であり、新興のパワースポットにも足を運んだ。こうした現象の背景には、組織化された宗教を避けながらも、個人的には寺社や聖地を訪れて現世利益を祈願したり、自己を肯定しながら癒されようとする人々によって支持される、スピリチュアリティの浸透が見られる。パワースポットとされた場所には、伝統的な寺社が多く含まれ、スピリチュアリティでは、自然の中の精霊や神々の存在を信じるなど、日本人の伝統的宗教観や、民俗に重なるところがあるために馴染み易く、パワースポットのブームが広く受容されたものと考えられる。（中町泰子）

Question 26

猫はなぜ化けるのか？——妖怪の多様性と変遷

図1 猫また（『化物尽絵巻』）

妖怪・お化け

猫が化けると「化け猫」や「猫又《ねこまた》」になるとされ、これらは妖怪やお化けといった存在とされる。

妖怪とは、わからないことやわからない存在、また転じて怪しい感じのすることをさすが、妖怪をその特徴から大別すると「出来事（現象）としての妖怪」、「存在としての妖怪」、「造形としての妖怪」の三つに分類することができる。

出来事（現象）としての妖怪とは、主に五感を通じて把握される出来事や現象としての妖怪である。たとえば、愛知県北設楽《きたしたら》郡で「ダリボトケ」といわれる妖怪は、「ある峠を空腹の旅人が通ると急にだるくなり、足がしびれて歩行に悩む。この時木の葉でもなんでも一口食べればなおる」とされ、「だるい（だるくなる）」という身体的な生理現象から「ダリボトケ」という名前になった事例である。

存在としての妖怪とは、存在する物事の中には超自然的なものが関与しているとする考えを基にしている。たとえば、狸や狐などの場合では、実際の動物である狸や狐自体を指すのではなく、「化かす」「化ける」といった神秘的な存在としての狸や狐を意味する。「化け猫」や「猫又」もこの考えに影響されているといえるだろう。

造形としての妖怪とは、本来、形がない妖怪を絵画に描くといった視覚化・図像化した（された）妖怪であり、典拠とする出来事や現象などを基に視覚化された妖怪、あるいは全くの創作による妖怪であって、キャラクター化された妖怪である。

一方、お化けとは、その字義通りの「化ける」「化かす」という「変化する」という意味に理解される。たとえば、何かの原因で普通の大きさよりも大きくなったものを「何々のお化け」などというのは「元のものが化けたように大きい」という意味で使われている例である。また「化かす」には「だます」「まどわす」といった人を正常ではない状態にするという意味も含まれている。

妖怪やお化けはこれらの特徴を複合的に伝えていることも多く、そこに妖怪の多様性を見ることができる。そのため「妖怪」といった場合、現在では妖怪とお化けのそれぞれの意味が入り交じった概念として認識されており、「化け猫」や「猫又」もこれに準じているといえよう。

これら妖怪やお化けは、人々がわからないものを前にしたときにどのようにとらえ、またどのようにそれを表してきたのかを示す事象であり、時代性や地域性というものが表れる民俗事象である。そのため民俗学では早くから研究の対象とされ、柳田国男をはじめ、さまざまな研究者による研究の蓄積がある。

猫が化ける

性格の気まぐれさや犬に比べて言うことをきかないといった習性、暗い所でも光る目や顔を洗うような動作、手招きをしているかのような素振りなどから、家畜や愛玩動物の中でもとくに猫は妖怪視されやすく、身近な存在ではあるが人間の察知できぬ神秘性を持った動物とされる。このことが、猫が化ける理由の一つとなっている。また、このような妖怪視は飼い猫に限らず、野良猫や山中にいるとされた山猫などの猫全般にわたり、それらの猫が年を経て「化け猫」になるとされる。

しかし、この化けるとされた猫のすべてがすぐに「化け猫」になるのではなく、「化け猫」になるまでには二つの段階があると考えられる。第一段階は、猫と「化け猫」の中間にあたる状態で、「人を惑わす」といった程度で、ゆくゆくはお化けになることを予感・暗示させる段階である。代表的な話では昔話研究でいう「猫の踊り」や「踊り歌う猫の話」と呼ばれる話の型（話型）[1]などがある。この「猫が踊る」ということは、昔話・伝説を基とした通念として人々に定着しており一般性を持った概念であった。群馬県みなかみ町の「踊り歌う猫の話」の伝承地では、江戸時代から養蚕が盛んであり、ネズミから蚕《かいこ》や繭《まゆ》を守るために猫を飼っていた農家が多かったということに関係して、近所の猫を集めて踊る「猫」の話が伝えられている。また東京都新島の事例でも、漁業を生業とするムラで、餌となる魚をもらえるために自然と猫の数が多かったという地域的な特徴と関連して、近所の猫を集めて踊る「猫」の話が伝えられている。これらの事例では「猫が踊る」という一般性を持っていた概念に加え養蚕や漁業という伝承地の地域性が反映されている。

第二段階とは、「人に化ける」「人を襲う」という状態で、直接、人に害を及ぼす段階である。全国的には第一段階の話の方が第二段階の話よりも多く伝えられており、どちらの段階の猫も忌み嫌われる存在として扱われている。しかし、なかには

図２　猫の踊り

（1）昔話研究では話の主要なモチーフと語られる順序が同じものを一つの話型とする。柳田国男は『日本昔話名彙』で日本の昔話の話型を整理し、関敬吾は外国の昔話研究を考慮して『日本昔話集成』で、新たに話型の整理を行っている。

猫を飼っていた寺が栄えたといった恩返しの話として語られる場合もある。

さまざまな妖怪創作

猫が化けることの前提にあったように、年を経たモノ（動植物や人工の器物など）には不思議な力が宿るとされる考えがあり、それらは「つくもがみ」（つくものがみ、付喪神、九十九神など）と呼ばれる。すべての「つくもがみ」にいえるわけではないが、時には「つくもがみ」が人に災いをもたらす存在（＝妖怪）になるとも考えられていた。モノに対する供養の多くは、役目を終えたことに対する感謝の念から行われるが、「つくもがみ」とならないように供養することと解釈される場合もあり、針供養や人形供養などといったモノに対する「何々供養」にはこの考えの延長線上と考えられる場合もある。この「つくもがみ」の考えでは、年を経たモノの数だけ妖怪が増えていくこととなり、その結果として、人工物の妖怪である傘（和傘、唐傘）のお化けなどが創作されたといえよう。

ほかにも妖怪が創作される場合にはある一定の型が確認できる。たとえば、一九七〇年代に流行した「口裂け女」は、小泉八雲の『むじな』で有名な昔話や怪談の「のっぺらぼう」と呼ばれる話の型[2]（話型）を踏襲している。また、一九八〇年代から流行した「トイレの花子さん」は、便所にまつられる厠神《かわやがみ》や水神などをまつる風習から想起されたとされるなど、比較的近年に創作された妖怪の多くは、昔話や昔からの風習などの伝統的な民俗事象との関連から生まれた妖怪という特徴がある。

（2）ある夜、女が泣いているところを通りがかりの男が声をかけると、振り向いた女はのっぺらぼうで驚いた男は屋台に駆け込み、今見たことを話すとその屋台の男ものっぺらぼうで再び驚くという話。

（3）江戸時代中期以後に流行した絵を主体とする草双紙の一種。表紙の色が黄色、または萌黄色であるところからいう。当時の風俗や世相を反映させた小説が多い。

（4）多色摺りの木版画である浮世絵の総称。美人画や歌舞伎画などさまざまな種類と題材がある。

図3　猫又（鳥取県境港市，水木しげるロード）

水木しげるは妖怪の父か？

ここまで見てきた妖怪やお化けは主に口承（口伝え）の昔話のような形で伝えられていたが、それ以外にも、黄表紙(3)や錦絵(4)、昔話集、紙芝居、漫画などさまざまなメディアでも伝えられてきた。とりわけ『ゲゲゲの鬼太郎』などで知られる水木しげるは、漫画家という枠を超えた研究家という一面も持ち合わせており、妖怪を広く一般に周知させている。水木は妖怪を題材にした漫画を描く一方でいわゆる「妖怪図鑑」的な書籍・画集を多数執筆した。江戸時代の鳥山石燕《とりやませきえん》や桃山人《とうさんじん》などの画集や絵巻類を参考としながら、姿の無い妖怪たちに形を与えた。水木が描く妖怪は、漫画と共に一般の人々が思い描く妖怪像に少なからず影響を与えている。

この水木の出身地である鳥取県境《さかい》港《みなと》市では、妖怪のブロンズ像が並ぶ水木しげるロード（一九九三年開設）や妖怪神社（二〇〇〇年創建）などを中心に、観光地としての地域づくりを進めている。しかし、これは妖怪という民俗事象を直接使った観光資源化ではなく、水木の描いたキャラクターを使った観光資源化である。水木は民俗学を中心とした先行研究を踏襲しつつ、妖怪というキャラクターを流布させた人間ではあるが、妖怪を創作したという意味での妖怪の父ではない。近年の妖怪ブームにより民俗学でも再び妖怪研究が脚光を浴びているが、このキャラクター化された妖怪と口承で伝えられてきた妖怪とは区別して考えるべきであろう。

環境の変化は妖怪観にどう影響しているのか？

開発による自然環境の変化や都市化による社会環境の変化などにより、伝承されてきたかつての事情（話の中の周辺情報）がわかりにくくなったことで、妖怪も理解しにくくなってしまったといえる。たとえば、妖怪の話として各地に多く伝承されてきた狸や狐は、都市はもちろん、郊外や地方においてさえも、実際の生態を見る機会が少なくなり、その習性や動物たちが身近にいるという現実観は薄れている。また、物を大量に消費する消費社会にあっては、物が耐用限度まで使われない傾向にあり、「つくもがみ」などの年を経たモノに不思議な力が宿るという観念は希薄化してしまったともいえる。それはいわゆる民具(5)などに代表された物が「身近ではなくわからない物」に変わってしまったことと関係しており、これらがモノの妖怪の衰退に影響しているであろう。また、これまでの伝承方法であった年長者による口承の機会の減少もその速度を加速させているといえよう。

　このように妖怪を取り巻くさまざまな環境が変化することによって、その伝承は衰退したといえる。しかし、前述の「口裂け女」や「トイレの花子さん」のように、ある一定の型を守りながら新しい妖怪が創出されることや、伝承されてきた妖怪に時代性を反映した修正がなされるなど、妖怪の新たな変容が確認できる。たとえば、「ツチノコ」はツチコロビなどとも呼ばれ、蛇や横槌《よこづち》(6)、菰編台《こもあみだい》(7)の部品である「ツチノコ」などを例にその容姿を伝えていたものが、一九七〇年代の流行以降、ビール瓶を例に容姿を伝えることが多くなっている。また、猫が化けた場合でも「頭に手拭いをかぶって、肩にハタキをかつぎ、二本足で立った猫が十何匹かが、トラを大将に『兵隊ごっこ』をしている」など、時代性を反映した伝承が確認できる。

（小林光一郎）

（5）生活する中で製作・使用される道具や造形物の総称。渋沢敬三（一八九六～一九六三）により提唱された学術用語。おおむねその対象は生活や生業、民間信仰などにかかわる実物資料で、研究者によっては既製品ではないモノに限定される場合もある。

（6）丸い木を削り柄の部分を細くし、頭部の側面（寸胴部の側面）で打つ。藁打ちなどに用いる。

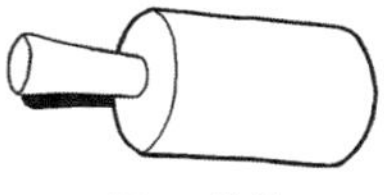

図4　横槌

（7）マコモ（イネ科の多年草）や藁《わら》で筵《むしろ》を編む台。

図1
大阪城公園の花見（2013年４月）

Question 27

花見はいつから始まったのか？――花を愛でる心と季節感

日本文化としての花見

毎年一月下旬になると、民間気象事業者から桜の開花予想が発表される。これは主にソメイヨシノを対象としたもので、待ちに待ったとばかりに、その内容はテレビや新聞でいっせいに報じられる。またこの頃、さまざまな雑誌でも桜や花見にかんする記事が目立つようになる。私たちが桜の開花をいかに心待ちにしているのか、その期待感の大きさをうかがうことができる。

一般に花見といえば桜を対象とし、家族・友人・会社・地域の人々が、公園・社寺・堤防・野山など桜の名所に出かけ、飲食をしながら咲き誇る桜を愛でる春の一大行楽行事である。しかし、こうした花見は近世都市の花見に起源を持つものであり、宮廷や武家の花見、民俗信仰を背景とした農村の花見では、梅・桜・藤・躑躅《つつじ》・石楠花《しゃくなげ》など、さまざま花が花見の対象とされていた。

花見の特徴は、群れ咲く桜のもとに、大勢の人々が集まり、飲食を共にして過ごす点にあるとされ、「群桜」「群集」「飲食」が花見の三要素といわれている。花見は春の訪れを実感する機会というだけではなく、入学・入社などの社会的な節目の時期とも重なり、今もなお日本文化の中に深く根づいたものとなっている。なお花

図2　神泉苑（京都市中京区）

を愛でるという行為は世界各地に存在するが、日本のような花見は、ブラジルの日系人を除いて、世界に類例を見ないとされている。

宮廷や武家の花見

古代の宮廷では、梅・桜・藤・菊など春秋の花を愛でる花の宴が行われていた。儀礼としての花の宴は、平安時代前期の八一二（弘仁三）年に嵯峨天皇が神泉苑で行ったものが最初とされ、その後、宮廷でも桜を観賞する宴が開催されるようになった。また「桜狩」と称し、桜花を求めて京の周辺の寺院や野山を訪ね歩くことも行われていた。

奈良時代以降、歌に詠まれた花に注目すると、『万葉集』では梅を対象としたものが多数を占めていたが、『古今和歌集』では梅から桜に変わっており、貴族のあいだでは奈良時代から平安時代にかけて、愛でる花の主流が梅から桜に入れ替わったとするのが定説となっている。

鎌倉時代には武家の間でも桜の花見が行われていた。鎌倉の地には桜が多く生育し、なかでも永福寺《ようふくじ》（応永一二（一四〇五）年焼失）の桜は有名であった。『吾妻鏡』には、永福寺や鶴岡八幡宮のほか、三浦半島にも出かけ、船上から桜の花見を行ったことが記されている。室町時代には足利将軍による花見が行われ、また一五九八（慶長三）年の醍醐寺《だいごじ》三宝院《さんぼういん》での秀吉による「醍醐の花見」には多くの大名が参加し、大規模で豪華絢爛な花見として歴史にその名が残っている。このように、時の為政者による花見は、権威や権力を背景にした花見であったといえる。

図3　大阪の天道花売り
（『浪花風俗図絵』）

農村の花見

農村では農作業が始まる三月から四月の特定の日に、村の行事として花見が行われていた。たとえば、奈良県五條市では三月三日を「花見」と呼び、老幼男女を問わず、村人が連れ立って見晴らしのよい丘に登り、鮓や酒肴で飲食をして一日を過ごした。また岩手県雫石町《しずくいしちょう》でも四月一日を「花見」「山見」と呼び、仕事を休んで野山に出かけて飲食をして終日遊んだ。ただし農村の花見は、単に花を観賞するだけの行事ではなく、千葉県旭市・銚子市あたりでは、旧暦四月中の一日を「花見正月」と呼び、早苗取り初めの祝い日とされており、花見が稲作と結び付いた行事であったことがうかがえる。

四月八日にも花に関する行事が集中していた。岩手県下閉伊《しもへい》郡では四月八日を「花見八日」と呼んだ。また新潟県刈羽《かりわ》郡では四月八日を「藤の花立て」といい、晴れ着姿で近くの山から採ってきた藤の花房を薬師如来に捧げるといって家の仏壇に供える行事があった。関西地方では四月八日に、高い竹竿の先に躑躅《つつじ》や石楠花《しゃくなげ》などの花を結びつけ、家の庭先に立てる行事が行われていた。京都・大阪から中国四国地方では「天道花《てんとうばな》」、奈良県高市《たかいち》郡では「八日花《ようかばな》」、播州では「高花《たかばな》」、和歌山県有田《ありた》郡では「夏花《げばな》」と呼ばれていた。四月八日は、山から花を摘んで家に持ち帰り、神仏に供えるための祭日であった。

このように、農村の花見や四月八日の行事は、桜に限定されるのではなく、時期や場所によって藤・躑躅《つつじ》・石楠花《しゃくなげ》など折々の花が対象とされ、農事の開始にあたって稲の豊作を願う行事として行われていたのである。こうした農村での花見の行事

図4　安井天神山の花見
（『摂津名所図会』巻二）

が先行的に存在する中で、桜の花の観賞に重点を置いた行楽目的の行事として誕生したのが、近世都市の花見であった。

近世都市の花見

近世都市の花見は、都市近郊の丘陵地や川の堤防沿いなどに桜が植樹され、新たな花見の名所が造られていく中で、都市住民の活力を背景としながら誕生した都市の娯楽文化の一つであった。

江戸では桜の名所といえば寛永寺のある上野であったが、享保の頃から将軍吉宗の命によって、飛鳥山・御殿山・墨田堤などに桜の植樹が行われるようになり、農村と接する江戸近郊において、都市住民のための花見の新名所が造成されていった。大坂の花見は、江戸の賑わいには及ばなかったが、淀川堤と桜宮の一帯が水都らしく水辺の桜を楽しむ名所となっており、その他にも生玉《いくたま》・安井天神山・新町九軒町・天保山などが花見の名所として知られ、隆専寺の糸桜など上町台地《うえまちだいち》の寺院には桜の名木も多くあり、開花の時期には大勢の花見客が押し寄せた。

近世都市の花見は、「貴賤群集《きせんくんじゅう》」という語でしばしば表現される。これは日常の人間関係を越えて、さまざまな階層の人々が大勢群がり集まった状態をさす言葉である。花見に集まった人々は、互いに短冊や色紙に書いた詩や歌など、日常の言語とは異なる媒体をとおして交流したり、飲食を共にし、滑稽芝居を楽しんだりしたのである。花見は近世都市の住民にとって、芝居見物や社寺参詣とならび、一日をかけた行楽行事として定着していったのである。

(1) 文明開化において桜は新しい日本の象徴であった。その後、軍国化が進展するなかで、パッと咲いて散る桜の様が、戦死を美化する象徴となり、国民精神の高揚に大きな役割を果たした。

図5　日露戦勝記念のソメイヨシノ（京都・鴨川東岸）

近現代社会と花見

明治時代以降、桜は国の花であり、国民精神の象徴とされ(1)、日清・日露の戦勝記念として各地の城・道路・堤防などで植樹が進められた。また動物園・植物園の建設や、地震・台風の災害復興記念などにも桜の植樹が行われ、そうした場所が花見の名所となり、広く庶民に桜の花見が広がっていった。こうした桜の植樹で主役となったのはソメイヨシノである。ソメイヨシノは幕末から明治初期に江戸駒込の染井村（東京都豊島区）で誕生した桜の一品種で、接ぎ木が容易で成長も早く、どこで植えても同じように咲くことから植樹に用いられることが多く、全国各地に広まっていったのである。

このような歴史を経てきた桜の花見であるが、私たちは現在、何を目的として花見に出かけるのであろうか。花見の三要素とされる「群桜」「群集」「飲食」に注目し、現代の花見を観察してみると、花見の目的として、①咲き誇った花を愛でる、②群集の中に身を置き、花見の賑わいを楽しむ、③共同飲食をとおして、花見を共にする地域・職場・家族・友人との交流を深める、といった点を見いだすことができる。これら三つの花見の目的にかんして、それがどういう意味の行為かという視点からすると、①は花を媒介として人と自然が交流する行為、②は群集の一人として非日常の賑わい空間を体感する行為、③は非日常空間での共同飲食を媒介として人と人が交流を深める行為、といえる。現代の花見は、こうした三つの目的・行為から成り立っており、花見の行事が毎年繰り返され、日本文化として根づいているのは、花見を構成する三つの目的・行為が、春という一年の節目にあたって、私たちの暮らしに欠かせないものとして一定の役割を果たしているからであろう。

花見と季節感

本州よりも一足早く春が訪れる沖縄では、一月下旬から二月にかけてが桜のシーズンである。沖縄の桜は濃いピンク色のヒカンザクラで、桜の開花に合わせた観光イベントで賑わうが、本州のような宴を伴った花見の習慣は見られない。

北海道では、函館・松前・江差などを除くと、桜は本州ほどには多くなく、花見の習慣も基本的には存在しない。北海道で自然を愛でながらの宴といえば、紅葉シーズンに行われる「観楓会《かんぷうかい》」と呼ばれる行事がある。観楓会は、温泉での一泊程度の宿泊を伴う宴会で、職場や町内会などの人々が集まる親睦会のようなものである。桜をめぐっては、本州とその南北では列島の自然にかなりの地域差があり、花見のない北の地域では、秋のシーズンに観楓会というその季節ならではの行事が行われているのである。

なお一九九〇年頃から、気候の温暖化の影響により、都心部を中心に桜の開花時期が早まる傾向が指摘されている。従来、関西から関東にかけては、桜の開花と四月の入学・入社が結びつくイメージがあったが、近年は桜の開花時期の早まりによって、桜の開花が三月の卒業シーズンと接近しつつある。桜をめぐる私たちの季節感にも微妙な変化が表れているのかもしれない。

（伊藤廣之）

Question 28

盆と彼岸にまつるご先祖様は誰か？——祖先祭祀の変容

図1　仏壇に安置された位牌（新潟県佐渡市北立島）

帰省ラッシュと先祖

盆休みになると多くの人々がいっせいに故郷にある実家を訪れる。この時期の帰省による交通機関の混雑は日本の風物詩ともいえる。単に帰省するのであれば時期を変えれば済むはずなのに、そのようなことはほとんど行われない。

帰省ラッシュは交通機関が発達した現代ならではの光景であるが、ごく限られた盆の期間に帰省をすることは今に始まったことではない。日本各地では盆の時期に魚や砂糖などの贈り物を持参して存命している親を訪ねるものとされ、これを生盆《いきぼん》や生見玉《いきみたま》と呼んでいた。生きている親に会うことが盆の目的の一つとされてきたことは、現在にも共通しているのである。そしてこの期間中に当たり前に行われているのが墓参りなど、先祖を供養するために行われる行事である。盆ほどではないが、春と秋の彼岸にも盆と同様に帰省し、墓を掃除してお参りするが、これも馴染みのある光景となっている。これも先祖と深く関連する慣行である。現在の生活において、決められた時期に先祖をまつることは当たり前のことであり、私たちの生活を強く規定している。それでは先祖という言葉は誰をさしているのだろうか。説明を求められると答えに窮する人が多いのではないだろうか。

図２　迎え盆（新潟県佐渡市北小浦）

先祖は誰なのか

先祖が誰なのかを考える上でヒントになるのは位牌である。位牌は故人を供養するために作られるもので、通常は仏壇に置いてある。図１は新潟県佐渡市北立島《きたたつしま》のある家がまつっている位牌である。位牌には戒名が記されているが、ずいぶん古いものもあって血縁関係は分からない。しかしすべてこの家で亡くなった人であることは確かだという。この例に限らず、その家で亡くなった人の位牌を作ってまつるのが一般的である。

ところで、家で亡くなるのはどのような人々なのか。「昔はキョウダイが沢山いた」という話を耳にすることもあると思うが、その人々のすべてが先祖となるのだろうか。二〇年ほど前に調査で訪れた埼玉県ふじみ野市下福岡のある家に住むお婆さんは、親の世代に四人、自分の世代には八人の子どもがいたという。しかし最終的に家に残ったのは各世代に一人であった。家に残るのは一世代に一人のみという形式は、日本の家の特徴である。残った子どもがほかの家から配偶者を迎え夫婦となる。夫婦は同じ姓を名乗り家を継ぐので、必然的に一つの世代が一組の夫婦のみの構成となる。ただし、現実には結婚をする前に亡くなる者もいので、このような人々の位牌も作られてまつられている。とはいえ、一人の子どもが家に残り、ほかの家から配偶者を迎えて家を継承するという姿は、日本の家の理想型とされてきた。

家と先祖

新潟県佐渡市北小浦では新暦八月一四日が迎え盆とされており、夕方に集落の墓地へ先祖を迎えに行く。各家では迎えに行く前に盆棚[1]を作っておき、墓から迎えた先祖を盆棚にまつる。普段は仏壇に置かれている位牌は、盆棚の上にのせ、先祖をもてなすための料理を供える。送り盆の一六日まで家族と同じ食事を盆棚に供える。北小浦では先祖は船に乗って帰るとされており、一六日の朝に小型の船を作る。現在は集落内の四つの組ごとに作っているが、昔は家ごとに船を作っていた。夕方になると盆棚の供え物を船に載せてから海に流して先祖を送る。

一連の行事からわかるのは、家ごとに先祖を迎えて、盆棚を作って先祖を歓待し、家ごとに送るということである。日本各地の盆行事はさまざまであるが、家ごとの行事として行われるという点ではほぼ共通している。すなわち盆に来る先祖は、家で亡くなった人に限定されているのである。彼岸に自分の家の墓を参ることも、盆と同様に家を範囲としたものといえる。旧家に保管してある家系図などには家の範囲をはるかに超えて血縁関係が記されているものがあるように、血縁は家の範囲にとどまらない。しかし、盆や彼岸は、家で亡くなった人を先祖とするのである。

ただし、家で亡くなったすべての人を先祖とする訳ではない。埼玉県鶴ヶ島市では一九八九年当時、盆棚の上に先祖を歓待するための料理を並べ、盆棚の下に無縁様のための棚を別に用意していた。無縁様とは子どものうちに亡くなった者や、結婚せずに亡くなった者であるとされているから、ここでいう先祖とは結婚して家を

図3　盆棚（秋田県山本郡三種町）

（1）盆の時期に臨時に作られる棚で、仏壇から取り出した位牌を並べ、そのころ収穫された作物を飾る。

図4　念仏講（千葉県館山市布良）

継承した代々の夫婦ということになる。千葉県館山市布良《めら》では故人を供養するための念仏に同じような区別が見られる。布良では集落の老人女性が念仏講を組織し、盆や葬式に際して念仏を唱えている。このとき男性には「秩父」女性には「坂東」と呼ぶ念仏を唱える。ただし結婚前に亡くなった男性には「岩船」女性には「機織姫」と念仏を変える。ここにも未婚のうちに家で亡くなった者を区別する観念が見られるのである。

融合する先祖

盆に先祖を送ったり迎えたりする際に、歌を歌う例が知られている。鳥取県西伯《さいはく》郡では先祖を迎える際に火をたいて「盆さん盆さん　このあかりでございやあし」と歌う。長野県下高井郡では先祖を送る際に「じいさんばあさん　このあかりでおけりやれおけりやれ」と歌う。「盆さん」や「じいさんばあさん」と歌っていることから、先祖を個別に呼ぶのではなく、一人ないしは男女の老人として呼んでいるのがわかる。群馬県館林市では、以前は「じいちゃん、ばあちゃん、おぶっちゃらせ（おんぶしますよ）」と言って迎え、現在でもおんぶする真似をして先祖を迎えている。

「盆さん」「じいさんばあさん」と歌にしない地域でも、盆棚に供える食事には同じような傾向が見られる。佐渡市北小浦では三つのお膳を盆棚に供える。十数個の位牌を並べる家でも、お膳は三つとされている。鶴ヶ島市では盆棚の上にお膳を二つ、盆棚の下の無縁様に一つお膳を供えるが、これも位牌の数にかかわらない。盆

図5　新仏を迎えるための高灯籠
（新潟県佐渡市北小浦）

に迎える先祖は、家で亡くなった人々を個別に迎えるものではなく、「盆さん」や「じいさんばあさん」として一括して迎えて送る慣行が見られることから、盆は家で亡くなった人々を個別に迎えてはいないことがわかる。

とはいえ、亡くなった人の記憶はすぐに薄れるものではない。盆行事や故人の供養も同様で、亡くなってしばらくは個人として供養される。亡くなって初めて迎える盆を初盆や新盆などと呼び、他の先祖とは別に迎える慣行は各地に見られる。佐渡市北小浦では亡くなってから三回目の盆までは新仏と呼び、先祖とは別に迎える。新仏を迎える家では八月一日に高灯籠《たかどうろう》を立てる。灯籠の台座は竹で組み、中心に長い杉の木を結びつける。灯籠を片付けるのは九月一日である。二年目、三年目になると灯籠は竹の台座のみとなるが、迎える期間は変わらない。

新盆が済んだ後も、死後行われる一周忌、三回忌など個別の供養は継続する。しかし三十三回忌ないしは五十回忌を最後に、一個人としての供養は行われなくなる。以降は盆や彼岸に家の先祖として供養されるのみとなる。死者は個性を失い、完全に家の先祖に融合してしまうのだと理解できる。

先祖観の変容

ここまで見てきた先祖をまつる行事と先祖観は不変ではない。家で亡くなった子どもや未婚の子女を盆棚の下で供養するという話は、現在の調査ではほとんど聞くことができない。先に見た鶴ヶ島市でも一九八九年の時点で、先祖と無縁様を区別せず一括して盆棚の上にまつるようになった家が増えてきていた。家で亡くなった

図６　二年目以降の新仏のための灯籠
（新潟県佐渡市北小浦）

者のすべてを先祖と考えるようになってきたのだといえよう。

　筆者の実家では盆に先祖を迎えたことはない。筆者の両親はともに地方の生まれであるが、高度経済成長期に家を出て新しい家庭を持ち、幸い両親も健在である。だから家には迎えるべき先祖はいない。ところが筆者の実家には仏壇があり、父方の祖父母の位牌がある。本来の位牌は父の兄の家にあるが、位牌の写しを作り仏壇に置いて毎日供養するようになったのである。母親の両親の位牌は作っていないが遺影を飾り、こちらも毎日供養している。このような例は少なくないのではないだろうか。

　筆者自身の生活体験からご先祖様は誰なのかを答えることは難しい。しかし、各地に伝わる盆や彼岸の行事に見る先祖供養の姿は、筆者の実家で行われるような供養のあり方とはずいぶん異なっていることがわかる。

　また都市部などを中心に、家で亡くなった者以外の位牌をまつる例が見られるようになった。新しく家を作った男性が実家にまつられている両親の位牌の写しを作って家でまつったり、嫁入りした女性の両親の位牌を作ったりする例は、現在では珍しくない。筆者の実家の例も新たな変化の流れにあるといえるかもしれない。

（小野博史）

次の扉を開くための読書案内

小野佐和子『江戸の花見』築地書館、一九九二年

江戸の一七世紀から庶民の花見の場となった上野、飛鳥山、御殿山、隅田堤は田舎と接する地点にあり、人々は日常生活から自由になり、開く花に再生する命を、散る花に御霊の跳梁を感じた。日本各地の野遊び、花見の風習も参照しながら、そこに経済力を背景とした町人層が豪華な衣装を誇示したり、身分の上下・男女・年齢・僧俗といった枠をゆるめ、性的自由の雰囲気に満ちていたことを述べる。

樫尾直樹編『文化と霊性』慶應義塾大学出版会、二〇一二年

霊性文化を①心理療法やカウンセリング、ヒーリングの思想と実践などの「臨床文化」、②伝統的な宗教文化の中で培われてきたヨーガ、座禅などの瞑想、巡礼などの「宗教文化」、③自分の魂を磨くことに通じるとされる「掃除」、自然とともに生きることをめざす「環境文化」、④霊的世界を表現する表象文化と霊的世界との交流として展開される「大衆文化」に分け、霊性文化の歴史と現在を述べる。

桜井満『花と日本人』雄山閣出版、一九九四年

日本人と花とのかかわりを、生け花、五節供にまつわる花、松竹梅の歴史、十二か月の月ごとの花などに分けて述べている。全体として生け花の源流を説くものであるが、稲作を中心にした農耕生活において、神を迎えるために季節の植物を立てて依り代にしたという節供の花の意味を説き、『花伝書』にみられる桜、紅葉の記載や、『百人一首』の花の紹介をする。

島薗進『スピリチュアリティの興隆——新霊性文化とその周辺』岩波書店、二〇〇七年

一九七〇年代、八〇年代にニューエイジや精神世界と呼ばれ伝統宗教の枠に収まらない新たな動きを新霊性文化とし、概念の明確化と日本の最近までの動向を記述する。そして、その一端をグノーシス主義の伝統と照らし合わせ、今日、新たに宗教的なものの役割が増大していることとのかかわりを述べる。スピリチュアリティに関してさらに深く知ることができる。

R・J・スミス（前山隆訳）『現代日本の祖先崇拝——文化人類学からのアプローチ』上・下、御茶の水書房、一九八一年、一九八三年

戦後、急速に変化する日本の祖先崇拝の様態を統計資料、聞き取りデータ等によって跡付ける研究で、欧米人のモノグラフを積極的に利用し、日本人には気づきにくい行為にも言及しつつ先祖の供養の仕方、イエの中での権威、先祖崇拝の解釈などにまとめる。

松谷みよ子『現代民話考10　狼・山犬・猫』立風書房、一九九四年

狼、山犬、猫に関する民話の話例とその分布が紹介されている。聞き書き資料ばかりでなく、全国に三千通あまり出したアンケート調査の成果がまとめられている。猫については、「猫の怪」「猫の笑い」「猫さまざま」の三項に分けて記述され、人間に化けて人をだます、化かされて魚をとられる、猫と角力をとる、猫の踊りなどの事例が幅広く記述されている。

第8章　くらしと信仰

病気や不幸が続くと、人はその原因を考えたり神仏に救いを求めたりする。わが国のカミは八百万《やおよろず》の神であり、祈りの文化は多様性に富む。人々が普段携帯するお守りも祈りの文化の一つである。そのような風土のためであろうか、多くの人が俗信を受け入れてしまうこともある。一九六六年の丙午《ひのえうま》の出生数減少はその一例であろう。

わが国は一八七三（明治六）年に太陽暦を採用し、近代化を積極的に進めたが、現在のくらしの中には太陽暦採用前の太陰太陽暦が旧暦として生き続けている。さらに、旧暦で七月に行われていた盆を一か月遅らせて実施することで旧暦の感覚を残そうとするなどの工夫がなされる。本章は、誕生と丙午の俗信、暦と行事、年齢の民俗、祈願とまじないという四つの視座を設定して、私たちが何気なく過ごしている日常のくらしにおける俗信と信仰のありようについて考える。

Question 29

丙午って何?——誕生と俗信

ヒノエウマと聞いて何を思い浮かべますか?

丙午と書いてヒノエウマと読む。読み方がわからない、あるいは読めたとしても何のことかわからない人は多いだろう。二〇代の人々に聞いてみたが「聞いたことがない」人が七割以上であった。では「丙午」を「知っている」人は何を思い浮かべただろうか。二通りの反応が考えられる。一つは「暦?」「エトでしょ?」という反応。そしてもう一つは何らかの悪いイメージを思い浮かべるという反応である。

これから丙午にまつわる俗信について述べるが、読み方さえ知らない人に伝えるべきかどうか、実はとまどっている。この俗信をめぐって読者諸氏も少し考えてみてほしい。

「丙午」は暦のひとつ

丙午というのは、干支《かんし》(エト)の一つである。エトといえば、「あなたのエトは?」と聞かれて「辰《たつ》年です」などと答える人は多いだろう。しかし「辰」は十二支の一つでしかない。干支は十干と十二支の組み合わせである。十干は甲乙丙丁戊己庚申壬癸の一〇の文字、十二支は子丑寅卯辰巳午未申酉戌亥の十二の文字で、一

○文字の干と十二文字の支を組み合わせた六〇の干支は年月日、時間、方位を表す記号である。六〇を周期として年や日にちを数える干支が暦として使われた。戊辰《ぼしん》戦争の戊辰《つちのえたつ》も丙午と同じ六〇年に一回巡ってくる年である。庚申講《こうしんこう》[1]という行事では、六〇日に一回の庚申《かのえさる》の日に人々が集まって講を催す。つまり丙午の年も丙午の日もあり、丙午は六〇年あるいは六〇日に一回巡ってくる。

ここまでは何も問題はない。問題は丙午に対する意味づけにある。十干十二支を表す文字は単なる記号だったが、五行説に基づき甲乙は木、丙丁は火、戊己は土、庚申は金、壬癸は水に配当されてその価値観を付与され、十二支もインドの十二宮を支配する十二獣を当てはめ、その動物の性格からの解釈が生まれた。「丙《ひのえ》」という単なる記号に火のイメージがつきまとい、丙の年には火事が多いとする説が江戸時代に広まった。さらに、丙午生まれの女性は気性が激しく夫を食い殺す、というまさに迷信と言うべき俗信が生まれた。筆者にとまどいがあったのは、この迷信が人々の心を傷つけ、行動を規制した歴史があったからである。

丙午に生まれた苦しみ

丙午生まれの女性に対する迷信は、恋しい男にもう一度逢うために火付けをして火刑に処せられた八百屋お七[2]が丙午の生まれであった、という俗説も後押しをして広まった。『日本産育習俗資料集成』には、「夫を食い殺す」「気位が高く、夫を殺す」「不貞」「財産を食いつぶす」ので、丙午の女性との結婚を嫌うという民俗事例が記録されており、筆者も埼玉県川越市の女性（一九二七年生まれ）から「男だけで

（1）庚申の日に当番の家に集まって、庚申様を拝み飲食をする。庚申信仰では、寝ている間に、三尸《さんし》と呼ぶ虫が体内から抜け出て天帝に罪状を告げるとされる。そのために庚申講では徹夜をする慣行であった。

（2）井原西鶴『好色五人女』では、八百屋お七が恋人に会いたい一心で放火をして捕まって火あぶりの刑に処せられた。このお七が丙午生まれであることから火に通じる俗説が広く流布したとされる。

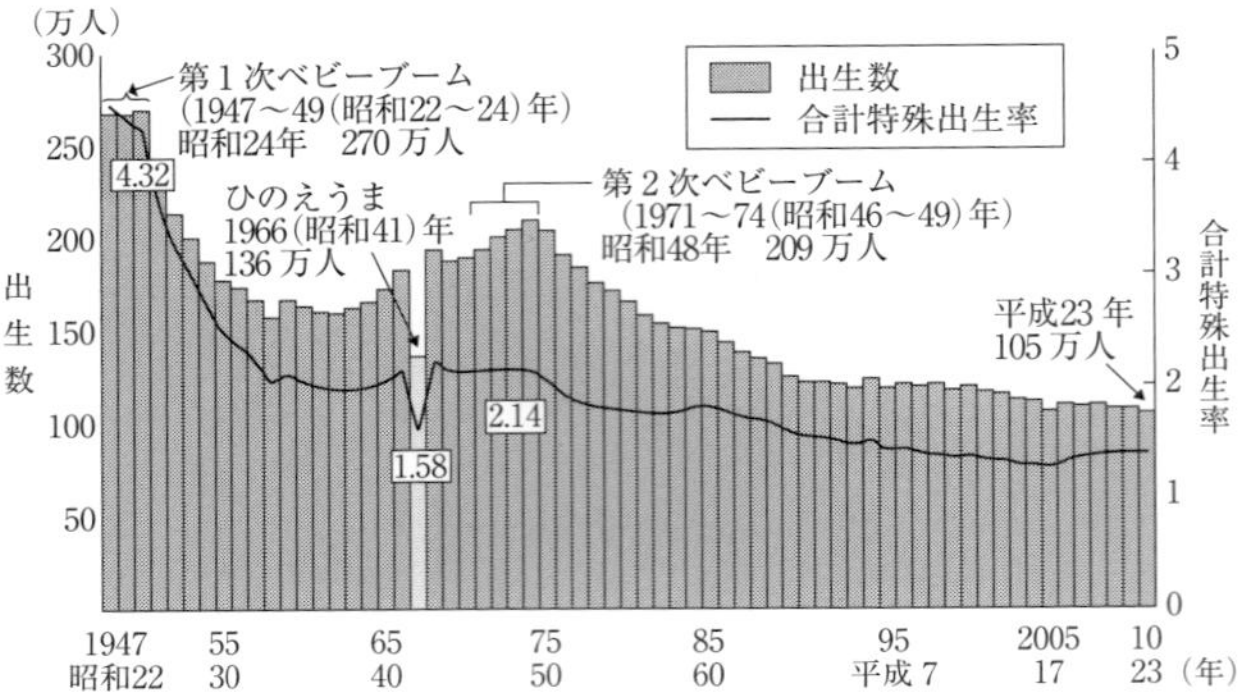

図１　出生数と合計特殊出生率の推移

注：合計特殊出生率とは，15歳から49歳までの女子の年齢別出生率を合計したもので，１人の女性が仮にその年次の年齢別出生率で一生の間に子どもを産むとした場合の平均子ども数をいう。

なく身上も食いつぶす」という話を聞いた。先述のごとく「丙」も「午」も単なる記号で、それに対する解釈は根拠のない俗信である。しかしそれに苦しめられた人も多くいたのである。とくに丙午である一九〇六年生まれの女性たちの中には結婚できないことを苦にして自殺したり、自殺を試みた人たちがいた。群馬県勢多郡粕《かす》川《かわ》村（現前橋市）では、母親から「おまえが死んだらお祝いしてやる」と逆さまにおんぶされていじめられたり、夫が怪我をしたのは自分が丙午だからと悩んだりした人たちがいた、という事例が報じられている。いじめられたのは「夫を殺す女」だからである。そのため年齢を上下に偽って結婚した人もいた。

一方、彼女たちの就業比率が高いというデータもある。やはり「結婚できない」から手に職をつけた人が多かったと考えられる。

丙午に産まないということ

この迷信を回避するためにはその年に出産しないという選択があった。一九〇六年の出生率は前年比五パーセント減であった。一九六六年には二六パーセントも低下（図1）、結婚件数は前年より一万五千件も減少し、とくに一月から三月の結婚が少なかった。出生率の低下や結婚件数の減少は「来年が丙午」という情報がマスコミによって全国的に広まった結果であった。埼玉県川越市の助産婦も、当時、産婦人科医から堕胎の紹介依頼が多かったと回想する。またこの年に出産した兵庫県の女性は、産むことを反対されて悩んだという。

この状況に群馬県粕川村では、村をあげて丙午俗信追放運動を展開した。具体的には、保健係長と保健婦らが一九〇六年の丙午年生まれの女性たちにアンケート調査を行い、実際には丙午の女性の夫は早死にしていない事実を示し、統計的に俗説であることを明確にした。そして小冊子『母子保健と迷信』を作成して妊産婦や関係機関に配布して啓蒙に努めた。同書では、丙午俗信は根拠のない「人災」であるとした[(3)]。しかし、この活動も大きな効果にはつながらなかった。「迷信」の力は大きかったのである。

一九六六年に生まれた女性たち

では、一九六六年の丙午に生まれた女性はどのような人生を歩んでいるのだろうか。

筆者はかつて都内の女子高校で丙午生まれの学年を教えたことがある。今回、教え子を中心に直接話を聞いてみた。彼女たちの第一声は「同学年の人数が少なく、競争が少なくて得した」「のんびりしていた」というものだった。実害を被らなかった人が多かったようである。しかし調査を進めると、神奈川県伊勢原市や東京都町田市、群馬県で「財産を食いつぶす」など丙午を理由に結婚を反対された人々がいることも判明した。彼女たちは全員そのハードルを乗り越えて結婚し、幸せに暮らしている。滋賀県長浜市の女性も「のんびり育てられ」お見合いで市内の家に嫁いだ。夫の祖母は丙午をやや気にしていたらしいが「夫の両親もさばけた人」で、現在も幸せに暮らしている。彼女の夫は「彼女？　気ぃ強いですよ」と冗談ではいうが、それは世の夫のほぼすべてが口にするのと同じであろう。ただし、バリバリ仕事をしている丙午生まれの彼女たちの中には「いやぁ、君やっぱり丙午だとつくづく思った

（3）『母子保健と迷信』はサブタイトルが「ひのえうまの迷信を解消するために」である。粕川村の母子健康センターが勢多郡内の保健婦の協力を得て、丙午女性の夫が早死にしたかなどを統計的に調べたデータと啓蒙的文章からなる。

よ」などと上司にいわれた人もある。「やっぱり気が強い？」と彼女たち自身が再確認してしまうようだが、これも六〇年に一度出現するほどの気の強さではあるまい。

筆者の個人的印象では、丙午の生徒たちは明るくて元気で素直な子が多かった。それは「丙午とか気にしないで生んだ親なので、物事に拘泥せずおおらかに子育てをした結果ではないか」と彼女たち自身が分析していた。「受験は有利だった」「競争が激しくなかった」というが、国公立大学への進学はやや有利だったものの、多くの大学では入学者数の調整もあり、さほど有利でもなかったらしい。結婚比率はやや低いが、結婚できない人が特別多かったわけでもない。他の学年よりもかなり人数が少なく、のんびりしていたのは事実であろうし、「受験に有利だった」という自意識が持てたことは大変に良いことであった。先に述べたように、明治の丙午世代はつらい目にあったようだが、昭和の丙午世代は、結婚を反対されていやな思いをした人がいたものの、大半は良い伴侶に恵まれ、幸せな生活を送っているといえる。

嫌われたのは丙午だけではない

実は嫌われたのは丙午だけではない。丙寅《ひのえとら》の女性は男を七人殺す、五黄《ごおう》の寅の女は気が強い、寅年の女は婚家に落ち着かない、病気になりやすい、といわれた。(4)川越市では一九二六年寅年生まれの女性が出生届を遅らせた例があった。また、さいたま市の明治生まれの女性からは「未年の女の方が男運を下げる」と丙午より悪いという話も聞いた。その他、丙子《ひのえね》の年や日の出産は母子ともに危険、庚申の日に妊娠したり、庚申の年、日、刻に生まれたりした子は大泥棒になる、丑の日に生

（4）丙寅に生まれた女性は夫に乗り勝つといわれて、江戸時代には忌まれていた。明治以後は騒がれなくなったという。

まれた子は天変地異に遭う、など『日本産育習俗資料集成』や『日本を知る事典』などを繙《ひもと》けば、これらの事例は枚挙にいとまがない。

これだけではなく、過去の人々は日常生活のあらゆる行動も暦に縛られていた。農作物の種を蒔く日も方角も、暦に記載された内容で決めていた。たとえば丙午だった一九〇六年の暦には、午の方角を向いて種を蒔いてはならず、出産をするときには辰の方を向いてはいけないし、辰の方角を向いて大小便をしてはならないと書いてある。これは毎年変わったので、暦を見ては行動を戒めていたのである。

迷信を信じるか否か

二〇二六年には丙午が巡ってくる。日本人は占いが結構好きで、またマスコミ、インターネット情報にも弱い(5)。再び丙午俗信が頭をもたげるかもしれない。読み方すら知らなかった人もこれを信じるのだろうか。ここまで読んだあなたはすでにこの迷信がもたらした悲しい過去の事実を知り、また丙午生まれの女性たちが不幸にはなっていない事実も知った。それでもこの迷信を信じ、産まないことを選択するなら、毎日の小便をする方向も気にしてほしい。それを気にしないのに「丙午」だけ気にするのはおかしいと、もう気づいただろう。

筆者自身は俗信や迷信が大好きである。俗信の中には日本文化のおもしろさを見つけられる手がかりがあるからだ。迷信も否定したくはない。しかし、苦しむ人が出るような迷信は、それを克服するのも人々の知恵であろう。

（浅野久枝）

（5）マスコミによる宣伝はいつの時代にも大きい影響を与える。宣伝の善し悪しを判断できる教養と良識が望まれる。

Question 30

「月遅れ」って何?——暦と行事

月遅れで行われるさまざまな行事

「月遅れ」とは、本来旧暦で行っていた行事を、新暦の一か月遅れの同日に行うことである。新暦を基準にしながらも、それまでの行事の季節感を維持して実施するための工夫であった。もっともよく知られるのが、新暦の八月一五日前後に行われる月遅れの盆行事である。旧暦七月一五日の盆行事を、新暦の一月遅れの八月一五日前後に行うというものである。このほかにも、月遅れで行われる行事に雛祭り、七夕、八朔《はっさく》などがある。

月遅れの雛祭りは、四月三日に行われるが、旧暦では三月三日の上巳《じょうし》の節供(1)に行われてきた。この日の前後には磯遊びや山遊びをする。ご馳走を持ち寄り、浜や野山で飲食をする。旧暦三月三日は潮の干満の大きい時期と重なり、潮干狩りを行う地域が多い。また、海岸や川で雛流しをする地域もある。行事を新暦にあわせて行った場合、潮の干満と実際の暦がずれることになり、不都合が生じる場合もある。

七夕も月遅れの八月七日に行う地域がある。牽牛と織女が天の川を渡って年一度の逢瀬をかなえるという伝説がある。短冊形の色紙を笹竹に吊るし、願い事を書いて庭先に立てて星祭りを行う。新暦七月七日は梅雨の終わり頃にあたり、天の川の

(1) 節供には、節目の日に供物を供えて祭りを行い、祝儀料理を食べる。「節」の日に供えるので「節供」と書くが、後に「節句」の表記も一般的になった。

図1
雛流し（岡山県笠岡市北木島）
紙雛を乗せた藁舟などを海に流す行事で，現在も旧暦３月３日頃に行われる。

（２）新たな支配と秩序構築の始まりを意味する。新暦の導入は、単に西洋化、近代化だけではない重要な意味を持つ。江戸幕府の旧暦による時間支配の秩序から、明治政府による新暦による時間支配の秩序への転換を意味する。

見える晴天の天候が少ない季節である。

八月朔日を略して八朔というが、旧暦八月一日には、稲等の豊穣祈願や品物を贈答する慣習がある。農事暦では、夏季の昼寝の時間が終わり、夜なべ仕事が始まる区切りの日としての休み日であった。月遅れだと九月一日に行われる行事となる。盆月の終わりと収穫期の前という季節で、適当な時期にあたる。

月遅れで行われるのは節供の行事が多い。節供は季節の節目にあたり、実際の季節に近づけた対応と考えられる。一方、盆と正月はそれぞれ学校や企業などの長期休暇にあわせた月遅れの採否があった。そのためか、正月行事が月遅れで行われることはない。

旧暦から新暦へ

月の満ち欠けを基準とした太陰太陽暦（旧暦）から現行の太陽暦（新暦）に移行(2)したのは、太陰太陽暦の明治五年一二月三日であった。すなわち、この日が太陽暦の一八七三（明治六）年一月一日とされた。暦が変わるということは、それまでの季節感がずれ、生産暦が狂うことになる。人々が、定められた暦にしたがって日常生活を送ることは不可避であり、為政者が新たに暦を定めることは、新たな支配と秩序構築の始まりを意味する。実は、「月遅れ」の歴史もここから始まる。

公的な暦が変更され、強制されようとも、急な暦の変更はそれまでの人々の生活暦とは異なるものであり、すぐには浸透しなかった。なぜなら、旧暦と新暦では一か月ほど日にちがずれることになり、本来の季節感を伴わないし、生産活動で多忙

表1　旧暦との対応関係

行　事　名	旧暦	月遅れ	新暦（2013年の場合）	新暦（2014年の場合）
三月節供（上巳の節供）	3月3日	4月3日	4月12日	4月2日
五月節供（端午の節供）	5月5日	6月5日	6月13日	6月2日
七　夕	7月7日	8月7日	8月13日	8月2日
盆（盂蘭盆）	7月15日	8月15日	8月21日	8月10日
八　朔	8月1日	9月1日	9月5日	8月25日
十日夜・案山子上げ	10月10日	11月10日	11月12日	12月1日

上巳の節供である旧暦3月3日を例にしてみると，月遅れの場合は単純に1ヶ月後（この場合は4月）の同じ日にちとなるので新暦4月3日となる。旧暦3月3日を新暦に換算すると，2013年の場合は4月12日，2014年の場合は4月2日にあたる。そのずれは一定ではないため新暦での日付は年によって異なる。2014年の場合は月遅れと新暦に換算した日付の差がわずか1日であったが，2013年のは9日ものずれが生じた。

な時期に行事の日があたるからである。また、行事の供物となる食材や、祭具に使う植物などを入手できない場合もある。行事を新暦に移行させることは、実際の生活においては違和感があった。

県単位での新暦導入のための施策が講じられた地域もあり、それを受けた折衷策として、人々は次の四つの対応を取ることになる。第一は行事を新暦の同月同日に移行させる方法、第二は新暦とは関係なく旧暦のまま行事を行う方法、第三は新暦と旧暦の両方で行事を行う方法がある。そして第四が、新暦と旧暦のずれをおよそ一か月遅れと見なし、新暦の一か月遅れの同日に行事を行う「月遅れ」であった。

こうした対応は、旧暦の季節感を維持しながら、新たな暦を農事暦の中に新たに位置づけ、あるいは現代社会の生活暦を加味したものであった。その後の時間経過とともに新暦に移行する行事が増える中、旧暦で行われていた頃に近い季節感を残しながら、月遅れの方式は現代社会に定着していった。

民間暦・公の祝日と行事

現行の年中行事は、旧暦、新暦、月遅れのいずれかの日にちを基準として行われる（表1）。新暦に基づく公の祝日とは別に、民間暦(3)に基づいて行事が行われてきた。その大半が本来は月の満ち欠けに基づくものである。年中行事には、一五日に行われるもの、七日か八日、もしくは二三日に行われるものが多い。満月の一五日、上弦、下弦の月にあたる七、八日、または二三日を節目として行われた。一五日は一月の小正月、二月の涅槃会《ねはんえ》、六月の天王祭、七月の盆、八月の月見、一一月の七

（3）時の為政者が定めた官暦とは異なり、各地の自然現象に基づく生活経験から形成された暦。

図2　三番叟《さんばそう》まわし芸人による門付け
（徳島県三好郡東みよし町）
現在は新暦正月から旧暦正月の間，門付けをしてまわる。月遅れの正月は意識されない。

五三などがある。七日、八日は正月七日の七草、四月八日の花祭り、七月七日の七夕などがこの日にちにあたる。

月の満ち欠けとは関係なく、暦上の日取りや節供に基づく行事もある。五節供にあたる一月七日の人日《じんじつ》、三月三日の上巳《じょうし》、五月五日の端午《たんご》、七月七日の七夕《たなばた》、九月九日の重陽《ちょうよう》である。江戸時代には幕府の公的な行事・祝日とされ、民俗行事としても三月節供、五月節供、七夕は現在も定着している。だが、近代国家として制定された公の祝祭日は、民間暦とはかけ離れたものとなった。たとえば、新暦元旦に公的な正月行事が設定された。しかし、依然多くの人々が旧暦での正月行事を継続した。新暦正月が主流になるのは、高度経済成長期以降のことであった。

「国民の祝日に関する法律」が改正され、二〇〇〇年より三連休になることを想定し、月曜日を祝日とするハッピーマンデーの方式が採用されるようになった。近年の生業や生活スタイルの変容とともに、祭礼、行事は、参加者への便宜を図るという名目で、土曜、日曜日、祝日を中心に行われることが多くなっている。そうした流れの中、小正月行事は、祝日の移動とともに新暦一月一五日から、連休の一日となる「成人の日」前後へと移して行われるようになった。同様に新暦一〇月一〇日に行われてきた秋祭りなどが、やはり三連休となる一〇月第二週へと移されて行われるようになった。祝日の変更は、単なる行事の日にち変更にとどまるものではない。その行事そのものの意味をも変化させることになるであろう。現在、行事のさらなる変容への過渡期に再び差し掛かっている。

図3　絵はがき「徳島名物盆踊り」（徳島県徳島市）
昭和初期の絵はがきには旧暦盆に行われていたことが，葉書の文面からわかる。現在は「阿波おどり」として月遅れの新暦8月に行われる。

月遅れと盆行事

月遅れで行われることの多い行事の代表例が盆行事である。先祖の霊を家に迎えて行う魂祭りを中心とした行事である。

現在、新暦八月に一連の盆行事を行う地域が多い。盆行事はもともと盂蘭盆《うらぼん》として旧暦七月一五日を中心に行われてきた。これを単純に新暦七月一五日に移すと、これまでよりも一か月ほど早くなってしまう。月遅れは、季節感のずれも少なく、新暦に固定させて行事を行うことができるため、好都合だった。

八月一五日前後は学校などの夏休み期間にあたり、「国民の祝日」ではないにもかかわらず、この時期を「盆休み」として大型連休とする企業や団体が多い。盆の時期、故郷を離れて生活する人々の多くが帰省し、ふるさとで家族とともに過ごす。この時期の帰省ラッシュも月遅れ盆の風物詩となり、日本社会に定着している。

家の盆行事だけではなく、旧盆に行われていた盆踊りなどの日にちも変わった。旧暦盆に満月の下で踊られていた盆踊りは、月の満ち欠けとは関係のない新暦の七月ないし八月一五日前後に行われることが多くなった。徳島城下の盆踊りを起源とする「阿波おどり」も、現在は観光イベントとして月遅れ盆、すなわち八月に行われている。この阿波おどりはもともと旧暦盆で行われていたもので、月遅れ盆の八月に統一されたのは、一九六五年ごろからである。

ところで、八月の月遅れ盆が一般化しているかのように思われるが、たとえば東京都内、横浜市内など南関東の大都市圏では新暦の七月一五日を中心に盆行事を行う家が多い。旧暦七月からそのままの日にちで新暦に移行した例である。また、沖縄は旧暦で行われる年中行事が多く、盆行事も例外ではない。新暦や月遅れに移行されることなく、依然旧暦のままの日にちで盆行事が行われるのである。

このように、盆行事が新暦、月遅れ、旧暦の三通りで行われるようになったのは、太陽暦（新暦）導入後の明治期以降の変化であり、それも実際に多くの地域で新暦が採用されるようになったのは、近年のことである。それは、地域ごとの新暦への対応の歴史であり、地域ごとの事情を反映した、盆行事の現状の日取りなのである。

新生活運動と祭日

実際の行事の日にちが旧暦から新暦または月遅れへと移行したきっかけの一つが、新生活運動であった。新生活運動とは、昭和二〇年代後半から昭和三〇年代に青年団、婦人会、公民館、町内会などによる生活慣習の合理化、環境衛生、食生活の改善、因習の打破など慣習や意識の改善を目指した実践活動である。

この新生活運動が、地域の年中行事や祭礼の実施日にも影響を与えた。行事や祭礼による休日の過多や、行事実施にあたる主婦労働の軽減を理由として、行事の縮小や統合が唱導され、一部では実際に実施された。旧暦で行われてきた行事も、新暦に対し祭日が一定でないとされ、生活慣習の合理化を進める中で新暦に改る場合、月遅れで行う場合が出てきた。新暦や月遅れでの行事実施が主流になってきたのは、こうした時期を経た後の高度経済成長期以降であった。

（磯本宏紀）

Question 31

正月に一斉に歳を取るって本当？——年齢の民俗

歳は、いつ、どのように取るのだろうか

歳を取るのが「一斉に」ということはどういう意味なのだろうか。「一斉に」という表現には、ある種の統一性が含意されている。ここでは、歳を取るという営みが、単なる個人的な出来事というよりも、その者をとりまく地域社会、ひいては神までもがかかわりあう社会的な出来事であったことに留意して見てゆくことにしたい。

家族とともに歳を取る

歳を取る際に誰がその場に同席してくれるかと問えば、すぐに挙げられるのは家族であろう。だが、誕生日を祝うのは、長い人生の中で、一時期だけに限られたものであるし、家族が祝う方式は、比較的新しいものだといえる。

たとえば、かつて、子どもを出産した際には、すぐにウブタテ[1]のご飯を炊き、産《さん》婆《ば》[2]、手伝い人の他、多くの者たちに振る舞って食べてもらった。その人数が多ければ多いほど、その赤子が成長した暁に大きな世帯を持つといわれた。食べることができるのは女性だけだった。なぜなら、お産の出血はケガレと認められ、古くから男性が忌避するためである。初誕生[3]（一年目の誕生日）においては、餅をついて祝う

（1）ウブタテは産飯《うぶめし》のこと。出産後すぐに炊いて山盛りにしたご飯を産神に供える。少しくぼみを付けてえくぼができるようにと願う地方もある。

（2）昭和三〇年代までは五〇パーセント以上の産婦が自宅で出産していた。産婆は、自宅出産時代に活躍した出産介助にあたる職業婦人をさす。一八九九年の産婆規則で女性の職域に限定され、長く産婆の名称で親しまれた。一九四八年に助産婦、二〇〇二年に助産師と名称が変わって、現在に至る。

（3）一歳の誕生日を祝う儀礼。厄年や長寿祝いは数え年で行うなど、数え年の文化が定着しているが、初誕生は満年齢で行う数少ない儀礼である。初誕生に箕の中に入れたり、餅を背負わせたりして、わざと転がしたり、餅を踏ませたりする。

民俗が広く認められる。たとえば、熊本県阿蘇地方では、初めての誕生日までに立って歩く子どもをハグレ子といい、家から逃げ出すといって忌み、誕生日にウッタオシの行事を行った。餅をついて薄く切ったものを部屋に撒き、それをのばして薄い鏡餅として、その上に風呂敷等を敷いて子どもを立たせ、白米一升を背負わせて転ばせる。その餅は近所へ配り、食べてもらう。このように、出産や初誕生の祝いは、家や家族を単位として誕生日に行われる行事であり、産婆や手伝いの者、近所の者へ開かれたイベントであった。そこには、血の忌みやとても成長が早いなど、超常的な生命力を忌避する感性を認めることができる。この点は、現在の誕生を祝う行事とは趣を大きく異にしている。歳を取ることに対する、人々の関心の所在をうかがわせている。

出産と初誕生以外に誕生日を祝うことは少ない。広く認められていたのは正月を迎える際に歳を加えることだ。それを歳取りと通称する。たとえば、岩手県上閉伊《かみへい》郡においては、一二月の晦日に男の歳取りを行い、正月一四日の夜には女の歳取りを行った。女の歳取りにおいては、家中の諸道具の歳取りを行い、炉の鈎に餅を、納屋にはヨメゴノモチを供える。この晩は女性たちがそば、うどんなどのご馳走を食べる。一二月晦日に行われる正月迎えでは、家の主人である男性を歳男と呼び、正月飾りの準備、歳神への供物、若水迎え、元旦の炊事などを行う。このような例は各地にある。終夜眠らずに過ごす理由は、正月に訪れる歳神を迎えるための忌み籠りが原義であったからだと考えられる。大晦日の晩の食事を歳取りといい、これを共に食べることで家族が共に齢《よわい》を加えるものと認識されていたのである。

村においても歳を取る？

年齢は村人の関心事であり、その公的な性格は若者の民俗に顕著であった。

大正時代から第二次世界大戦頃までに認められた石川県能登地方の民俗を紹介しよう。この地方で村の若者は、元服の儀礼を行って一人前と認められた。元服の行事は、小正月にオヤッサマと呼ばれる有志の大家屋を借り、元服する者を集め、日中は各家の者を男女問わず、招待し、祝った。晩には、若者組の全員を招待し、披露した。この席の祝い膳は、海鼠《なまこ》を細く切って大根おろしに混ぜ合わせた酢の物（これをガンゾアイという）、オニアサリの吸い物などのご馳走であった。元服する者は、ヨボシオヤ(4)といって、実の親以外の壮年男性と、各々オヤコの盃《さかずき》を交わして、仮のオヤコ関係を順に取り結ぶ。行事の費用は元服する者が負担するが、その家の経済事情によって、一定でなかった。元服の祝いは毎年ではなく、七年など数年間隔で行われていた。この地方では、元服祝いが若者の組織への加入儀式でもあった。若者組の内部は、キリテ、フタマツイ、ミマツイといった階梯に分かれており、各々、同じ時期に元服祝いをした者で構成された。経済的事情から、元服祝いのタイミングを見送り、七年後の次の回に遅れて若者組へ加入する場合もあった。この場合、実際は年下の者が、上の階梯に所属しているため、その者の指示のもと、若者組の活動をしなければならないこともあった。

能登の事例は、若者の歳取りが、家族や家の領域を超えた公の行事となっていることを示している。第三者である他人とオヤコ関係を取り結ぶだけでなく、村中の者に披露される点は特徴的である。さらに、家の事情等や数年間隔で営まれるため、

（4）烏帽子親《エボシオヤ》の訛った方言。元服祝いに烏帽子を着用したことからその名がある。

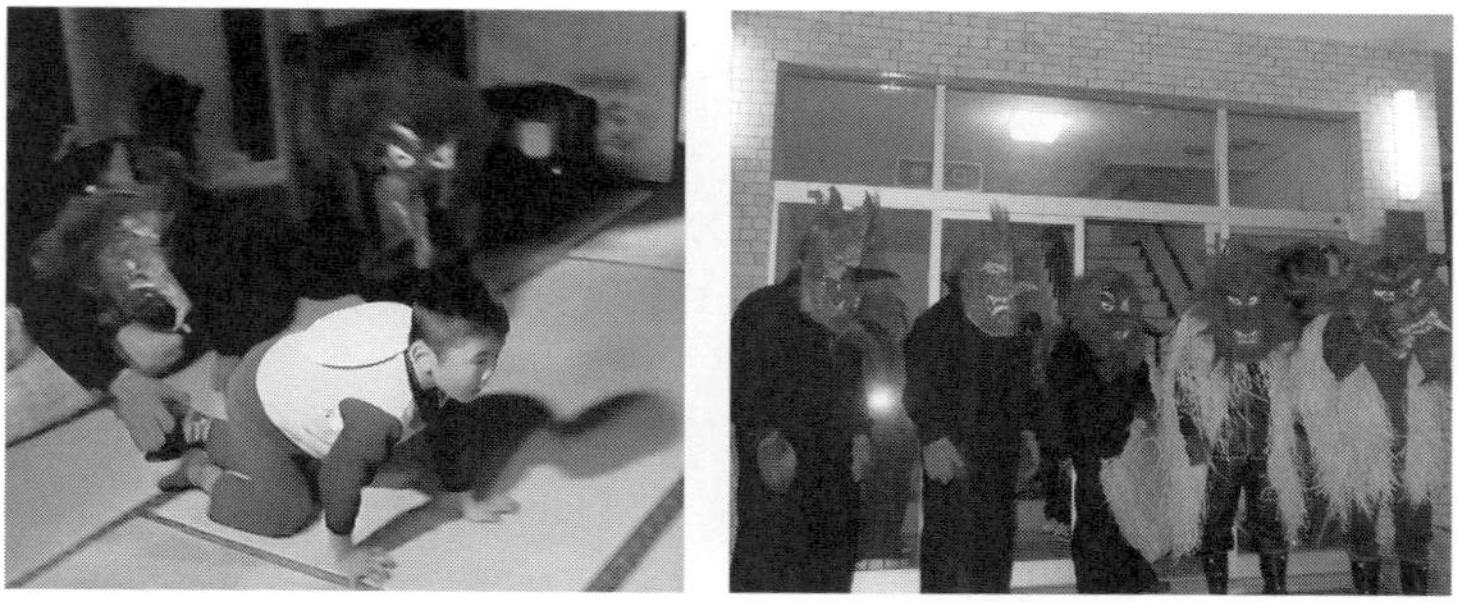

図1　下甑島手打のトシドン（鹿児島県薩摩川内《さつませんだい》市）
左はトシモチを背中に受け，四つん這いで親元へ進む子ども。右は出発するトシドン。

若者組や村における社会的な位置づけが、実際の年齢と異なっている点も特異だ。だが、必ずしも特異とばかり言い切れない。たとえば、現在においても、会社やサークルなどにおいては、実際の年齢よりも、所属した時期に基づき、その者の位置が決まる場合が少なくない。加入する時点でもって、その集団に認められることが前提となっているからであろう。その意味では、各々の集団内で執り行われる仲間入り（加入の儀式）の重要性は共通している。特別な知識、技能、資産がある者が特別な扱いをされたりする現代社会のあり方も、能登の例に連なる点があると言えよう。

今に生きている数え年の習俗

鹿児島県の甑島《こしきじま》では、新暦の一二月三一日、すなわち、大晦日の晩に、独特な形で歳取りが行われる。下甑島の手打《てうち》では、二歳《にせ》(5)と呼ばれる若者たちが、公民館に集合し、異形の面をつけ、蘇鉄《そてつ》の葉や棕櫚《しゅろ》の皮を身につけた姿に変装して村の子どもがいる家を廻って歩く。この異形の者をトシドンという。トシドンは、家来を引き連れ、子どもがいる家の前で馬の鳴き声をまねて訪ねる。トシドンたちは、縁側から家に上がり、名や年齢を訊ね、その子の良い行いを誉めつつ、悪い行いを指摘し、「二度と悪いことはしません」と誓わせ、「もし悪いことをしたら、天道から見ておるぞ」といい、子どもを後ろ向きにさせ、その背中にトシモチを載せてご褒美とする。後ろ姿を見せず、あとずさりして外に出たトシドンは、馬のいななきをして次の家へ向かう。トシドンは常に天道にいて、大晦日になると首切れ馬に乗って近くの山に降り、そこからムラへやって来るという。

（5）鹿児島地方の青年男子の集団。

図２　浦佐毘沙門堂裸押合（新潟県南魚沼市）
毘沙門堂で半裸姿の者たちの参詣順序を調整し，「福物」を撒く青年団員。寄進された物が護摩の火にあてられ，餅は「福餅」として参詣者へ撒かれる。

子どもたちは家族とともに、二歳という村の若者たちの訪問を受けて歳を取る。若者が神として子どものしつけをし、トシモチを与えている点が目を引く。甑島のトシモチは年玉《としだま》ともいわれていた。歳取りは、神の来訪、すなわち祭祀なのである。その祭祀の供物として餅を神から頂くことで、齢を一つ重ねる。今日、年始に目上の人からお年玉をもらう習俗は広く認められるが、この習俗の原義はこのような祭祀に淵源があると考えられるのである。新年とともに一歳齢を加えることを数え年という。数え年は、年の変わり目に、家族、村人などと一緒に、神祭り（忌み籠り）でなされる歳取り習俗として今も生きているのである。

歳取りに介入する国家とその影響

現在は、満年齢が一般的で、数え年の方式とはずれがある。このずれは、「年齢計算ニ関スル法律」（一九〇二年）や「年齢のとなえ方に関する法律」（一九五〇年）といった法の施行に起因する。また、年度という基準を採用することによって、たとえば、早生まれ、遅生まれといった、四月を基準とする「年齢」の認識も普及している。このような影響が各地の民俗に反映され、複雑な現象が認められる。

たとえば、新潟県南魚沼市の浦佐毘沙門堂裸押合《うらさびしゃもんどうはだかおしあい》の行事日は、改暦によって正月三日から三月三日に変わった。この行事を支えるのは、一九歳から二九歳の青年団の若者で構成される浦佐多聞《うらさたもん》青年団である。青年団への加入は、行事が終わった翌日の三月四日に行われる。行事を取り仕切るのは最年長の若者たちである。平成二〇年三月三日に行われる行事を取り仕切る者たちは、「平成二〇年度浦佐多聞青

図３　浦佐多聞青年団における最高幹部の代替わり
法被を旧副団長から次の新副団長へ引き継ぐ。

年団最高幹部」と自称する。その翌日の三月四日に新たな最高幹部が青年団総会で承認されると、この者たちは、未だ三月ではあるが、新たに平成二一年度という名称を早々と使うのである。三月三日の晩で浦佐多聞青年団の歳取りが行われていると見ることができよう。この事例からは、改暦によって祭日がなぜ二か月ずれたのか、年度を付した自称が、いつどのように使われるようになったのかは、今となっては詳しく知ることはできない。改暦と関連した複雑化の現れと見ることができる。二月の節分を歳取りという習俗も同様に考える必要があろう。

国家制度による一元化は、行事へ深刻な影響を与えている。たとえば、成人式が、「国民の祝日に関する法」（一九四八年）によって正月一五日に制定されると（いわゆるハッピーマンデー制度「国民の祝日に関する法律の一部を改正する法律」によって、現在は一月の第二月曜日へ移されている）、成人式は各地の自治体が主催する一斉の歳取りイベントと化し、「荒れる成人式」としてマスコミの注目を浴びることとなった。各地のこれまでの事例を見ると、家の事情などによって一人前になる若者の年齢は必ずしも一定ではなかった。一斉に齢を加える歳取りは、家族、村人といった生活を営んでいく上でかかわり合う具体的な社会関係の中で執り行われるものであり、生活上の素行やモラルの改善が意図されるとしても、それは神を介してなされる点で大きく異なっている。今日の成人式は、行政によって一元的に一方的になされ過ぎているのではないだろうか。各地各様に営まれてきた歳取りの民俗を省みて、歳を取ることに対する関心が、どこに、どのような所在し、いかに変わりつつあるのかについて、ことあるごとに確認してみる必要があるのではないだろうか。（中野　泰）

Question 32

なぜお守りを持っているのか？――祈願とまじない

図１　お守り各種（山形県西置賜郡《にしおきたまぐん》小国町，大宮子易両神社）

お守り好きな日本人

お守りは、さまざまな願いが籠められた「いのち」を守る呪物である。人々は神社や寺院にお参りし、お札やお守りを受ける。お札は、家に神棚や仏壇がないとまつれないが、お守りは家族や親戚、そして知人にもお土産として贈ることができる。そのお守りを財布やバックに入れたり、携帯電話に結びつけたりする。

多くの日本人は、お守りの一つや二つは持っており、財布やバックなどにしまい込んでいるものである。現在、お守りの自動販売機を設置している神社や寺院もあり、お札授与所に係の人がいるにもかかわらず、自販機で求める人が少なくない。若者向けのお守りはカラフルでかわいらしいものが人気だという。アクセサリーとしての需要があるため、観光地やパワースポットでは各種お守りが用意されている。また、護身用のペンダントや腕輪など装飾性の高いお守りもある。とにかく種類が豊富である。

護符と呪符

わが身に降りかかろうとする災厄から身の安全を守り、そして災厄から逃れるこ

図２　お札・お守りの授与所
（東京都台東区浅草寺）

とを願うのはごく普通のことであろう。なぜならば、人々はいったん災厄に襲われてしまうと、「いのち」の危機が迫ると考えたからである。襲いかかる悪霊や災厄を除けるには、さまざまな方法が知られるが、多くは神秘的性格を持つ呪術的な行為であった。神仏に無事安全を祈ったものを所持することによって、人々は精霊を駆使したり、悪霊を撃退できると考えた。この呪物は、一般にお守りまたはお札などと呼んでいるが、私たちが何気なく使っている「お守り」という言葉は、概念的にはかなり曖昧なものである。

呪物そのものは、人々がそれを所持することによって外敵からの災厄が及ばないためのものであるから、当然外敵によく見えるように玄関口に貼ったり、見えるようにして身に付ける。これらは護符と呼ばれる。また、外敵が襲ってきたらその威力でもって撃退するために、普段は見えないように隠して所持したり、災厄を予防または取り除くために服用する場合がある。これらを呪符と呼ぶ。このように概念上、護符と呪符を区別することがある。護符がどちらかと言えば防御的であるのに対し、呪符は攻撃的であるという性格を持つ。お守りと呼ばれる呪物は、どちらかの性格を帯びることになる。

お守りに対し、人々が期待する機能と言えば、一番に挙げられるのは無病息災と除災招福であろう。わが国では、お札やお守りを肌身に付けたり、身体を祓って川や海に流したり、場合によってはそれを飲んだりしている。神社や寺院で発行している護符や呪符のうち、携行可能なものをお守りと呼ぶことが多い。そして携行するのが大前提であるから、多くは小型であり、一目でそれと識別できるように「御守」「御守護」と書かれたりする。しかも保存にたえるように丈夫な布袋などに入れられる。

さまざまな祈りと願い

お守りには、晴明判と呼ばれる☆印が、広く用いられる。正月行事の鬼木(1)と呼ばれるニュウギにも悪霊を防ぐ意味で、各地でこの記号が用いられる。また、この☆印は、産着の背守りにも使われる。三重県志摩地方や石川県能登地方では、海女が用いるアワビガネにもこの印が刻まれていた。☆印は、陰陽道《おんみょうどう》で用いられる記号で、安倍晴明《あべのせいめい》に由来すると考えられている。二月のコトヨウカ行事(2)に高く掲げられる目籠の編み方を見ると、☆形であり清明判と言えよう。この☆形は、悪霊や災厄を除けるため、あらかじめ目印として掲げるもので防御としての護符の性格がある。東京都豊島区巣鴨のとげ抜き地蔵では、とげ抜きの呪符を頒布している。一センチ四方の和紙の小片に地蔵尊が摺られたもので、とげが刺さったときに、水と一緒に飲み込むと、とげが抜けると信じられていた。これはまさに呪符そのものであろう。

金運を願うお守りは、各地の神社や寺院で多数発行されている。東京都新宿区の穴八幡《あなはちまん》神社が発行する一陽来復《いちようらいふく》のお守りもその一つで、財布の中に入れておくとお金が貯まるという。神奈川県鎌倉市の銭洗弁天《ぜにあらいべんてん》のお守りも、金運を願う信仰が強い。打ち出の小槌や小判をアクセサリーとして身につける人も多い。

現代は自動車社会である。それを反映するお守りとして、祈願済みのステッカー

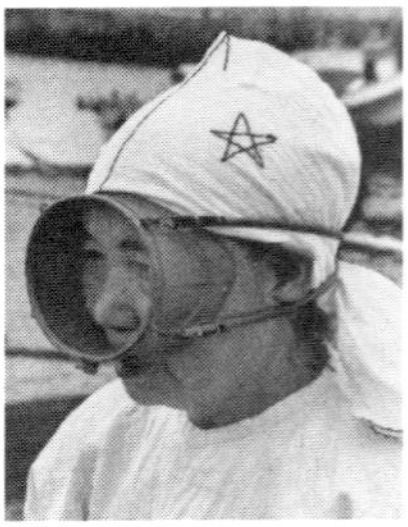

図3　海女の呪符
（三重県鳥羽市）

（1）木の面に墨で一二本の線を引いたり☆印を付けて、災厄をもたらす魔物が訪れるのを防ぐ。

（2）二月と一二月の八日を事始め、事納めなどという。関東地方では二月八日を事始めとする。この日は厄神や魔物が来訪する日であり、人々は魔よけとして軒先に高く目籠を掲げた。

と交通安全お守りがある。ステッカーを車体に貼りつけ、お守りをルームミラーに吊してあるのをよく見かけるが、自動車のお守りは一九三〇年代に始まったとされる。交通事故による死亡者が年間四〇〇〇人を超える時代である。交通安全祈願のお守りが盛るのは自然であろう。「無事帰る」という語呂合わせで、小さなカエルのお守りが各地の神社などで出される。また、受験生が合格祈願を祈るお守りも多数出ているのである。

大宮子易両神社の安産お守り

ここで少し具体的な事例を紹介する。山形県西置賜郡《にしおきたま》小国町《おぐにまち》の大宮《おおみや》子《こ》易両《やすりょう》神社では、「娩産祈禱御守」を発行している。新潟県村上地方では大宮講(3)を組織し、毎年代参していた。安産祈願は戌の日が良いとされ、多くの参詣者がある。妊婦が出産に先だってお参りし、このお守りを受けていく。

包みの中には、①「大宮子易両神社娩産御祈禱大麻」と印刷されたお札、②「御易産御守護」の包み、③「大宮易産之神符」、④「大宮両宮御供」の四点が入っている。①は、神棚に貼っておくお札である。②は、かつては版木で摺られており、版木の墨の濃淡で男女の産み分けを占った。濃いと男の子、かすれていると女の子が授かるとされた。中には「壱宮貳宮✕鬼蟲呼嗆急如律令☆」と摺られた呪符が入っている。これは晴明判の記号☆が描かれたまじない札である。産婦の家では、これも神棚に上げて祈った。③は、陣痛の際に飲む呪符で、一回、二回、三回と陣痛のたびに飲めば安産とされた。④は、元日の特別神事で作った神米を三日間供え、

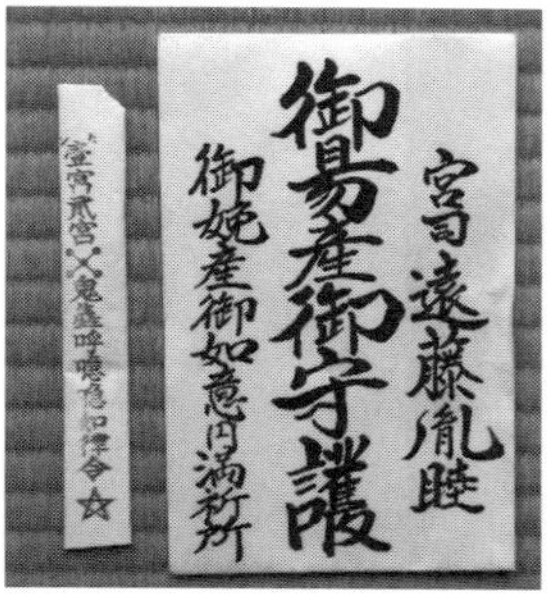

図４　娩産祈祷御守（山形県西置賜郡小国町，大宮子易両神社）

（３）大宮子易両神社を信仰する講。安産の神として信仰され、山形県・新潟県を中心に大宮講が数多く組織された。現在も新潟県村上市方面からたくさん代参にやってくる。

それを乾燥させたもので、産婦が食べるご飯を炊くときに一緒に炊き込むと良いとされた。以上は、大変手の込んだお守りの事例である。

同社では「娩産祈禱御守」のほかに「貫通石お守り」を出している。これは一九八九年に始めたもので、若い産婦たちに人気のお守りだという。トンネルの貫通の際の岩石を小さな破片にして樹脂で丸めた球を入れたお守りである。材質は安山岩で「安産丸」の語呂合わせである。産婦の無事出産の願いが込められたお守りとなっている。

大宮子易両神社が鎮座する大宮は、集落で産屋《うぶや》（地元ではコヤバと呼ぶ）を管理している。コヤバは集落から少し離れた場所に建っている。一九六八年まで大宮の女性たちはコヤバで助産婦の介助によって出産し、産後一週間を過ごす習わしであった。地元の人々が記憶する限りにおいてはコヤバの出産で亡くなった人はいないと伝える。このコヤバを使うのは大宮の女性に限定されていたので、かつて近郷近在に住む女性たちは、強力な安産のご利益があるとして、このコヤバの土をもらっていき、手製のお守りを作って安産祈願をしたものだという。これは産婦自らが作る簡素なお守りであるが、お守り本来の形態をよく伝えている。

お守りの意味

お守りは、神社や寺院などで守護または厄除けの目的で出される護符や呪符のうち、小型で携行可能なものをいうが、歴史的には陰陽道の呪符の系統をひくものがお守りの原型とされる。お守りは、神社や寺院から頂いてくるありがたく大切なも

（4）戦時中の弾丸よけ信仰である。「千人」は、たくさんの人というほどの意味である。「死線を越える」という意味で五銭硬貨を縫い付けた。千人針は、生死をかけた戦いの呪物であった。

図5　千人針（宮城県仙台市）

のという印象があるのは、各地の神社や寺院で専用のお守りを発行していることによる。それらのお守りには神仏の名称や種子、あるいは☆形のように特殊な文字や記号が記される。人々はそのお守りを身体に直接つけたり、着物に縫いつけたり、財布やバックに入れたり、さまざまな方法で人々は携行するのである。素朴なお守りとして、古くから貝殻・石・動物の骨などを魔除けとして身に付けることが行われてきた。

また、赤子の産着に背守りをつけたり、紐止めに魔除けの文様を飾ったりするのもお守りの一つである。第二次世界大戦中は、千人針といって大勢の女性がサラシに赤糸で必勝の文字を縫ったりして腹巻を作った(4)。寅年生まれの女性が赤い糸で縫うと良いと言われた。それは「虎は千里行って千里帰る」の俗言に基づいて、無事戻ってきてほしいという祈りが込められた。これは身体に巻き付けたりして肌身離さずに持つものでお守りの一つであった。また弾丸除けのお守りを携帯する兵士もいた。

このようにお守りの目的としては、自分に降りかかってくるさまざまな災厄を防ぎ、無病息災すなわち「いのち」の安全の願いと祈りが込められる。その願いは次第に多方面に向かい、近年では学業成就、安産祈願、商売繁盛、恋愛成就、航空安全、交通安全など多様化してきた。それは現代日本人の祈りと願いの姿を映し出したものでもあり、このように見ていけばお守りはまさに日本文化に根付いた習俗といえよう。

（板橋春夫）

板橋春夫『誕生と死の民俗学』吉川弘文館、二〇〇七年

同書の論文「出産と丙午俗信」は、民俗学的視点から一九六六年の丙午俗信について考察したものである。群馬県粕川村（現前橋市）は、村長以下保健婦たちが丙午俗信撲滅運動を推進した全国的に類例の少ない自治体であった。同論文はその活動内容を紹介しながら、近代医学が受胎調整技術などをとおして、丙午出産の減少に加担したことを考察した。同書は、いのちの民俗学的研究として双子や産婆についての論文などが収載される。

岡田芳朗『明治改暦――「時」の文明開化』大修館書店、一九九四年

明治五年一二月二日の翌日は明治六年一月一日。突然発表された改暦はどのように進められたのか。同書は、豊富な図版と史料でその謎に迫る。明治の改暦は西洋化だけでなく、財政事情も存在したという裏話は貴重であろう。新暦とされる太陽暦と、太陰太陽暦の旧暦の違いもていねいに解説されるだけでなく、根強い旧暦への愛着の問題など、生活文化に及ぼしたさまざまな影響についても言及している。

関沢まゆみ『宮座と墓制の歴史民俗』吉川弘文館、二〇〇五年

同書の論文「村落における年齢の二つの意味――敦賀市白木の事例より」は、年齢について考察したものである。福井県敦賀半島の先端に位置する白木は、近世以来一五戸を維持してきた漁村。白木の白城神社では、毎年一二月初卯の日に霜月祭りが行われる。祭りの当人は、白木に生まれた男性が年齢順に務めることになっている。当人は家単位に回るのではなく、個人単位として年齢順に回る点に特色が見られる。年齢原理に基づく秩序が明確な事例であり、「年齢」の民俗を考える際に参考になる。

千々和到編『日本の護符文化』弘文堂、二〇一二年

護符についての総合的な研究書。お守りについても、さまざまな分野の定義を紹介しており参考になる。基本的には、中世以降の起請文研究など、いわゆるお札に関する研究が中心となっているが、嶋津宣史「護符と神棚」や倉石忠彦・同美都「神社の護符」など、お守りを考える上で参考になる論考が収載されている。巻末には日本の護符文化に関する座談会記録が載る。

藤田真一『お産革命』朝日文庫、一九八八年

男性の新聞記者である著者が、お産の現場を取材し、病院出産の現状と将来について一書にまとめたもの。自宅出産から病院出産への変化を取り上げる前提として、お産の今昔について触れる。一九六六年の丙午出産については、出生数の著しい減少の理由として、世間並みの思考、少産化の時代、受胎調節・人工妊娠中絶が可能などを挙げている。出産文化を考える際の基本文献の一冊である。

宮本常一『民間暦』六人社、一九四二年（講談社学術文庫、一九八五年）

年中行事研究の歴史を概観しながら、行事は天体としての月と大きく関わり、さらに気候風土とも関わることを指摘する。年中行事は、行事の表面的な分布にとどまらず、その歴史性や地域性にも留意すべきことを説く。物忌み、禊ぎ、籠り、という行事執行の重要な要素をわかりやすく解説している。『宮本常一著作集』第九巻（未来社）は書名「民間暦」である。

第9章　ウチとソト

ウチとソトの意識のあり方を日本文化の特色の一つに挙げることは、まず異論がないであろう。わが国は引く文化とされる。外国では、のこぎりは押して使うが、日本では引いて使う。ドアは引くのか押すのか、これについては、一度立ち止まって考えてみたい。実は、どのような場合も内側と外側との間に結界が作られる。結界とは境界のことで、内側に入ってほしくない場合は、結界に入ることを阻止する神仏がそこにまつられる。

ウチとソトを考える場合、古い民家の縁側はとても不思議な空間である。濡れ縁は戸外なのか、屋内なのか。いきなり境界を設定せずに、曖昧な空間を設けることで、ショックを和らげるクッションの役目を果たしている。ウチとソトに関する究極の物言いは「ウチの会社では」であろう。普段何気なく見過ごしてしまうウチとソトという言葉やしつらえなどに注目しながら、日本文化の根底にある人々の意識の深層に迫る。

Question 33

押すべきか？　引くべきか？――引き戸からドアへ

入口のさまざまな風景

現在、都市に住んでいる人々は、毎日帰宅すると、おそらくまずは同じ動作を繰り返す。自宅の入口前に立ち止まり、カギで錠を開け、片手でドアノブを握って、自分の立っている方向にドアを引いて、それから中に入る。この風景は毎日見られるであろう。マンション住まいの場合はどうであろう。オープン式の廊下の場合、片開きドアは外へ開くことが多いが、密閉式の廊下に面する自宅のドアを開ける場合、ドアノブを握って押して入るほうがどうも多いようである。ホテルに宿泊するときは、いつも片手でドアを押し開けて入る。

しかし、筆者の印象の中で「日本の家」に入る時の一幕として鮮明に覚えているのは、このような風景ではなかった。中国から留学していた時に筆者は埼玉県や福井県、滋賀県の村に滞在し、その地の民俗について話を聞いていた。村人の家を訪ねるときの最初の動作は、一枚戸あるいは引き違いの戸をノックせずに「ごめんください」と声をかけながら、戸を横にスライドして開けることだった。あの、戸を横に引く時のガラガラという音、その後のここちよい返答と家の中に入れてくれた人たちの笑顔はとても印象的で、心細かった異国の地でのフィールド・ワークを楽しくほっとすると感じる一幕であった。

和室の家屋が外国人を魅了するのには、おそらく横にスライドする引き戸の音や味わいがあるであろう。

欧米の映画やテレビでは体当たりでドアを破って中に進入するシーンはよく見られるように、欧米の住宅は押して入るドアが多いようである。中国の伝統的住居の玄関も両開きのドアが主流である。現在の都市型集合住居の高層住宅もみな開閉式のドアである。

このように、何気なく毎日繰り返しているドアの開け方は、国内と国外、都市と村、洋風建築と和風建築によってさまざまな風景が見られる。玄関のドアは引いて開けるか、押して開けるか、そこに何がわかるのか、「ドア」のあり方について少し考えてみることにしよう。

図1　玄関と式台（群馬県伊勢崎市）

(1)近世の武家住宅や格式のある民家で、玄関の間の前に設けた板を敷いた低い台のこと。

戸とドア

玄関は、禅の道に入る入口という意味が本来であり、転じて禅寺の客殿に入る門をさす。武家の居宅の正面の入口の式台(1)のあるところを言うようになり、その後一般民家の表上り口を玄関と呼び、さらに現在は一般住宅の入口の戸をさす語となっている。

日本語の戸・扉・ドア・玄関を意味する英語はDoorだと辞書に書かれているが、日本ではそれぞれの意味合いと役割は違う。日本の家屋には、仕切られている個別の空間の「壁」は多くの場合可動式のものであり、必要に応じて取り外せば、すばやく広い空間を形成できることは大きな特徴として挙げられる。その空間を仕切るものは、戸(2)と襖(3)・障子(4)および扉(5)などさまざまである。それらは建物の内部空間を接客や家族の飲食、炊事と洗濯、入浴など、生活内容と目的により「表用」と「裏用」に小さく区分するものとして使用される。開閉式の扉以外は、溝を切った敷居と鴨居にはめこんだ襖障子を横にスライドさせて開閉する引き戸であるのは共通の特徴である。

一九六〇年代の高度経済成長期に、東京や大阪の近郊をはじめ、地方都市にも大規模な住宅地開発が進み、東京の多摩ニュータウンや大阪の千里ニュータウンのような大規模な集合住宅団地が作られた。中高層ビルの家々の入り口は、引き戸から開閉式のドアに変わった。

戸の内と外

家は人々の生活する場所であり、自分が属する家族員とコミュニケーションをとったり、リラックスしたりして暮らすところである。現代社会の建物は、新しい建材を使い新しい建築工法で作られる。文化の伝承性を考えると、住まい内部の装備、戸などを含めて日本の生活に適する要素、必要とする要素と生活の知恵などが受け継がれているものが多くある。

日本の家は、日本の美意識および空間意識、家族と他人に対する思いなどが見られ、日本人の古来の住まいの知恵が細かい箇所に表されている。さらに、生活面に浸透した異文化要素の受容も見られるため、家・家屋は文化の凝縮物と言えよう。

(2) 門や建物の出入り口、窓、家具などにあって内・外を遮断するために立てた建具であり、金属製と木製二種に大きく分けられる建具である。

(3) 襖は「襖障子《ふすましょうじ》」の略であり、襖戸《ふすまと》とも呼ばれる接客用の空間を仕切る建具。

(4) 居室と屋外との境に入れる明かりとり用の建具。近代以後、木枠に細い木の骨組みで表面に紙を張る襖を付けるようになり、その障子をカラカミ（唐紙）と呼ぶ地域もある。

(5) 開き式の戸を指す。片扉を「開き戸」、二枚式の開閉扉を「観音開き」と呼ぶ。

図2
他者の霊の祭祀
（中国福建省）

人間は自然環境から身を守るため、安全な空間を求める。そこで安心して暮らせる空間を自然社会の危険な空間から隔離する建物が現れるが、社会や文化が違うと住居の形も違う。住居は風雨をよける、動物など危険なものの侵入を阻止するなどの物理的な機能以外に、自分の生活空間での諸行動を他人にのぞかれないように視線を遮断するものにもなるため、戸やドアは入口を開閉する装置でありながら、空間を「内」と「外」に区切る装置となる。戸の「内」は、自分と家族のみの空間、安心して寝たり食べたりする空間に対して、戸の「外」は未知が多い空間、不安や危険な要素が潜む空間である。

戸・ドアの文化的機能

具体例を挙げて戸・ドアの文化的な機能を認識しよう。中国南部の漢族の地域では、中元節[6]に祖先を自宅か祠堂と呼ばれる一族の祖先を祭祀する場所（いずれも屋内）でまつる民俗がある。血縁関係のない他者の霊もこの時期にまつるが、決まって自宅玄関の外で行う（図2）。あるいは供物を載せる食卓を入口を塞ぐようにドアの内側に置く（図3）。さらに、古くから玄関の扉（漢族の場合観音扉がほとんど）に「門神」（メン・シェン）[7]の絵を貼る民俗（図5）からも、彼らは家の玄関を内的空間と外的区間の境目にし、玄関外の世界は危険の多い空間という認識を持っている。

日本の場合、正月には、個人宅に注連《しめ》飾りを飾っている風景はよく見かける。本来は神聖な領域を注連縄でぐるりと巻き付けるということであったが、いまは神社の入口で大きな一本注連を飾る。正月になると、人々は無病息災や家内安全の目的

図3　ドアの内側におかれた供え物を載せる食卓（中国福建省）

（6）中国の道教の信仰により旧暦七月一五日を中元の日、中元節と呼び、墓参りしたり先祖の霊を家に迎えてご馳走でもてなししたりする年中行事の一つ。南部地域では、子孫や家族に祭祀されない他者の霊も祭祀する。

（7）中国の漢族の民間信仰で、鬼退治や人間を悪魔や厄から守る神。門神は旧正月の大晦日に新しく貼り替える。

図４　日本のマンションのドアに掛けられる正月の注連飾り（右）（東京都八王子市）

図５　扉に描かれる門神（左）（中国福建省）

で、市販の注連縄飾り・注連縄リースを玄関の戸の外側に飾る。玄関に注連飾りを掛けて一年の始まりを祝う気持ちを示すと同時に、外の危険を仕切る願いも込めている。さらに「玄関払い」という日本語を思い出す。訪問者を家の入口で追い返すという意味であるが、歓迎されない者、警戒する者を玄関の中に入れないことは玄関の戸は内・外の境界線、内外の空間を仕切るものだという意識の存在が見受けられる。

このように、戸・ドアは、物理的、建築学的な機能以外に、空間に対する人間の認識を表す民俗的、文化的な機能を持っている。日本の都市では住まいに頑丈な戸と錠を付けること、正月飾りを戸に付ける事例および「玄関払い」の語などから、玄関の戸は生活の面において内・外の境界のシンボルであるとしてよいであろう。しかし、戸で仕切られる外は悪魔いっぱいの危険な世界という意識が、漢族の事例ほど強くないようである。

引き戸からドアへの変化は何を物語る？

昔の日本家屋は、襖や扉で住まいの空間が、客を接待をする「表」空間と私生活の「裏」空間に分けられ、玄関は戸を引いて入るという構造であった。明治以後に洋風住宅が導入され始め、一棟に洋室と和室を併設し、家族の生活中心のリビングが洋風に作られるパターンが増えた。さらに一九六〇年代の大規模な集合住宅の建設は、住居の洋風化と画一化を加速させ、玄関は日中に鍵をかけない引き戸から現在の錠付きの片開きドアへと変化した。

ドアの密封性や安全性を高めた反面、住居の閉鎖性が増し、隣人への関心は薄くなるというマイナスの面も現れた。玄関先にとどまる挨拶行動の増加、ドアフォンやテレビドアフォンを使うなど、自分と外、自分と他者をドアで区切る行動は多く見られる。ドアが普及しても玄関は内と外、公と私の境目という意識は依然日本社会に存在することは指摘できる。

しかも、従来の都市化の進行により、村型のつきあいから都市型のつきあいに変容し、人々のプライバシー保護意識と防犯心理が強化されるにつれて、気軽に隣人の家へ行き来する風習は次第に消え、となり近所の助け合いやつきあいは減る一方である。戸の持っている文化要素や「日本らしい」味わいはドアの普及により変化した。

しかし、今も戸で境界の意識を示される要素が依然としてあることを、日本家屋の戸・ドアは教えてくれた。日本式住宅の引き戸は昔からそのすぐれた利便性を持っている。近年、高齢者対策の一つとして、バリアフリーの集合住宅に引き戸の玄関が復活する事例が現れるように、開閉しやすくしかも戸の周辺スペースを有効活用できる日本伝統の引き戸の利便性と空間利用の知恵が、現代社会に生かされているようである。

（何　彬）

Question 34

縁側って何？——あいまいと両義

図1　イタリアのアパートのドア

さまざまな仕切り

日本の家にはドアと窓がない、と明治期にヨーロッパから日本に来た外国人が書いている。最近の住宅を見ると、そんなこともないのであるが、ドアのつくりに注目しただけでも、その歴史の差は大いに感じられる。イタリアに旅行した時には、実にさまざまなデザインのドアがあり、ドアノブのバリエーションの豊かさにも驚かされたものである。

日本の民家は柱で支え、仕切りは横にスライドする建具が使われていた。柱を連結する木材に溝が切ってあり、上を鴨居、下を敷居といって、そこに障子、襖、帯戸、板戸などをはめ込む構造である。もっと時間をさかのぼり、平安時代の『源氏物語絵巻』を見ると、建物の天井と屋根を取り除いて俯瞰して描く吹抜屋台《ふきぬきやたい》という構図法が用いられていて、屏風《びょうぶ》、几帳《きちょう》（二本の柱に横木をわたし布をかけたもの）、御簾《みす》などが空間の仕切りとして用いられている。これらの仕切りは押し倒すこともできるよわよわしいものが多く、それだけ象徴性が強いのである。つまり、壁、ドア、窓といった仕切りに比べると、物理的には弱く、社会的、心理的、霊的な意味合いが強い。しかも、多様な仕切りを用いることによって、屋内を同じ質で広がる空間

図２　縁側（内縁）
（茨城県つくば市）

ではなく、意味において限りなく色合いの違う空間にしているのである。

縁側はどこか

民家といっても、ここで取り上げようとしているのはどんな家だろうか。近年、かやぶきの住居を移築して公開する民家園が各地にできており、そこに展示してある民家を思い描いてみよう。入口の敷居をまたいで主屋《おもや》の土間に入ると、陽の光が乏しくひんやりとした空気に触れるだろう。板戸を開けて畳の部屋に上がると足裏にイグサの独特の感触が心地よい。板戸とその先の襖《ふすま》が開け放たれた空間には、障子を通して淡い陽光が差し込んでいる。庭に面した障子を開けて、板敷《いたじき》の空間に移ると、軒下の風鈴が涼やかな音色を届け、庭の打ち水が暑さを和らげてくれる。しばらく腰を下ろして庭の造作を楽しもう。足を庭に投げ出してぶらぶらさせていると、太もものあたりに溝がある。それは雨戸がはめ込まれている敷居であって、今腰かけているところが縁側《えんがわ》である。この民家のように庭と屋内の境に雨戸がついている縁側を、内縁《うちえん》という。縁側にはもう一種類あり、縁側と屋内の境に雨戸を設けているのを外縁《そとえん》という。外縁は雨が降ると濡れるので、濡れ縁《ぬれえん》ということもある。

民家のさまざまな仕切りはすべて引き戸で、開口部が広く自在に開放できる、という点に特徴がある。壁とドアが固定的で自在な開放ができないことと対照的である。庭に面した縁側は、雨戸が戸袋の中に完全に収納されることから、家屋の中で開口部が一番広く、自在な開放ができる点で民家の典型的な空間といえる。

図３　家の内から見た縁側
（茨城県つくば市）

縁側の使い方

縁側は雨戸と障子によって囲まれた板張りの空間である。この二つの建具で仕切られた空間は、家屋の中ではここだけである。縁側は夏の強い陽光が直接和室に入ってこないためばかりでなく、庭の照り返しからも距離を置くという家づくりの知恵から生まれたものである。小春日和には針仕事をするのに心地よい空間であり、その近くに猫が丸くなって寝ているなら、絵になる風景といえよう。

先ほど、民家園の家屋に入る時には、私たちは主屋の大戸《おおど》といわれるところから土間に入っていった。民家園ではたいてい大戸が開かれていて、ここから入るようになっているものであるが、実際に民家を訪ねてみると、ここは閉ざされていることが多い。たいていは勝手口に相当する出入り口がもう一つあって、野良仕事に出かけるときなどはそこを使っている。かつて、ある民家を訪ねて行ったときに、大戸に「今日は弁当を持って畑に」と張り紙がしてあったことがある。近所の人なら、家人が野良に出ていることは承知しているので、その張り紙は外来者に向けてのものである。つまり、近所の人たちは用があっても普段は大戸に向かうことはない。では、どこに行って家人に声をかけるのであろうか。答えは縁側である。

縁側には近くの茶飲み仲間が集まってきては、思い出話に興じたり、穀物や豆類を筵の上に広げて乾燥させたり、使わなくなったマッサージチェアがほこりをかぶっていたり、日常的にはさまざまな使い方がなされる。近所の人たちとの団らんの場であり、農作業の場にもなり、洗濯物を干したり、物置の代わりになったりいろいろに使われる多用途空間である。

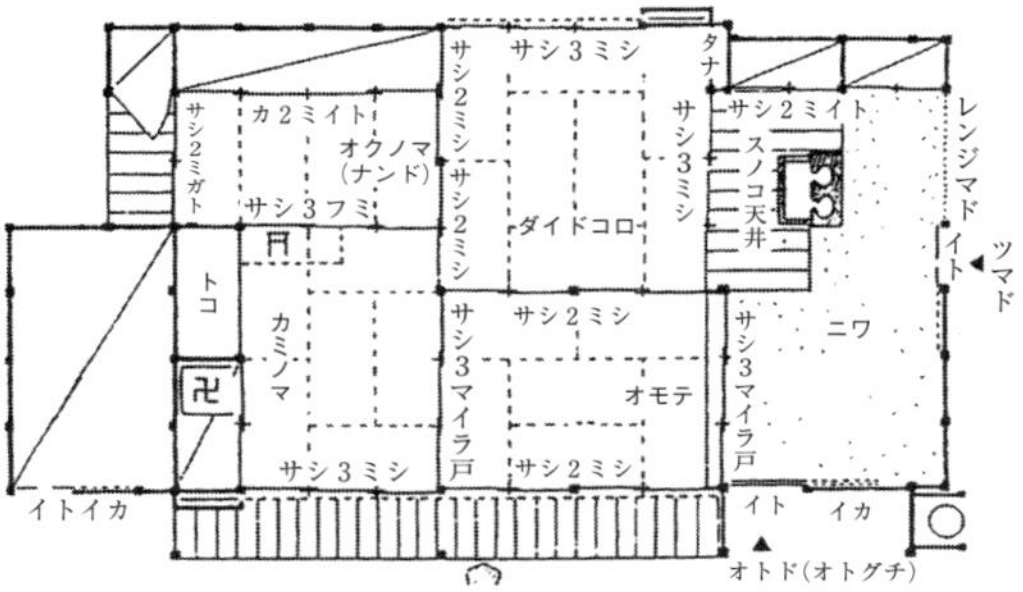

図4　間取り図（山口県岩国市美和町）

サシ＝差鴨居，イト＝板戸，イカ＝板壁，ミフ＝溝・襖，ミシ＝溝・障子。たとえば「サシ２ミイト」は「差鴨居に２本溝の板戸」，「サシ２ミガト」は「差鴨居に２本溝のガラス戸」，「サシ３ミシ」は「差鴨居に３本溝の障子」。

ハレの日の使い方

縁側は日常的には比較的に気楽な使い方ができる空間である。一番奥のカミノマなどといわれる座敷では、少なくとも二面は襖が立てられ、のん気な茶飲み話もなかなかできる気分にはなれないし、洗濯物を干すなどもってのほかであった。しかし、日常でも座敷の縁側の前に置かれた踏み石の近くで遊んでいると、「そこで遊んではいけない」と親に叱られた経験を語る人もいる。気にしなければ何とも思わない経験談であろうが、「なぜですか」、と聞いてもはっきりとした理由を聞かせてもらえないことも多い。

座敷の縁側の前に置かれた踏み石は、僧侶が出入りするときにそこで履き物を脱ぐのである。僧侶が出入りするとき、といえば、葬式である。家で人が亡くなると、僧侶がやってきて座敷の前の縁側から上がり、納戸に寝かされている死者に枕経をあげ、座敷を通り抜けて縁側から降りて踏み石の上の履物をはいて帰った。告別式でも座敷で経をあげ、棺も僧侶と同じ経路をたどり、座敷の縁側から庭に下され、野辺送り(1)となったのである。棺が庭に下された後、座敷をほうきで掃き出したり、茶碗を割ったりする。これは死者の思いが家に残らないように、あるいは死者の霊との別れを象徴しているのである。

私たちが食事する際に、渡し箸といって一つのものを二人が箸でつまむのを嫌うのは、火葬場で骨を拾うときにそうするからである。人の死の場面と関連する所作は、日常では行うことを嫌がり、タブー視することが多い。縁側の踏み石の近くで遊んだ子どもが叱られたのは、そんな理由からであった。

(1) 棺に入った死体を墓地あるいは火葬場に運ぶことを野辺送りという。最近は霊柩車にのせて葬祭場に移すことが多いが、それ以前は僧侶、喪家の人々や弔問客が葬列をなして埋葬地に移動していた。

図5　縁側からの出棺
（栃木県芳賀郡市貝町）

お盆になると先祖を迎えるために仏壇を飾ったり、その時だけ棚を作って位牌を出して並べたりする。そして、帰ってきた先祖が手足を洗うために、洗面器に水を張って脇にタオルを用意したり灯明を置いたりする。それらを置くのも、座敷の前の縁側とするところがある。

このように亡くなった霊が生家を出るところであり、先祖となって戻ってくるのを迎えるところが、座敷の前の縁側である。霊的な意味合いでの屋内と屋外の境といえる。

結婚が決まり、婚礼の日に晴れ着を着て生家を出る花嫁も縁側から出立《しゅったつ》した。ただし、この場合には葬儀の時に意識された座敷の前の縁側ではなく、座敷の隣の部屋の前にある縁側からである。ここで孫を見送る祖母との別れを惜しんだのである。同じく縁側であるが、ここは生きている家族との別れを象徴する境になっている。このようにハレの場面での縁側の意味づけは明快であり、日常の所作に反映しているのである。

消滅した縁側

屋敷に入って庭を横切り縁側にいたるまでは、途中で飼い犬にほえられることはあっても誰でも行くことができる。縁側は開口部が広く、物理的に家屋への風通しが良いばかりでなく、そこまで人の接近を許すという点で社会的にも開かれ、霊的な出入りを象徴する境であった。こうした点をひっくるめて「民家の通風性」とするならば、最近の日本の住居はいかがなものであろうか。

南に面した部屋でも断熱材やペアガラスによって太陽の熱を気にする必要がなくなり、遮光カーテンを閉めればまぶしい太陽光を遮ることもたやすい。そのため、物理的に陽よけの役目を果していた縁側（とくに内縁）を設ける必要はなくなっている。プライバシーを尊重し、部屋の独立性を高めるために雨戸、板戸、障子、襖といった可動式の間仕切りが少なくなり、壁とドアと窓に置き換えられている。マンションなどの共同住宅にいたっては畳の部屋は最低一室設けてあればよい方で、襖と障子も申し訳程度の存在になっていることが多いのではないだろうか。縁側が存在する余地は全くないといってよい。

民家の庭に面した側には掃き出しサッシがあればよい方で、開口部の広さは雨戸を使っていた頃に比べると半分になっている。近所の人が来たとしても、腰かけてくつろぐには中途半端なだけでなく、サッシの敷居は足を投げ出すと太ももに食い込んで痛い。葬式を家で行ったり、結婚式の晴れ着を着て家から出る例はほとんど聞かれなくなった。実際に、縁側という言葉すら、最近は耳にすることはなくなっている。民家の社会的、心理的な通風性は極端に悪くなり、むしろ「民家の密閉性」が高くなっている。消滅した縁側はこのことをよく物語っている。

（古家信平）

Question 35

地蔵や道祖神はどこに立っているのか?――境界と神仏

図1　六地蔵（鳥取県東伯郡湯梨浜町）

身近なお地蔵様

お地蔵様と聞いて、子どもの頃読み聞きした昔話「笠地蔵（かさじぞう・かさこじぞう）」を思い出す人もいるだろう。小学生の国語教科書にも多く採用される岩崎京子作『かさこじぞう』を例に概要を示すと以下のとおりである。

ある地方の貧しい老夫婦は、大晦日、新年を迎えるための餅すらない。そこでおじいさんは、菅笠《すげかさ》を編み町へ出かけるが、笠は一つも売れず、あきらめ帰路につく。吹雪の中、おじいさんは村はずれにある六体の地蔵を見かけると、売れ残りの笠を地蔵に差し上げることにした。しかし、笠は一つ足りないので、最後の地蔵には手持ちの手ぬぐいを被せ帰宅した。その夜、老夫婦が寝ていると、家の外でもの音がする。外の様子を窺うと、家の前に餅の俵などのさまざまなものが置かれていた。老夫婦は、そこで手ぬぐいをかぶった一体と笠をかぶった五体の地蔵が去っていくのを見る。この地蔵からの贈り物のおかげで、老夫婦は良い新年を迎えることができた。

地蔵のある場所は、この話のように村はずれのほか、峠、単なる道端など地方によってさまざまであり、数も一体から、一〇体以上などさまざまである。

地蔵のある場所

葬儀などに参列し、墓地に遺骨を納めに行くと墓地の入口に地蔵があることがある。しかし地蔵は墓地の入口だけではなく、笠地蔵のように村はずれ、日本各地にある地蔵峠の名のごとく、峠、辻などにも多数存在する。葬儀の際、遺体を墓地に埋葬に向かう野辺送りで村境、辻などの地蔵を経由して埋葬し、また帰りにお地蔵様を通って帰宅する習俗などがある。墓地の入口、村はずれや峠のお地蔵様もこの世とあの世の境界にあると認識されているのであろう。

しかし、地蔵は仏教の六道《ろくどう》(1)のようなあの世との境界にあるとされるが、それをもってきわめて仏教的な存在というわけではなさそうである。笠地蔵は正月に恩返しとして貧しく信心深い老夫婦に餅、野菜などの豊穣をもたらす。これは日本の民俗信仰でいう正月に幸福と豊穣をもたらす歳神《としがみ》や歳徳神《としとくじん》(2)としての性格と重なり合う。

また六地蔵ではなく七地蔵とする場合もあるが、これはこれも海上彼方の異世界から宝船に乗って福をもたらす七福神信仰と類似していることを示しているといえるだろう。

地蔵が立つ、村はずれ、峠、辻、あるいは墓地の入口などは、地図上の境界線とはことなり、通常暮らしている人々の空間と死者の世界、または豊穣の世界などとをつなぐ信仰的境界である。

道祖神の特徴と祀られる場所

道祖神は、サエノカミ、ドーロクジンなどとさまざまな呼称がある。一般的には

(1) 生命あるすべてのものが、生死をくり返す六つの世界のこと。

(2) その年の福徳をつかさどる神様で歳神と同様の神。この神のいる方角を、明きの方・恵方《えほう》といい、万事に吉方とされる。その方角は年によって異なるという。

図2　双体道祖神
（長野県北佐久郡立科町）

その名のごとく道の神、境の神とされているが、防塞《ぼうさい》、除災、縁結び、夫婦和合、子どもの神ともされている。

道祖神のまつられる場所は峠、村境、分かれ道、辻などである。神体は石であることが多く、自然石や丸石、陰陽石などのほか、神名や神像を刻んだものもある。中部地方を中心にしつつ、関東や山陰地方の一部にも男女二体の神像を刻んだものがあり（図2）、これは、山梨県を中心にした丸石、伊豆地方の単体丸彫りの像とともに、道祖神碑の代表的なものである。これらは地域や集落の境に置いて、外からやってくる疫病、悪霊など災いのもととなるものを防ごうとするものである。

道祖神祭は子どもが主体となることが多く、小正月に正月飾りを焼く火祭りとして行われる事例が多く見られる。

地蔵と道祖神の類似性

地蔵と道祖神の類似点は、以下の三点である。

一つ目が、地蔵と道祖神が主に立つ場所は境界にあたるということである。それは地理的なものだけではなく、異界との境という点で共通している。

二つ目が、ともに境界にあって日常生活する集落から死者、疫病、害虫を送り出し、それらの安易な侵入を許さないことである。

三つ目が、子どもを守護し、子どもによってまつられるということである。

近畿を中心とした地蔵盆《じぞうぼん》は、お盆の期間中かつ地蔵の縁日でもある旧暦七月二四日の前日、宵縁日《よいえんにち》を中心に三日間程度、子どもが主体となって行われる。地蔵盆の

（3）秋田のカシマ送り、茨城のオオスケ人形、九州から西日本に広がるサネモリ送りなどは、疫病送り・虫送りとして藁人形を作り村境や川、海など境界から送り出す。厄災送りも境界で行われる。

図３　地蔵盆（鳥取県岩美郡岩美町）
子ども組が準備からすべてを行う。

祭は辻の地蔵が信仰対象で、辻祭や塞の神祭、道祖神祭が変化したものともいわれている。地蔵を参った子どもたちは、地蔵の前に集まった席で供養の菓子や手料理などを振る舞われる場合が多い。

地蔵が子どもたちにまつられるのは、六道を自らの足で行脚して、親より先に世を去った幼い子どもの魂を救って旅を続けるといわれるからである。幼い子どもが親より先に世を去ると、親を悲しませ親孝行の功徳も積んでいないことから、三途の川を渡れず、賽《さい》の河原で鬼のいじめに遭いながら石の塔婆作りを永遠に続けなければならない。地蔵は、賽の河原に率先して足を運んでは鬼から子どもたちを守ってやり、仏法や経文を聞かせて徳を与え、成仏への道を開いていくという。

この地蔵の賽の河原という境界にかかわる説話が、地蔵と塞の神である道祖神という境界の神を習合させ、地蔵盆を子どもの祭りへと変化させたものと考えられる。

民俗における境界

民俗学において境界は村境を中心に論じられてきた。村境を目に見える形で示す事例として滋賀県琵琶湖北岸の菅浦（滋賀県伊香郡西浅井町）における村の門がある。菅浦は中世の惣村の名残を継承し、奈良盆地の環濠集落と同様に外部への出入りの場所を限定し、村を自分たちで守ろうとするもので、出入り口としての村境の重要性を示すものといえる。(3)

村境には地蔵や道祖神など石像物以外にも、疫病やその他の災厄がムラに侵入するのを防ぐ、または入ったものを追い出すために、私たち人間が恐ろしいと感じる

図4　ショウキサマ（新潟県東蒲原郡阿賀町）

もの、たとえば蛇形の呪物などが設定されることがある。いわゆる道切り行事がそれである。たとえば、福井県大飯郡おおい町大島の各ムラでは、正月に太い縄をない、それに月数だけの幣束を立て、中央には祈祷文を書いた勧請板《かんじょういた》を下げたものをムラの入口と考えられる場所に吊り下げる。この縄のことをジャ（蛇）という。この場合、縄の中央に下げた勧請板に書かれた祈祷文とともにジャと呼ばれる縄にも、呪力があると考えられる。これとほぼ同様の道切り行事は近畿地方全体で行われており、カンジョウカケ（勧請掛け）とかツナカケ（綱掛け）といい、正月に綱や注連縄を村境の道の上にかけることを基本としている。村境に注連縄を張る事例は中部、関東地方にも見られ、北関東ではこれをハッチョウジメ（八丁注連）と呼んだ。また新潟県東蒲原郡のショウキサマ（鍾馗様）、東北の秋田県などのカシマサマ（鹿島様）のような恐ろしい藁人形、また全国的には巨人がいることを連想される大草履が村境に設置される。これらも集落内に危険なものが侵入することを阻止する呪物を設定する道切り行事の一種である。

しかし民俗社会における村境は、地図上の境界線のようなものでも、また村のはずれというわけでもない。そこは神仏などがまつられたり、そこで儀礼が行われたりする聖所で、村外〈異界〉との接点として村人が集まる場所である。よって村境は、他村へつながる入口に限定されず、村内部の民家が集まる場所の周囲や内部にも存在する。「村境」の文字の意味のみにとらわれるのではなく、わらに大きな「境界となる場所」という大きな意味でとらえることが必要である。

地蔵や道祖神のような石仏、カシマサマやショウキサマのような藁人形、辻札などがある場所は、集落にとって異世界との境界であり、死者の魂、疫病や害虫など集落から出ていくべき存在を送り出すとともに、人々が集い、さまざまな祈願をする神聖な場であった。その境界となる場所は、集落の地理的条件によって、辻や橋、峠、河原、海岸とさまざまで、一様ではない。

変化する境界と神仏

道路の拡張などにより地蔵や道祖神などの境界の神々は、境界であり聖所であった場所から移転を余儀なくされ、神社や寺の境内の片隅に集められ伝統的な神仏としての性格を失うことも多い。また路傍に見られる比較的新しい地蔵は、交通事故現場に死者の冥福と交通安全を目的として建立され、それについては現時点では必ずしも境界の理論で説明が適切とはいえない。道祖神がマチに登場し、昭和後期以降はマチのみでなく、ムラでも地域の境を拓く神に性格が変化しているという指摘もある。(4)

また高度経済成長期以後、集落の戸数が増加し、かつての村境の外側にまで住宅が建てられたり、開発で村境であった橋や峠などの地理的条件が大きく変化したりすることも多く、村境を変更するか、そのままかなどさまざまな対応が見られる。

境界の神仏は人々の暮らしに身近であるがゆえに、社会の変化の影響を強く受け続けており、それが今後どのように変化し、あるいは、民俗社会に認識され定着していくか注意深い観察が必要である。

（樫村賢二）

（4）道祖神碑はかつてムラが建立の中心であったが、昨今は個人による建立が珍しくはないという変化もある。

Question 36

なぜ「ウチの会社では」というのか？——ウチの意識・ソトの意識

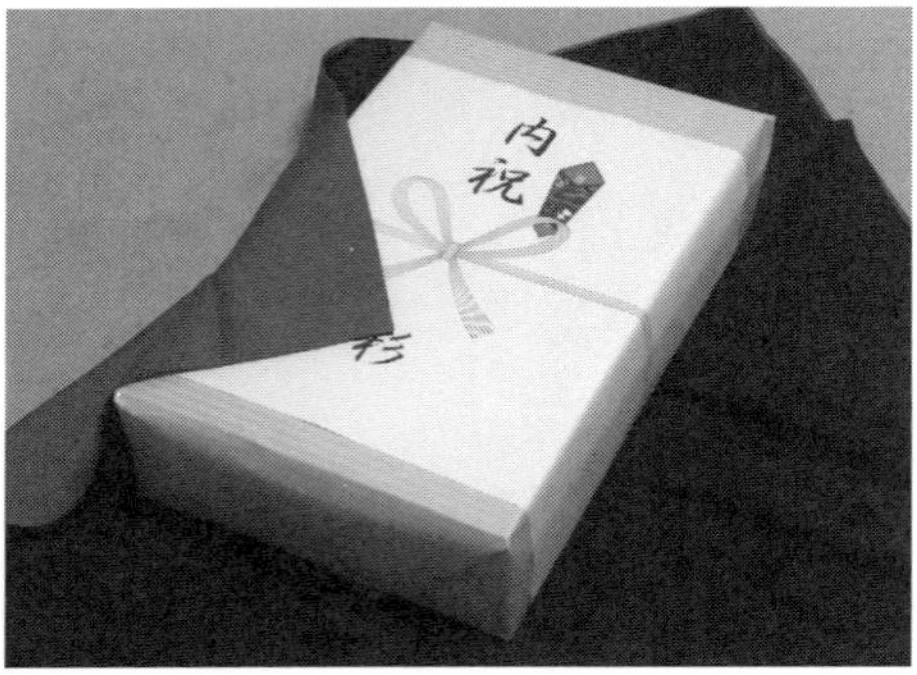

図1　内祝い

「身内」と「仲間内」

「ウチ」という言葉を聞いて、われわれは何をイメージするだろう。一般的に、ウチ＝家であり、家庭、家族や親族を思い出すことが多いかもしれない。「ウチの実家では……」とか「ウチで飼っている犬は……」などの言葉の使い方は、いずれも建物としての家屋と同時に、一緒に暮らす家族や家庭をもその意味に含んでいる。これらのウチはいわゆる身内である。結婚や出産祝いの返礼である内祝いも、元来は身内だけのお祝いをさす言葉であった。また芸能や武道の世界の内弟子は、師匠の身内家族と一緒に生活しながら稽古に励む弟子のことである。この身内は親族もしくはそれと同じようなつきあいをする人々であるが、その範囲は、固定的・永続的なものではなく、ゆるやかに変化する関係である。

たとえば滋賀県長浜市名越《なごし》では、本家・分家関係のまとまりをドウケウチ（同家内）と呼んでいる。これは通常は三～五軒程度で構成される最もつながりの深い親戚で、まさに血縁を基礎にした身内である。しかし名越ではドウケ三代ともいわれ、ドウケウチは三世代も過ぎれば関係が薄くなっていくと認識されている。ドウケウチの家の人を自分の家に呼んだときに、今回で最後にしましょうという話をして関係を切ると、その後は行き来をしなくなるという。

また「ウチ」が示すもう一つのまとまりがある。それが「仲間内」である。一人称として「私」のことをウチと呼ぶ場合があり、その延長で自分を含む一定の組織や集団を「ウチら」などと表現する。さらに自らの属する学校や職場、グループを、「ウチの会社」「ウチの業界」「ウチのサークル」「ウチの町内」などという。ウチがさし示す仲間内の範囲は自分を中心にさまざまな変化と広がりを見せるのである。「この話は内々に」といわれれば、それは仲間内にとどめておく内容の話をいう。「内輪もめ」は仲間内での争いを指し、「蚊帳《かや》の外」とは仲間内からはずされた状態のことである。

このように、われわれは日頃、内《ウチ》と外《ソト》とを無意識に分けて物事を考えたり、発言・行動したりしている。そしてそれは、自分を中心にさまざまな広がりを見せるものであり、また新しく生まれたり消えたり、変化したりする関係でもある。

日本人にとってのウチとソト

一般に欧米人に比べて日本人は、ウチ・ソトを明確に区別したがる性質を持っているといわれる。日本の社会における人間関係の特徴は、一定の地域や所属する機関など個人が集団を構成する場合の枠が強調され、そのウチかソトかを強く意識することにある。そしてこの枠は、出自・学歴・地位・性別といった個々人の属性より重要視される。つまりウチとソトは集団や組織の違いとして明確にされるのであり、個人の差というのは表に出ない。たとえば仕事上で自己紹介などをするときに、自分は記者であるとかエンジニアであるとか言う前に、まず「○○社の者です」と会社名を述べるのが一般的である。その後に、自分がどのような職種であるとか地位にあるとかいうことが追加される。初めて会う人にとって、その所属する集団や枠が最も重要な情報として認識されているためである。

そしてこのようなウチ・ソトの意識は、家屋のつくりにも反映されているという。(1) 日本の伝統的な民家は襖《ふすま》や障子《しょうじ》、屏風《びょうぶ》、衝立《ついたて》などの建具で部屋を区別することが一般的であった。しかしそれは時に応じて取り外したり移動したりするもので、欧米の家で見るような厚い壁と鍵のついたドアで区切られた部屋に比べて、部屋の独立性が非常に弱い。その一方で、家の外には塀や垣根、濠《ほり》などがあり、外から帰れば玄関で履きものを脱ぐのが一般的である。部屋に鍵はかけなくても、家は雨戸などでしっかり戸締りをする。このように、家（ウチ）とソトとの仕切りは明確であるものの、その中で生活する個々人の生活ははっきりとは区別されないのである。

イエ（家）から広がる「ウチ」の意識

最初に述べたように、ウチ意識として最も分かりやすいのが「家」であろう。日本の民俗社会におけるイエというのは、家屋やそこに生活する家族をはじめ、所有する財産や権利・義務、社会的な役割、さらにはそのしきたり・慣習などまでを含み込んだ言葉である点に特徴があり、先祖から子孫へと代々伝えられる単位としての意味を持っている。そしてこのイエは、伝統的には家長を中心に一定の序列や役

（1）和辻哲郎は「人間の間柄としての家の構造はそのまま家屋としての家の構造に反映している」と指摘し、家族内の個人や家屋内の各部屋の区別が希薄な点を、それぞれ「距《へだ》てなき間柄」「距てなき結合」と表現している。

割を与えられた家族員で構成され、家業や家産を継承し、家系を存続させてきた。

また柳田国男は、「親子（オヤコ）」という言葉は元来生みの親と子どもに限定されるものではなく、労働力としてのコとそれを統率するオヤとしてとらえた。(2) つまりかつての親子の本質は労働組織であったという考えであるが、日本の家族は非血縁者を含みながら家業をなしてきた点に特徴があった。伝統的な農家は夫婦と血縁のある親族に加え、奉公人など多くの非血縁者を含む大家族が基本であったといわれ、それが農業経営の単位をなしていた。また商家でいう暖簾内《のれんうち》は、本家・分家のほかに、店の番頭として働き、暖簾分けした店（別家）を含めた同族の範囲を示している。この暖簾とは、その家（店）の財産や信用、慣習などを含んだ言葉であり、暖簾分けは商売上の分家に他ならない。

また現在でも「名付け親」や「仲人親」などの言葉を耳にすることがあるが、かつて日本各地で血縁関係にない者どうしが特定の機会に親子関係を結ぶということが行われてきた。その親（仮親）は子の後ろ盾となって世話をし、子は親に奉仕するという関係を一生にわたって続けていくもので、この「仮親」に対して、「生みの親」という言葉があることが、その存在を物語っている。さらに「ムラシンルイ」「葬式シンルイ」「トナリシンセキ」など、血縁・非血縁を問わない地域の家どうしが、特定の機会に結ばれる関係を示す表現として「親戚」「親類」などの言葉が各地で使われている。一般に、関係の深い友人や同僚に対して「キョウダイ（兄弟）」と呼んで親密さを強調するのも、また同様な例であろう。日本におけるいわゆる「身内」とは、このような血縁・地縁・職縁など、さまざまな契機でつながる

（2）柳田国男は、親類をオヤコやオヤクと呼ぶ事例から、かつて親子は広い意味で使われた言葉と考えた。また海で働くカコ（水夫）や山野で働くセコ（勢子）などの言葉から、コは労働者、オヤは統率者で、親子の本質は労働関係にあったとした。

図２　当家の半纏を着て葬儀を手伝う鳶職人（栃木県小山市）

人と人、家と家との関係として理解されてきた。

ウチ意識を表示する

このようなウチ意識は、日常のつきあいの中に表現されるものであるが、目に見える形で示されることもある。たとえば、城下町・宿場町など歴史のある都市において、普段から商家などに出入りする大工や左官、鳶《とび》などの職人たちは、仕事着としてその家の家印が染め抜かれた半纏《はんてん》を着ていくことが一般的だった。家印とは家紋より簡易な線と文字で表されるもので、その家の所有物に記される記号である。かつて出入りの職人との関係は深く、とくに大店《おおだな》では婚礼や葬儀をはじめ日常のさまざまな機会に職人を呼んだし、盆や正月になれば職人は挨拶に行った。その際にも当家の印《しるし》半纏《ばんてん》を着用し、富裕な家では家紋の入った羽織も用意して職人に着せた。とくに冠婚葬祭などの機会には、職人に何枚も半纏や羽織を着せてその華美を示した。

このように、家印や家紋の入った衣類を着せることは、その職人たちがウチの出入りであるということを内外に示すことであり、また半纏・羽織の豪華さや職人の数がその家の繁栄を表現する手段にもなった。印半纏はカンバンなどとも呼ばれ、伝統的な都市に生活する職人はまさにその店の看板を背負って働くわけである。それだけ職人が身近な存在だったのであり、身内や仲間内としての深いつきあいを持っていたのである。

会社は家族か

こういった、ある一定の組織・集団や仲間を身内や家族になぞらえてとらえる感覚は現代の日本社会にも根づいており、欧米などから日本企業の家族主義的な経営を指摘されるのもまたそのためである。昨今では欧米的な経営形態の企業も増えてきているようだが、終身雇用制を前提とする多数の日本の企業では、同族経営であるか否かにかかわらず経営者は家父長として存在し、労働者はその子となって働くという意識が根深い。

同じ会社の従業員は同じ制服を着て同じ勤務時間に働き、社宅で生活する。諸手当などの福利厚生を手厚くし、時には従業員家族を含めた慰労会や運動会などが催され、出産・結婚の際には会社から慶祝金を出す。さらに社長や役員、貢献度の高い社員の死に際しては会社が主体となって葬儀（社葬）を行ったり、供養塔を建てたりする、というように、会社は労働者の生活の面倒までみるというのが一般的な日本企業のあり方である。

核家族化などに伴って、現代の家族は実の親子が基本的な構成単位となり、血縁者のみのつながりが重視されるようになってきている。しかしその一方で古くからのイエや身内・仲間内のとらえ方は、「ウチの会社では……」のような言い方で示される範囲に及んでいるといえるだろう。このような日常的に何気なく使う「ウチ」という言葉の背後には、さまざまな縁でつながる人々を家族とみなし、家長のもとに同胞として生活してきた民俗社会のイエ観念が潜んでいるのかもしれない。(3)

（内山大介）

(3) このようなイエ観念は政治的にも利用された。親子の家族としてのつながりを最も拡大させたものが国家であり、天皇を家長、国民を子弟とする考え方は、日本を戦争へ導いた要因の一つとされる。

次の扉を開くための読書案内

飯島吉晴『竈神と厠神——異界と此の世の境』人文書院、一九八六年（講談社学術文庫、二〇〇七年）

家屋内にはさまざまな神がまつられる。著者は、表にまつる公的な神と、裏にまつる私的な神に大別した。表は座敷に木製の神棚が安置され、伊勢神宮のお札を始め各地の神社のお札が収まる。裏にまつる神は特別の神体を持たず御幣をさしただけの場合が少なくないが、庶民にとっては親しみのある神々であった。竈・囲炉裏・厠などの習俗を取り上げ、年中行事や通過儀礼との関わりの中で考察する。

井上忠司『「世間体」の構造——社会心理史への試み』日本放送出版協会、一九七七年（講談社学術文庫、二〇〇七年）

阿部謹也『「世間」とは何か』（講談社現代新書）とともに、世間体について考察した基本文献の一冊。ウチは身内・仲間内というように、主として個人の属する集団を指し、英語のプライベートのように個人自体を指すことはない。同書は、身内・世間・他人などユニークな理論を展開しながら、世間・世間体について史的展開をとおして、さまざまな角度から論じる日本文化論でもある。

神野善治『人形道祖神——境界神の原像』白水社、一九九六年

大きな藁人形は、ムラに入る厄災を避けるために村境に立てられる。著者は、それら一連の人形群を「人形道祖神」と命名し、調査研究を進めた。その成果が六五〇頁を超える本書である。小正月の道祖神信仰と関わらせ、人形の製作の問題など多岐にわたるが、基本的には人形という形に注目し、信仰面にも留意しながら考察を展開する。豊富な写真と図版が理解を深める。

原田敏明『宗教と社会』東海大学出版会、一九七二年

本書に収録された「村境と宗教」が直接本題に関わる論文である。ムラの入り口は特に神聖な場所とされ、村境はその入り口でありながら実際には社会生活の中心でもあったという。ムラの中は神聖であり、ムラの外部は不浄であるという基本的考えがあり、境の外側に対して何らかの対抗をする。関東地方から中部地方にかけては、ムラの境にまつられる道祖神がその役割を果たす。

古家信平・多田井幸視・徳丸亞木『日本の民俗5』（家の民俗文化誌）吉川弘文館、二〇〇八年

日本の家について、民俗学の視点から多角的に論じた一巻。収録論考のうち、古家信平「家の構成と暮らし」が、家屋のウチとソトの関係について論じている。田の字型の間取りの場合、表側の座敷・茶の間（＝公の領域）、裏側の納戸・勝手（＝私の領域）という表側と裏側の空間区分を摘出し、具体的に分析している。

森隆男『住まいの文化論——構造と変容をさぐる』柊風舎、二〇一二年

ソフト面から住まいを考察した研究書。民俗学の立場から住まいを考察した書である。具体的な調査事例を豊富な写真・図版とともに紹介しており、研究書ではあるが大変親しみやすく、一般にも受け入れられると思う。クチとオクの関係を基本に、縁と床の間、表と裏、縁に見る結界など、住まいの秩序を民俗学的に考察し、ユニークな指摘が随所に見られる。

第10章　日本文化の多様性

　日本文化は、さまざまな場面で多様性をもつ。日本に共通する伝統文化にしても、その具体的な表現形態などで地域による多様性を見ることができる。

　食べ物は、その地方の環境や歴史と密接に関連して豊かな地方差を示す。雑煮などは、正月に食べる儀礼食として日本全国に共通する食べ物だが、丸餅と角餅や醤油味と味噌味など地域差が大きい。食べ物だけでなく性格なども含めて、県民性という地域の多様性が語られる。伝統的な県民性の言説は過去のものになりつつも、観光資源として利用されたり、生活の知恵として新たに創造され、変化している。日本の近代化の中で、アジアとのかかわりでラーメンやキムチが日本に定着した。沖縄のチャンプルーは、中国の食材に東南アジア系の名称がつき、さらにアメリカによる占領の影響でランチョンミートが入る多国籍料理である。それが、沖縄の料理から全国展開して日本料理の一部になりつつある。

　外国文化が定着し、日本文化にとけ込むなかで、現代日本社会における新たな多様性が出現しつつある。

Question 37

正月の雑煮に入れる餅は丸か四角か？——列島の地域性

図１　雑煮（東京都江東区）

「お雑煮一〇〇選」

二〇〇五年、文化庁は「お雑煮一〇〇選」を選定している[1]。これを見ると、価値観や嗜好が多様化するとされる現代にあっても、雑煮は日本というレベルで強い同質性を持ちながら、同時に国内において地域差が明瞭に出る食物だと改めてわかる。

「お雑煮一〇〇選」によれば、雑煮という食物が存在し、それを正月という年頭の儀礼時には欠かせない食物とする地域は「日本」そのものである。その意味で同質性が高いといえるし、ときにはさまざまなメディアで「日本人」のアイデンティティーともかかわらせて取り上げられたりする。その一方で、日本国内に目を向けると、雑煮の餅は丸餅か角餅かとか、餅は煮るか焼くかといった地域差が明瞭となり、しかもそれにより日本はきれいに東と西とに色分けできるとされる。

しかし、こうした同質性の高さと明快な地域差といったことは、これまでの歴史つまり時代性を考慮するとかなり違った様相を示すことはあまり知られていない。時代をさかのぼると、日本または日本人という雑煮を語るときの外枠（同質性）は不明瞭となり、かつ内部における地域差は今ほど明瞭ではなくなってくる。

その一つの例として、雑煮の持つ同質性については、かつて民俗学において面白

（１）全国から公募された二八〇点から一〇二点が「一〇〇選」として選ばれた。この試みは国が地域文化を序列化することになったが、雑煮の現在を考える上では結果として面白い試みであった。

図２　昭和50年代における各地の雑煮

い議論がなされた。日本人一般の餅正月に対して、正月に餅を禁忌する「餅なし正月」という習俗に注目したものである。(2) それに対して、雑煮の地域性についての議論は、これまで学問レベルではまともに取り上げられなかった。たとえば先に挙げた角餅と丸餅のような東西の地域差についていえば、実のところ過去に編纂された民俗調査報告書を見てみると、その中に例外を見つけ出すことはたやすい。しかし、なぜ上記のような東西差が強調されるようになったのか。これはひと言でいえば、現代においては餅の商品化とマスメディアがそうした傾向に拍車をかけているからである。

雑煮の時代差

現在、年末が近づくと、いろいろなところで雑煮の地域差が語られ、テレビや雑誌などで特集が組まれることもある。マスメディアの中で描かれる雑煮は、地域差がことさら強調される。東の角餅と西の丸餅、また東の焼き餅と西の煮餅など、さまざまである。ただどれもごく限られた範囲での体験やイメージでの談義が多く、確たるデータや論証に基づいたものはほとんど無い。雑煮の場合、実は時代差というものが大きく作用し、雑煮が記録された時代によって地域差の様相は異なってくる。また時代をさかのぼると地域差そのものが不明瞭となってくることも多い。そのため、地域差を語るには、時代差も同時に検討する必要がある。

歴史学の分野で、雑煮の由来は、室町時代に武家が食したホウゾウ（烹雑）にあるとされるのが一般的である。その説はすでに江戸時代の後期に書かれた喜田川守貞の『近世風俗志（守貞謾稿《もりさだまんこう》）』にあり、そこではホウゾウは烹雑とともに保臓のこ

(2) 正月に餅を食べることを当たり前とする文化を稲作文化の象徴とし、坪井洋文はその文化状況から「餅なし正月」を見出し、それをかつて日本にあった畑作文化の残像と捉えた。

とで、人の五臓を保養する意味があるとされている。こうしたホウゾウが庶民に伝わったとき、ゾウニとなったというのである。

『近世風俗志』は大坂で生まれ育った武士が成人してのち江戸に養子に来たときの印象を記したものであるが、そこではいわゆる江戸風に出会ったときの素直な感慨が述べられている。雑煮については、それまで大坂で食べていたものが味噌仕立てで丸餅を用いるのに対して、江戸風は醤油仕立ての切り餅であることが述べられている。(3) こうした『近世風俗志』の記述は明らかに大坂と江戸の都市文化の違いに注目するものであり、餅の形の違いといったことは雑煮に限られたことではないし、また江戸と大坂を東日本と西日本とに敷衍するようなものでもない。

こうした時代差ではなく、地域差ばかりが強調されるようになったのはなぜか。それは、雑煮とはそもそもどのような食物なのかという議論と深くかかわっている。

雑煮とは何か

文献資料によると、正月元日の祝いは奈良時代から宮廷の公式行事となったが、現在のように雑煮を作って祝うという正月の風習は室町時代からのことだとされる。(4) 雑煮が武家のホウゾウに由来するとする説については、すでに柳田国男が民俗事例をもとに反論をしている。民俗学では、鏡餅は正月にやってくる歳神への供物またはその依《よ》り代《しろ》として供えられる餅であり、雑煮はそうして供えられた品々を一つの鍋で煮て神人共食するための料理である。柳田は年頭の儀礼食に粗雑で雑多なニュアンスを与える雑煮の字を当てるのは本来ではないと考えており、そうした一種の

(3) 同時に、大坂の善哉と江戸の汁粉の違いにも注目しており、同じアズキと餅を用いた食物でありながら、善哉は丸餅、汁粉は切り餅を使うことを挙げている。つまり、丸餅か角餅かはなにも雑煮に限られたことではない。

(4) 一七世紀初頭に編纂された『日葡辞書』には、雑煮は「正月にだされる餅と野菜で作った一種の煮物」とあり、すでに現代の雑煮と同様のものであったことがわかる。

混乱は中世以降になって正月儀礼における信仰の衰退が招いたことであるとした。

また、柳田は日本各地における雑煮の呼称に着目して、興味深い指摘をしている。雑煮はゾウニのほかオツケモジ・モチズイモノ・モチニなどさまざまに呼ばれるが、そのうちとくにノーリャー（熊本県）・ノウレェー（福岡県）など九州地方の方言に注目し、それが直会《なおらい》に由来するものであるとした。

この発見は、雑煮と歳神とを結びつける柳田説にとって大きな意味を持っていた。神祭に参加しその供物を神とともに食することを直会ということから、雑煮も本来はそうしたときの食物であったと推論した。したがって、現代のように、正月に神祭りらしきものは何もせず雑煮だけを食べるというのは、雑煮の字を当てることと同様、正月儀礼における神観念が欠落して以降の新しい姿であるといってよい。

時とともに変わる雑煮

もとは神祭りにおける直会の食物として雑煮が作られていたとするなら、なにも雑煮を食する機会は正月元旦や三が日に限られないであろう。年中行事のうち神祭りを伴うものはいくつもあるからである。たしかに、近世末に書かれた農民日記『浜浅葉日記』を見てみると、三浦半島（神奈川県）において雑煮は、正月三が日のほかに一月八日・一〇日・一九日、さらには六月・八月・一一月にも食されている。このうち八月の雑煮は十五夜に供えられた餅であり、一一月のそれは収穫行事の「稲こき仕舞」に伴うものである。また、神祭りの直会に供される雑煮は、正月の場合でいえば、一月七日の七草粥や一五日の小豆粥と共通した性格を持っている。(5)

（5）民俗事例では、一月七日や一五日の儀礼食が七草雑煮や小豆雑煮と称される場合があること、正月供物の処理法となっていること、中に餅が入れられること、また調理が男の手で行われることなど、雑煮との類似点は多い。

つまり七草粥や小豆粥はもとは雑煮の一種であったといってよい。

そのように、民俗世界では、かつて雑煮は、一月に限らず、時々の年中行事における神祭りに際して直会の食物として作られていた。つまり、一年に何度もあった雑煮を食する機会が、一月に集中するようになり、さらにそれが同じ一月中でも七草粥や小豆粥は雑煮から分化してゆき、ついには雑煮は年頭の一月元旦や三が日に収斂していったと考えられる。

また、同時に時代差が地域差として認識されるという現象も起こってきている。たとえば、一月一五日の小豆粥は実は雑煮の一つであったことは前述の通りであるが、その名残は鳥取県の小豆雑煮や香川県のあん餅雑煮として残されている。つまり、小豆粥は西日本の一部では雑煮として正月三が日に残り、それ以外の地域では小豆粥として雑煮から分離していったといえる。そして、そのことが現在では、丸餅と角餅の関係と同様に、東日本と西日本という対比に読み替えられている。

雑煮の現在

雑煮の多様さ、とくに東西差は、コマーシャリズムとマスメディアにより増幅された感がある。そこに時代差の考えはない。一方、先の「お雑煮一〇〇選」を見ると、通常とは異なる西の角餅・東の丸餅という例がいくつもあり、中には丸餅から角餅に代わったという報告もある。それはほとんどが自家で餅つきをせず、小切りされた餅を買うようになってからの変化である。商品としての餅は、西日本では丸餅、東日本では角餅に統一されることで、さらに東西差は増幅・強化されたといってよい。

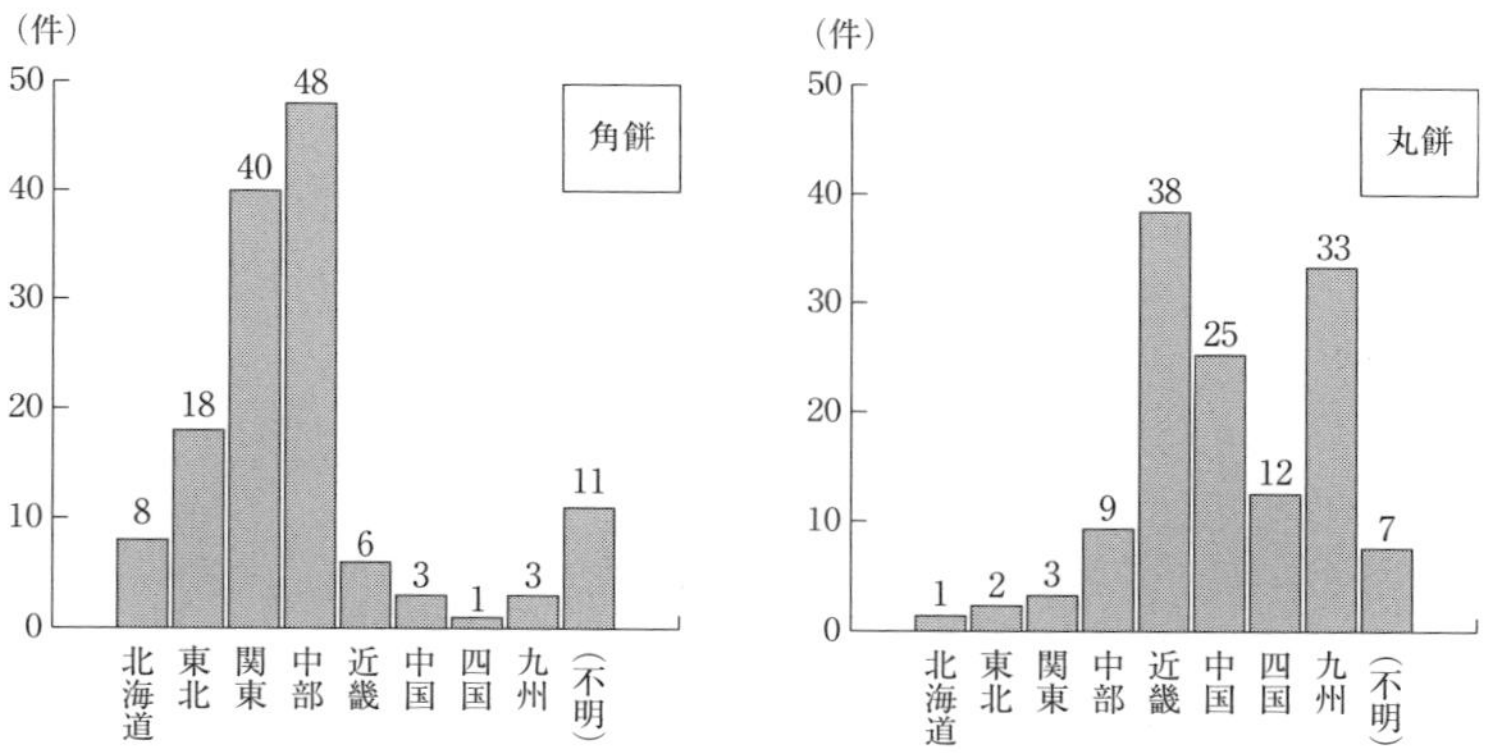

図3　地方別の餅の形状

たえず変化してきた雑煮ではあるが、現在また大きな変化の時期を迎えているように思う。それは、正月における神観念の欠如のみならず、家族形態や家意識の変化、また社会における女性の役割が変化したことがその大きな要因となっている。

かつて雑煮は家の例《ならい》を強く反映した食物であった。だからこそ、結婚すると嫁は夫方の味を受け継がなくてはならなかった。しかし、実のところそうした男中心の雑煮は、庶民の間ではおそらく明治時代に家制度が強く意識されてからのことである。本来、雑煮はもっと自由で多様な食物であったと考えられる。

現代になされた「お雑煮一〇〇選」からは、自由で多様な雑煮の片鱗を見て取ることができる。結婚を契機として夫方と妻方の家例《かれい》が折衷した雑煮が作られたり、また夫側と妻側の雑煮が一年交替で作られたりする。中には、最初は夫側の雑煮だったものが、いつの間にか妻側のものに代わってしまっていることもある。そうした変化は子どもの誕生を境にしていることが多く、それは妻側からすると母親となることで嫁という意識が薄れていく結果といえるかもしれない。

さらには、男系にしろ女系にしろまったく家意識というものを欠いた雑煮、つまり創作雑煮のような、個人の嗜好を強く示す雑煮も多く生まれてきている。過去の家例にこだわることなく、自分が好きだからという理由で、たとえばトンカツをいれた雑煮を作る人もいる。それをトンカツ雑煮と称しているが、トンカツの「カツ」は「勝つ」に通じ、年頭に食べると縁起がいいというように、民俗的ともいえる説明まで付されている。トンカツ雑煮の場合、おそらくそれは家の中でも後へ伝承されることのない、当代の人にしか意味のない雑煮ということになろう。（安室　知）

Question 38

ゴーヤチャンプルーは沖縄料理か？
——沖縄文化の柔軟性と多様性

ゴーヤは沖縄の野菜か

沖縄が本土に復帰した翌年の一九七三年のことである。当時、沖縄はアメリカと同じ右側通行で、冷房のついていないバスが島民の足としてくまなく走り回っていた。(1) 各方面からバスが集中する大きなバスターミナルには運転手のための食堂があって、暑い中を運転するので大盛りごはんにバターをのせてかきこむ姿が見られた。そこに筆者の友人で本土から来た学生がゴーヤチャンプルーを注文して食べていると、運転手がつかつかと近づいてきて、「本土の人もゴーヤを食べるんだねえ」と珍しいものを見たとでもいいたげにつぶやいたのである。今から四十年前のことである。そのころの沖縄ではゴーヤは沖縄の野菜であり、本土でもゴーヤはその名称とともに一般に流通してはいなかった。今から考えれば隔世の感がある。

沖縄の農家では主にパインやサトウキビを作っているが、ほかにゴーヤを栽培する家もある。(2) ゴーヤは夏野菜の代表であるから、五、六月ころに採れ始めると毎日がゴーヤのおかずということになった。台風が多く襲来する沖縄では、秋の本格的なシーズンより早く接近すると、せっかく花が咲いて実が大きくなろうとするころに倒されてしまうことになる。海に近いところに立地する集落では、風に海の塩が

図１　ゴーヤの多くの品種から，あばしゴーヤ（右）と中長ゴーヤ（左）

（1）沖縄県では復帰後六年目の一九七八年七月三〇日にいっせいに車両の右側通行から左側通行に変更された。バスは一部を右ハンドルに改造した以外は新車に切り替えとなった。本土復帰を象徴的に表す大きな出来事であった。

混ざるために塩害も加わって全滅することもある。市場に出回るようにするには、防風対策を施した農場で丁寧に育てなければならない。

二〇一〇年の農業統計では沖縄県はゴーヤの生産量が日本一で全体の三二パーセントを占めるとはいえ、鹿児島、宮崎、熊本の三県の合計では四二パーセントとなり、もはや沖縄の野菜というわけにはいかない状況となっている。本土ではニガウリという名で知られてはいたが、二〇〇〇年のNHKの朝の連続テレビ小説「ちゅらさん」によってゴーヤの名は一気に広く知られるようになった。そのころから、ニガウリの名の方はあまり耳にしなくなっていく。このように沖縄の本土復帰以降のことを振り返ると、二一世紀に入ってからゴーヤは沖縄の代表的な野菜として本土各地で認知され、広く食べられるようになったといえよう。(3)

ゴーヤチャンプルーとは何か？

沖縄の郷土に関する出版は大変盛んで、料理関連のものも多く、内容も材料の調達から作り方、その効用を述べるものや信仰行事とのかかわりにふれるものなど限りがないほどである。ゴーヤチャンプルーは炒めもの料理に分類されており、作り方はゴーヤを二つ割りにして中のわたを取り去り三ミリ幅くらいに切って味噌をからませ、豆腐、鰹節と一緒にラード（豚脂）で炒める。塩を加えて味を付けることもあるが、肉は用いずにどちらかというと精進料理に近いものである。ゴーヤ以外に〇〇チャンプルーという料理がいくつか知られている。(4)タマナ（キャベツ）チャンプルーは、沖縄で年中手に入るキャベツを主として豆腐とネギを加えたものであ

図2　料理店で出されるゴーヤチャンプルー

(2) ゴーヤは熱帯アジア原産で和名はツルレイシといい、九州ではニガゴリ、ニガゴイなどといい、本土の通称としてはニガウリという。中国語では苦瓜、涼瓜と呼ばれる。イボに覆われた果実で、つる性であることから日除けにも使われる。

(3) 需要が高まるにつれ沖縄県農業試験場などで品種改良が進められ、寒さに強い品種も生まれ冬でもゴーヤが楽しめるようになっている。

(4) チャンプルーは沖縄の方言で、ごちゃまぜを意味する。特に料理の仕方を指すのではない。インドネシア語に由来するという説もある。

（5）沖縄では還暦以降の祝いとしては八八歳の米寿をトーカチ、九七歳の祝いをカジマヤーと呼び、長寿の祝いをすることが盛んである。

り、パパヤチャンプルーは青いパパイヤの皮をむいてから千切りにし、豆腐と鰹節と一緒に炒めたものである。チリビラーチャンプルーは二センチほどの長さに切ったニラに豆腐と鰹節と炒めたもの、マーミナチャンプルーはモヤシに豆腐、ネギ、鰹節を炒めたものである。家庭では豚肉、ポークランチョンミート、缶詰のツナを加えることもあるが、島豆腐といわれる硬めの豆腐を使うのは共通している。主に使う野菜に豆腐と鰹節を加えラードで炒めたものがチャンプルーで、ゴーヤを主要な野菜にしたのがゴーヤチャンプルーということになる。

　炒めものという点で共通するものに○○イリチーがある。たとえば、豚または牛の血に塩を入れてかためたものに豚の三枚肉、切り干し大根、味噌などを加えてラードで炒めた料理は、血イリチーという。千切りにした昆布に豚の三枚肉、こんにゃく、かまぼこ、シイタケなどを加えて炒め、しばらく煮込んだものはクーブイリチーという。血イリチーは正月料理に、クーブイリチーは正月料理や出産、結婚と還暦などの年祝い(5)に用意するというように、決まった行事につきものである。中《なか》味《み》という豚の腸を柔らかくなるまで煮込み、シイタケや鶏肉に生姜を加えた吸い物は、その独特の香りだけでも盆や法事を連想させるくらいである。ゴーヤチャンプルーは特定の行事と関連付けられていないという点で、そうした料理とは正反対の性格である。

肉抜きチャンプルーのわけ

最近、沖縄で少し高級な沖縄料理店に行くと、ゴーヤチャンプルーには沖縄在来

（6）アグー豚はほとんど絶滅寸前であった在来種を戻し交配によって選別し保存が進められているブランド豚で、観光資源にもなっている。

種のアグー豚の肉を使い[6]、木綿豆腐よりも硬めの島豆腐、卵とゴーヤを一緒に炒めて、鰹節をかけて出される。一般の家庭ではポークランチョンミートを使い、その時期のありあわせの野菜も加えるというように前に述べた料理本の紹介内容よりも、ずっと応用範囲が広い料理である。

一九六〇年代頃までは、沖縄の一般家庭では一頭の子豚を購入して一年ほど肥育する光景が見られた。大晦日の数日前になると屠殺し、肉を供物としたり儀礼食としたのである。こうした慣行を「正月豚」やワークルシー（豚殺し）といい、沖縄本島だけでなく奄美以南の島々に広く見られる。殺される豚の断末魔の悲鳴があちこちから聞こえてくると、もうじき正月だという気分になったといわれる。屠殺した豚は、赤身だけの肉は水煮にして短期間で食べ、脂肪の多いところは甕に塩漬けにして底の方に入れ、赤肉を含む脂肪部はその上の方に塩漬けにしていた。一頭の豚からどれだけのラードが取れたかということが、豚の評価基準にもなっていて、脂肪がよくついて太った豚は評判になった。肉とともにラードが取れることが高い評価につながったのである。料理本の中で常にラードを使うことが述べてあったのも、それに対する嗜好性の強さを示している。

正月の重箱料理には昆布、ゴボウの煮つけ、かまぼこ、タイモの唐揚げなどとともに豚の三枚肉の煮しめが加えられている。豚を屠殺する機会は、正月以外に、法事や八八歳の祝いであるトーカチなどの機会があり、そういう機会にも重箱料理が用意される。年祝いには一斤の肉を何切れに切っていたか、ということが話題になっていたといわれ、世間に見栄を張るための良い機会にもなっていた。このように、商店での購入も可能であったとはいえ、豚肉を口にできるのは正月と人生の折り目に行われる儀礼の時とその後の塩漬け肉の保存期間中に限られていたので、日常に食べるチャンプルーには使われなかったのである。

図3　沖縄の空港で売られている弁当にもしっかりゴーヤチャンプルーが入っている（中段の上の仕切り）

チャンプルーの変幻自在さ

一九四五年の沖縄戦によって、豚の飼育は壊滅的な被害を受け、豚肉は一時ほとんど口にすることができなくなった。そのころ駐留する米軍からポークランチョンミートが供給され、沖縄の人々が食するようになって、沖縄だけのテレビコマーシャルが流されるくらいに受け入れられている。沖縄では「ポーク」で通用している。クーブイリチーや血イリチーの豚の三枚肉の代わりにポークが使われることはないのに対し、チャンプルーにはポークが何の障害もなく使われている。これは一つには儀礼食の変わりにくさ、という点から説明できる。たとえば、沖縄の墓参りの機会である清明(7)には、重箱料理をもって墓の前に集まり、皆で会食する。その料理が毎年同じで飽きてしまう、と半分冗談まじりで話す若者がいた。まさにその通りで、儀礼食は年寄りのいうことを聞いてその通りに作らなければ悶着が起きることもあり、材料から調理法、重箱の並べ方に至るまで変更はなかなか難しいのである。このようにいくつかのイリチーと比べてみると明らかなように、各種チャンプルーは材料に多彩な組み合わせが許された調理法であると言えるのである。ソーメンを主な材料にしたソーメンチャンプルーにはシーチキンとネギを用い、先に紹介した料理本ではチャンプルーの必要条件とでもいえる豆腐が入っていない。豚肉、ベー

（7）清明は二十四節気の一つで新暦では四月上旬にあたる。沖縄ではこの日に墓参りをして墓前で飲食する清明祭（シーミー）が行われる。

コン、シーチキンといった蛋白《たんぱく》源を加え、ラードの代わりに植物油を用いるなどのバリエーションが普通に見られる。これらのことから、チャンプルーは変幻自在であるといえるのである。

沖縄はチャンプルー文化といえるか

このようなチャンプルーの持つ変幻自在さを応用して、沖縄が琉球王国の時代から廃藩置県を経て沖縄県になり、戦後アメリカ軍政下の時期、施政権が返還された一九七二年以降と変わるごとに、新たな要素を取り入れてわがものにしているさまを表現して「チャンプルー文化」と指摘されることがある。クーブイリチーというコンブの炒めものが儀礼になくてはならないものになっているのはその一つといえる。コンブが採れない沖縄で、なぜ儀礼食になり、今日にいたるのか。それは北海道から日本海を通って下関、大坂に至る北前船《きたまえぶね》航路を一九世紀に薩摩藩が利用し、砂糖を下関や大坂でコンブに換え、それを琉球王国経由で清国に運んだのである。清国からは薬種が輸入され、それが富山に運ばれるという流通経路が作られていた。そのような歴史を背景として安価なコンブが庶民に供給され、食生活に根付いていったとされる。先にクーブイリチーは変化しにくい料理と述べたが、そこまで根付いていると外来要素を取り入れて消化したといえ、沖縄文化の柔軟性と多様性を指摘できる。しかし、戦後のアメリカからの、あるいはその後のヤマト（本土）からの多くの影響については、表面的な流行にすぎないのか本当に根付いているのか、現代沖縄の生活文化から解き明かすことになろう。

（稲福みき子）

Question 39

なぜ日本人はラーメンとキムチが好きなのか?——食文化の近代

ラーメンとキムチ

安くて、おいしいから。そして、脂っこく、臭いがあるものなので、当初はあまり受け入れられなかったとも思われるが、戦後になって日本人が肉や油脂に親しんできたという嗜好の変化が、ラーメンとキムチが好まれた理由の第一にあげられよう。もちろんその背景には、食糧供給の多様化、外食産業の発展、食文化の国際化など、戦後の経済発展に伴う社会変化があることはいうまでもない。しかし、ここでは近代の日本社会における外来食の文化変容という観点から、その理由を考えてみよう。

外来の食べ物が日本に普及するには、多くの場合、受容・選択・変容・融合の四つの段階を踏むという。ラーメンとキムチ、この二つは中国および朝鮮半島という東アジアをルーツとし、明治以後に日本に入ってきて、戦後になって広く好まれるようになった食べ物であるという共通点を持つ。しかし、普及への段階において、いくつかの相違点もあるので、それぞれについて、その過程を見ておこう。

日本に帰化したラーメン

明治維新によって、日本は近代化へ向かう。その結果、日本と貿易するために、それ以前から交易していたオランダ以外の欧米諸国から商人が来日した。そして、それらの商社で働く労働者が中国から多く来た。彼らは貿易港として栄えた横浜を筆頭に神戸、函館、長崎に住み、そこには中国人街が生まれ、自然発生的に中国の食べ物屋ができた。一八八七年ごろ、横浜の南京街には中国料理店が二〇軒あった。屋台もあり、麺専門店もあり、そこでの麺を日本人は「南京そば」と呼んでいた。これを模倣する者が東京にいて、夜ごとチャルメラを吹きながら街を流して売り歩き、南京そばから「支那そば」に名前が変わった。この屋台の支那そばがブームになるのは、一九二三年の関東大震災の後である。屋台の支那そば屋が廃墟同然になった東京の街をチャルメラを吹きながら流し、市井《しせい》の人たちは、そのおいしさを知ったのである。この屋台の支那そばが、今日の東京ラーメンのスタイルである。

中国では、麺の生地を包丁で切った切麺に対し、手で延ばしたものを拉麺（ラミエン）という。奥村彪生《おくむらあやお》は、この拉麺がラーメンの原点であり、ラーメンは日本で育った帰化食物であるという。そして、ラーメンとは日本で誕生した中国風の麺料理で、かん水(1)入りの切り麺（入っていない店もあるが）をゆで、肉のスープに浮かべたもので、鰹節や煮干系あるいは昆布を入れてとるスープはその派生であり、日本人向けにアレンジされたスープであると定義する。

ラーメンの語源には諸説あるが、このかん水入りの切麺を中国風に食べる料理をラーメンと命名したのは北海道大学前の「竹家食堂」で、一九二六年に誕生した。その後、五一年にラーメン横丁（公楽ラーメン名店街）ができ、五三年に『暮らしの手帖』の編集長だった花森安治《はなもりやすじ》が『週刊朝日』に札幌ラーメンのことを書き、翌年

（1）中華そばをつくるときに用いるアルカリ性の水。小麦粉の粘りを増し、色と香りをつける。

図１
安藤百福発明記念館編
『転んでもただでは起きるな！』

再び同誌に「札幌・ラーメンの町」を載せたことが、ローカル的な郷土の食べ物であるラーメンを日本全国に知らせるきっかけになった。さらに六三年に、味噌ラーメンが売り出され、札幌ラーメンを全国的に有名にしたのである。

一九五八年、安藤百福《あんどうももふく》によって湯をそそいで三分間待つだけで食べられる即席（インスタント）麺が発明され、「チキンラーメン」が発売された。当時は支那そばとか中華そばと呼ぶことが多く、ラーメンという呼称は全国的に認知されていなかった。ところが、当時はテレビ時代の突入期で、テレビを利用してチキンラーメンのコマーシャルが流され、ここにおいてラーメンという言葉が全国的に認知されるにいたるのである。その後、安藤百福は六六年にカップヌードルを発明・発売し、はじめは「袋タイプ」であったインスタント・ラーメンに、「カップタイプ」が加わる。そして、さらに技術革新をすることで、「生麺タイプ」のラーメンや、焼きそば、うどん、パスタ風のものまでが勢揃いし、おいしいこと、保存性、簡便性、適正な価格、安全性をそなえたインスタント麺は、家庭の常備食ともなったのである。さらに、袋タイプとカップタイプのインスタント・ラーメンは、大量生産のシステムが完成し、世界中で生産・販売されるようになり、それまで主としてアジアでしか食べられていなかった麺類（パスタを例外として）を、アメリカ、アラブ、インドまでエリアを広げ、ほとんど全世界に定着させたのである。

ラーメンには、伝統的な王道がないため、作り手は自由な発想で提供することができる。そのため、その店や地場の味として、それぞれの個性を出すことができ、店独特のラーメンや「ご当地ラーメン」が生まれた。そうしてさまざまな地域や店

図２　新横浜ラーメン博物館（神奈川県横浜市）

のラーメンを紹介する「ラーメン博物館」が生まれるなど、ラーメンが文化資源として認められるようになり、それらが地域活性化に一役買うようになっている。

こうして、麺、スープ、具材などを工夫された多種多様なラーメンが、情報社会の中で、さまざまな媒体を通じて発信された。それらのラーメン情報は、ランキング形式をとるものもあり、店は競争心を煽《あお》られ、消費者は情報を食するようになっている。

日韓共存のキムチ

朝鮮料理の作り方を日本で最初に紹介した料理書は、一八八七年に刊行された飯塚栄太郎の『日本支那朝鮮西洋料理独案内』である。そこには「沈菹《チムジョ》はキムチと云ふ。大根、蕪菜《かぶらな》等、鰮《いわし》、鰶《このしろ》と、塩とを和て桶《おけ》に容れて、圧漬けにしたるもの多し。我が漬け物の如し。総て食するに当り、別段に之を洗わず、故に味は佳なれとも臭悪しく、食ふに堪へず」と記載されている。

その後、朝鮮半島が日本の植民地支配下におかれ、朝鮮に在住したことのある人や、何かの折にキムチのうまさを覚えた人の間では、大切な漬け物になっていたが、キムチは一般にはあまり知られていなかった。そして昭和後期に入る頃までは、その辛さやニンニクの臭みから、一般の家庭に浸透することはなく、キムチという名称も一般的ではなく、「朝鮮漬」と呼ばれることが多かった。それが一九七五年に家庭でキムチを簡単に作れる調味料「キムチの素」が発売され、そのテレビコマーシャルが人気を呼び、子どもたちの間にもキムチという名前がよく知られるようになった。戦後の闇市《やみいち》のホルモン焼にはじまり、「無煙ロースター」、「焼肉のタレ」

図3　日本のスーパーマーケットで売られるキムチ

といった日本独自の発明品によって大きく成長した焼肉とともに、キムチは韓国料理の代表として人々に認知されていった。

八〇年代後半になると、韓国の経済発展により、日韓のビジネスマンや観光客の往来も頻繁になり、日本でも本場の韓国料理の味を知る人が急増し、焼肉店以外の韓国料理店が多く登場するようになる。同時にこの頃に激辛ブームが起き、さらにキムチはヘルシー食・ダイエット食というイメージが加わったことで、キムチの消費量が増加し、スーパーマーケットやコンビニエンスストアなどでも手に入るようになった。さらに居酒屋のメニューに、キムチを使った料理が登場し、それらが定番のメニューとなってきた。こうしてキムチの味が人々の嗜好に浸透すると、つまみやスナック、ラーメンなどにも「キムチ味」の製品が開発されるようになった。

日本でのキムチの需要が高まると、韓国からのキムチの輸入が増加するとともに、日本でのキムチ生産も急増していった。食品需給研究センターによると、キムチの国内生産量は、九四年から九八年で二倍、九八年は前年度比一五〇パーセントの急増ぶりであった。また、キムチは八四年のロサンゼルスオリンピックで公式メニューに採択されてから、徐々に世界へ広がり、欧米などへ輸出されるようになった。その際、韓国製のキムチばかりでなく、日本製のキムチがかなり輸出されたのである。

こうした中、国際化するキムチの定義をめぐって日韓間で論議が起きた。ことの起こりは、九六年三月東京で開かれた国際食品規格委員会(2)で「キムチは民族の伝統食品」であるとして韓国農林部が国際規格案を提案したことにある。キムチは本来「自然発酵」食品であり、乳酸菌による酸味が特徴である。一方、日本製のキムチ

（2）国際的な食品基準を定めることで、交易を円滑にし、消費者の安全確保を図るために、国連食糧農業機関（ＦＡＯ）と世界保健機関（ＷＨＯ）が共同で設立した政府間組織。

の多くは、添加物で発酵したような味を演出した「浅漬け」である。つまり韓国側の主張は「日本の浅漬けキムチはキムチではない」というものだった。この議論は、九九年には日本のマスコミも大きく取り上げたが、二〇〇一年に韓国の主張したようにキムチは発酵食品であるという国際規格が制定された。

しかし、日本国内においては、時間の経過で乳酸発酵が進み、酸味が強い韓国製キムチに対し、あっさりとした日本人好みの味にされた「和風キムチ」の人気も確立し、両者が共存しているのである。

外来食の「日本化」

日本は原始古代から現代にいたるまで、間断なく外国から食文化を受容しつづけてきた。ことに近代における日本料理の展開を見ると、文明開化以降の和洋折衷料理の誕生がある。日本の食文化は二〇一三年に世界の無形文化遺産(3)に登録されたが、そこでは「和食」を「三世代前の日本人が家庭で常食としていたもの」としている。これによれば、スキヤキ、トンカツ、コロッケ、カレー、オムライスなどは、みな和食に入れられ、焼肉やハンバーガーは入らない。では、ラーメンとキムチはどうだろうか。ただ、和食に入るか入らないかが大切なのではない。ラーメンもキムチも普及する過程において日本的な進化、すなわち「日本化」が行われていることに注目したい。日本人は、外来の食に対し、自分たちの嗜好に合わせて、たゆまぬ食の開発を重ねてきた。そうした文化が、日本人が外来食、ラーメンやキムチを好む大きな理由の一つになっているにちがいない。

（朝倉敏夫）

（3）伝統芸能や社会的慣習、伝統工芸などの形のない文化であり、そのコミュニティや集団が自らの文化的遺産であると認めるもの、そしてアイデンティティを支えるもの。「無形文化遺産の保護に関する条約」が二〇〇三年のユネスコの総会で採択され、二〇〇六年に発効した。

Question 40

「県民性談義」はなぜ盛り上がるのか？——地域差と地域性

図１　富田の焼き蛤
（『東海道名所図会』）

テレビ番組に取り上げられる県民性や郷土食

「秘密のケンミンSHOW」（日本テレビ系列）というバラエティ番組がある。二〇〇七年一〇月からレギュラー番組として放送され、放送回数一〇〇〇回を超える人気番組である。この番組のコンセプトは、その地方では一般的なことだが全国に知られていないことを「秘密」として、その県出身のタレントが「カミングアウト」する、つまり、その県あるいは地方の常識であり、秘密を暴露するということになっている。たとえば、「日本全国ケンミン揚げ物祭り」（二〇一三年一二月五日放映）というコーナーがあり、「県中央部に住む茨城県民は、トンカツの上に大量の納豆を乗せた納豆カツを食べる!?」とタイトルが示される。茨城県中部は、水戸納豆で有名であり、さらに茨城県は豚肉生産でも全国有数の生産地になっている。その両方を結びつけて、納豆カツが考案されたらしいことが説明される。

　このような地方の食べ物を紹介するテレビ番組は、枚挙にいとまがない。たとえば、讃岐うどんは、コシが強くて太いという麺の特徴があるだけでなく、地元の人に毎日のように食され、消費量が全国でもずば抜けていることが知られている。今や、讃岐うどんは一地方の食べ物ではなく、その地域性を強く持ちながら、全国に知られるだけでなく、一般に食べられるようになった。

讃岐うどんだけでなく、各地の食べ物がテレビ番組で紹介されると、その地方に行って食べるだけでなく、その店が首都圏などの都市部に出店するようになる。銀座でも、北海道のアイヌ料理から、秋田のきりたんぽ、仙台の牛タン、土佐のさわち料理、熊本の馬肉など地方の郷土料理店が軒を並べている。あるいは、沖縄ブームになると、沖縄泡盛居酒屋が東京だけでなく、全国の都市にも広がっていく。

漫才と県民性

県民性談義は、バラエティ番組だけでなく、お笑いのネタにもよく使われる。一九八〇年代に漫才ブームを引き起こした漫才コンビB&Bの島田洋七と島田洋八が、お互いの出身地を自慢し合い、また相手をけなし合うという「広島VS岡山漫才」の中で、広島出身の洋七が大きな声とジェスチャーで「もみじ饅頭」と叫ぶネタで広島の「もみじ饅頭」が一躍有名になった。それまでは、全国的にはほとんど知られていなかった「もみじ饅頭」が、修学旅行生もお土産に買うほどになり、爆発的に売れた。

このように、メディアを通じて県や地域と食べ物のイメージが形成される。それは、すでに江戸時代にも見られた。旅が盛んになった江戸時代後期には、数多くの「名所図会」が出版され、各地の名所や名物が紹介された。たとえば、二〇〇年も前の旅行ガイドブックとしてもヒットした『東海道名所図会《めいしょずえ》』(1)で、富田の焼き蛤《はまぐり》が紹介されている。桑名宿と四日市宿の間にあった富田は、伊勢参りの参宮客や東海道の旅人の休憩所で、そこの焼き蛤としてとても有名だった(2)。

(1)『東海道名所図会』は、寛政九年（一七九七）に、本文は秋里籬島、挿図は竹原春泉らによって描かれた。秋里籬島は、俳諧師であり、名所図会の嚆矢と言われる『都名所図会』のほか、いくつもの名所図会を書いている。『東海道名所図会』は、京都から江戸まで一九九枚の挿図があり、神社仏閣、名勝地、繁華街など当時の見て楽しむ地誌であった。

(2)本当は富田の焼き蛤が本場だったが、その手前の桑名宿で焼き蛤を旅行客にしきりにすすめたので、その手にはのらないようにと、「その手は桑名の焼き蛤」と「食わない」にひっかけたことわざが流行した。

食べ物は、その地方の環境や歴史、風土と密接に関連して地方性豊かに存在してきた。確かに、テレビなどの情報環境の発達や食品メーカーの全国展開、輸送手段の発達などによって、大メーカーのみそやしょうゆなどの食材が全国に普及しているし、どの家庭でもカレーやハンバーグを作り、ファーストフード・チェーンが全国各地に展開するなど、食べ物の全国均一化が進んでいる。しかし、食文化の均一化によって各地の郷土食が淘汰されるのではなく、近年では食文化に対する見方が変化し、スローフード(3)が評価され、地域の環境に根ざした郷土食が見直されている。郷土食は、その地域文化と深くかかわり、地域と食べ物は人々の感覚に結び付けられていく。

県のイメージは、目と味覚に訴える食べ物だけでなく、むしろ耳から入る言葉にも強く表れる。お笑いコンビで言えば、栃木訛りを前面に出した漫才で一躍有名になったU事工事だ。関東地方にありながら、標準語とはかなり異なる強い訛りで栃木の名物や特産品をネタにし、人気を博している。上方漫才の特徴も、その関西弁にあり、関西弁でしか表現できない軽妙なやりとりが笑いを誘う。

(3) 一九八〇年代に、ファーストフードへの危機感を機にイタリアで興った、その土地の伝統的な食文化や食材を見直す運動。その後世界に広がり、日本では二〇〇〇年頃から浸透した。

県民性とお国柄

このように、方言は、関西弁は漫才を聞いているようで面白いとか、東北のズーズー弁は朴訥《ぼくとつ》で温かいなどその土地のイメージと深く結び付いている。

方言のことを「お国ことば」とか「お国訛り」ともいう。また、相手の出身地を尋ねるとき、「お国はどちら?」と聞くことがある。この「国」とは、国家のことではない。国は、もともと古代の律令制に基づいて設置された地方行政区分で、律

図２　ねぶた祭り（青森県青森市）

令制が崩壊した後も、その国は残った。戦国時代には行政体としての国は消滅したが、国司は名目だけの官職として残り、明治まで続いた。

たとえば、尾張国は古代に制定され、室町時代は斯波氏の領国であった。戦国時代は、織田信長や豊臣秀吉を輩出し、その領土に入ったが、江戸時代には尾張徳川家の治める尾張藩の領地となった。徳川家康は、三河国岡崎城の出身で、三河国を統一した。明治の廃藩置県の際に、尾張と三河をあわせて愛知県とし現在に至っている。そのため、愛知県というより、今でもその地域観念があって、尾張は派手好きで三河は質実剛健など気質が違うという話が語られる。

同じように、青森県は、津軽と南部の地域に分かれ、津軽弁と南部弁は全く違うとか、津軽の人は積極的で、南部の人は引っ込み思案だなどという気性の違いが語られる。その理由として、戦国時代に岩手県中・北部と青森県の領域を所領としていた南部氏の家臣であった大浦氏が、反乱を起こして青森県西部の領域を抑えて独立し、その後津軽氏となった。江戸時代には津軽氏の弘前藩と南部氏の盛岡藩は犬猿の仲になったという歴史的経緯がそこに含まれて語られたり、津軽の「じょんがら節」や「ねぶた祭り」のイメージが気性の言説に反映されたりしている。

このように、県民性と言っても、県が制定された明治以前の国や地域の歴史や文化がそこに反映されている。

まぼろしの県民性

このようなお国柄とは別に、さまざまな県民性も語られる。青森のじょっぱり、

（4）文化相対主義から、文化には型があるという考え方をとる。『菊と刀』では、日本人は美を愛して菊作りに秘術を尽くす一方、刀を崇拝し武士に栄誉を与えるという矛盾する側面をもちつつ、それが民族による文化類型であるとした。

図3　エジコ（福島県郡山市湖南町《こなんまち》）

秋田美人、上州のカカア天下、粋でいなせな江戸っ子、京都の着倒れに大阪の食い倒れ、土佐のいごっそう、熊本の肥後もっこす、沖縄のテーゲーなどさまざまな特徴が語られる。しかし、このような県民性は、ほんとうに存在するのだろうか。

県民性として語られる気質や性格は、あくまでもその県に対するイメージであり、それと個人の性格とは別のものである。パーソナリティは、本来個人のものであるが、ある共通する文化のもとで育った人々は、後天的にある共通したパーソナリティを獲得するという文化とパーソナリティ研究が、アメリカ人類学で展開した。日本文化論を論じたルース・ベネディクトは、日本人の国民性を菊と刀で象徴した。(4)また、その後文化人類学ではしつけの研究に展開し、東北人が内向的なのは、エジコで育てられたからだろうなどという論も出された。実際は、エジコで育てられた人とそうでない人の性格テストの結果、それは関係ないことが証明されている。

○○さんは、△△県の出身だから倹約家だなどという言い方は、個人の性格の違いを無視したステレオ・タイプの押し付けに陥ってしまう危険性がある。青森県人は、みんなじょっぱりだということは言えないわけで、そういう意味ではまぼろしの県民性ともいわれる。

地域性と民俗学

しかし、実際に地域性はさまざまな形で存在する。和辻哲郎の『風土』は、その土地の自然条件が生産様式に影響を与え、それが生活様式を規定するとして、その土地の風土と人の性格を結び付けて考えようとした。社会学では、日本の社会構造を、同族結合が顕著な東北型農村と講組結合が顕著な西南型農村に区分して地域差と地域性を考えようとした。村落における家のあり方が、タテ型の東北日本とヨコ型の西南日本の違いを指摘し、その後村落構造類型論として研究が進んだ。

日本の東と西の違いを、「番」と「衆」という歴史的組織の違いで表す説も出された。関東地方の村落では、家ごとに当番で役割を回した。それに対して、近畿地方の村落では、長老の十人衆や若い衆、女衆など性別があって年齢階梯的に役割を持った集団が組織されている。その他、祭りや年中行事のやり方も東と西が異なることを示した[5]。近畿地方の特色を出したところに、従来の村落構造論からの展開が見られた。

地域差と地域性の発見は、柳田国男の民俗学の出発点でもあった。宮崎県の椎葉の山村で狩猟と焼畑の生活を見て、『後狩詞記《のちのかりことばのき》』を書いた。遠野の不思議な話を聞いて、『遠野物語』を書いた。そこに、日本とは何かを考える民俗学を見いだした。

現在、日本人の生活は大きく変わり、失われた地方の文化も少なくない。上州のカカア天下など伝統的な県民性も過去のものとなってしまった。しかし、その変化の中でも、地方の祭りや建築物、民話など有形無形を問わず文化資源として保存し、観光資源としての活用も行われている。また、地域性は、このように保存されるだけでなく、「生活の知恵」として新たに創造されるものもある。その地域の「生活の知恵」が、メディアなどを通して県民性談義につながり、日本文化の地域差と地域性を知ることになる。それは、日本とは何かを考える民俗学につながることになる。

（小熊　誠）

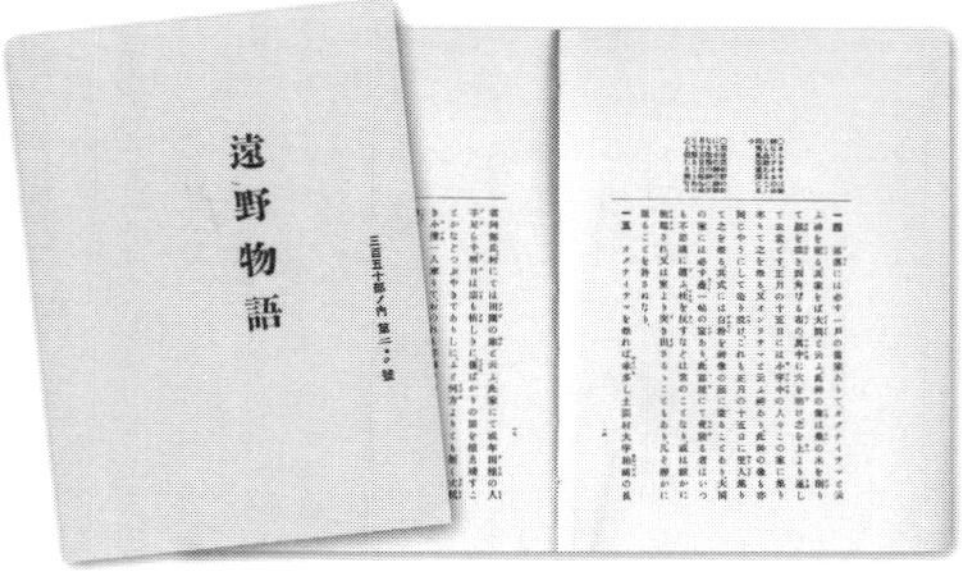

図4　『遠野物語』（初版本）

（5）関東の盆行事は、各家で盆棚を作り、家ごとに先祖を迎えて祭る。近畿では、盆の迎え火と送り火をムラの行事として行う。京都の大文字焼も各家に戻ってきた精霊を京都の町で送る盆行事である。

次の扉を開くための読書案内

石毛直道『食の文化を語る』ドメス出版、二〇〇九年
食そのものが文化であり、また食を通して人々の食物に対する観念や価値の体系を見ることができる。本書は、著者の数多くの食文化論に関する文章をまとめたものである。日本と東アジアの食文化を、風土や歴史を比較することによって、その共通性と多様性を描いている。

佐々木道雄『キムチの文化史――朝鮮半島のキムチ・日本のキムチ』福村出版、二〇〇九年
本書には、「朝鮮半島のキムチ・日本のキムチ」という副題がついている。朝鮮半島におけるキムチの歴史とその種類をまとめ、日本の朝鮮支配に関連して朝鮮料理の日本への普及を整理している。さらに、キムチが日本に普及した経緯について、戦前において官・民両面からキムチの普及が行われ、戦争による中断を経て、戦後の焼肉ブームによって日本に広まるきっかけとなった。さらに、八〇年代以降キムチブームが到来したと、その分析を展開している。

祖父江孝男『県民性』中公新書、一九七一年
県民性を文化人類学の視点から分析した、この分野での古典的著作。文化を心理学的にみると、文化とパーソナリティの関係が考えられる。つまり、人の性格には先天的因子と後天的因子があり、後者はその文化の環境と関連するとした場合、民族や国によって文化が異なれば、民族性や国民性も異なる。それを県に適応し、その風土が人の性格に影響を与えるとすると、出身地によって行動パターンが似てくるという県民性があると考える。

野本寛一『栃と餅――食の民俗構造を探る』岩波書店、二〇〇五年
遠来の客をもてなすために湯漬けの餅が出される。そんな実体験から語り出されるのは、生存や儀礼そして楽しみなど、食が果たす民俗世界での役割である。稲作文化と畑作文化、またブナ帯文化論と照葉樹林文化論など、さまざまな文化論が提唱される中で、食は文化を分けるための重要な要素として使われてきた。しかし、筆者は、餅とイモとの連続性、栃と餅との類似点に着目することで、日本列島の民俗文化として総合化する。

林真司『「沖縄シマ豆腐」物語』潮出版、二〇一四年
沖縄の食文化は日本本土のものとは大きく異なるが、著者は、それを沖縄の歴史から考えようとしている。その題材は、沖縄産の豆腐であるシマ豆腐である。シマ豆腐の作り方や歴史をまとめているだけではなく、シマ豆腐に関わる多くの人々の聞き書きから、戦前沖縄から日本本土に出稼ぎをした人の悲哀、沖縄戦とその後の復興の苦しみなどが語られる。シマ豆腐とそれに関わる人々の生きざまから沖縄文化の本質を探ろうとする本である。

速水健朗『ラーメンと愛国』講談社現代新書、二〇一一年
本書は、ラーメンを題材とした日本文化論である。ラーメンは、戦後に普及、発展、変化して、今や日本の食べ物になっている。日本のラーメンは、変化し続けていることに特徴があり、それは一九七〇年代の国土開発とご当地ラーメンの発展、一九九〇年代以降のメディアの変化とラーメンの日本化＝ナショナリズムと関連している。ラーメンを追うことで、社会を読み解く日本現代史の本である。

民俗学が読み解く現代

1 民俗と民俗学

民俗とか民俗学という言葉は普段用いられる言葉ではない。日常の会話でこの語を口にする人はほとんどいない。少し年輩の人に民俗学を勉強していますと言うと、ほぼ間違いなく、どこかで発掘をして、土器や石器を研究しているのではないかという反応が返ってくる。考古学と民俗学の区別がつかず、長い時間の間に土中に埋まってしまった人間生活の痕跡を発掘して研究する考古学のこととして理解されてしまう。また「みんぞく」という発音を聞いて民俗という漢字を思いおこす人はほとんどいないし、「みんぞくがく」で民俗学と書き記す人もほとんどいない。大多数の人はこの発音から民族や民族学と表記する筈である。そして民俗学という言葉を知ってからも、それと民族学[1]との相違を語ることが出来る人はほとんどいない。大学の「民俗学」の講義を半年間受講してきた学生諸君の多くも、学期末テストの答案で「民族学」と書いて疑うことがない。民俗や民俗学は特殊な用語であり、専門の世界でのみ使用される言葉であるからやむを得ないことだと言えよう。

しかし注意してみると、ときどき民俗や民俗学という言葉に出会う機会がある。若い人たちも博物館や資料館に赴く機会が少なくないであろうが、その博物館の名称に民俗が入っている場合がある。さらに自分の住む地域に歴史民俗資料館という名称の比較的規模の小さい博物館があって、小学生の時に郷土学習で訪れたことを記憶している人もいるであろう。そこには今では使用されることがほとんどない農

（1）最近ではあまり用いられず、一般に文化人類学と言う。主として、世界各地の未開社会とか無文字社会と呼ばれる社会の調査研究を行い、その文化および人類文化の特色を明らかにする。

機具や食器具・調理具がならんでいる。あるいは、大がかりで華やかな行事や祭りを見物に行くと、そこには国指定無形民俗文化財(2)などという表示が掲げられていることを発見するであろう。それらが与えてくれる民俗のイメージは、昔から伝えられた伝統的な事物ということであり、今では使用する機会があまりない品物や、昔から伝えられてきた芸能や祭礼であったりする。このように民俗という言葉は、今では珍しい存在となっている事物や事象を示し、それがプラスの評価を与えられる時には「伝統」という言葉に結び付けられやすく、マイナスの評価を与えられる時は「陋習《ろうしゅう》」「因習」あるいは「迷信」という表現に関連させて理解されることが多い。いずれにしても、過去に存在したものが今にも残っているという理解である。

そして時には民俗自体も過去に求めることが行われる。民俗とは、今のことではなく、老人に昔経験したり見聞したことを記憶から蘇らせて貰って、それを聞き、記録したものという理解は民俗学の関係者にも広がっている。それには理由がある。一九六〇年代ころから日本の民俗学が文化財行政に関係するようになり、文化財の一つとしての民俗資料調査をになうようになったが、その調査は、現在行っている民俗ではなく、調査時点をできるだけ古い時期に置き、当時のことを記憶している人びとから聞いて記録することであった。これが全国的に行われたため、民俗は現在のことではなく、過去に存在したことという間違った理解を普及させた。

民俗は、間違いなく人々によって過去から引き継がれてきた事象であるが、その意味は引き継がれてきた結果として現在生きて存在し、使用されたり、行われている事物や事象のことである。それは一定の人々に共通し、共同する集合的事象であ

(2) 文化財保護法に規定された文化財の種類の一つ。民俗文化財には有形民俗文化財と無形民俗文化財がある。有形は用具、施設など物質的なものを言い、無形は行事、儀礼、芸能など人々の行為で示されるものを指す。

る。現在人々が行い、あるいは知識として伝えている事柄が、過去から継承されてきたことによって、過去から現在にいたる歴史を蓄積していると理解してきた。そこに民俗学という学問成立の根拠があった。現在の民俗の中に歴史を認識し、それを組み立てることで、現在を歴史の深みから理解しようとするのが民俗学である。

その民俗学にも歴史があり、民俗によってどのような歴史を明らかにしようとしていたかは、時代によって異なり、また地域によって異なる。欧米の民俗学と日本の民俗学では大きく異なる。

2　起源から変遷へ

民俗学は一九世紀にヨーロッパで成立した。民俗学とか民俗を示す英語はフォークロア（folklore）であるが、この言葉は英語の単語としてはもともと存在しなかった。イギリスで、ウィリアム・トムズ（W. J. Thoms）という人が、一八四六年に、folk（人々、民衆）と lore（知識）を結び付けて新しい単語を作り、それを調査研究する学問を提唱したことから始まる。産業革命によって急速に人々の生活慣習が失われていく中で、folklore が自分たちの生活文化の遠い昔を教えてくれると理解し、その発見を行った。大きな関心事は、キリスト教以前の生活であり、信仰であった。民俗学は現在の伝説や行事を把握することで、それらの中に起源を発見しようとした。日本でも、一八世紀から一九世紀にかけて、各地の人々の生活への関心が高まり、地方の行事や儀礼に「神代《かみよ》の遺風」という遠い昔の姿を発見しようとする知識

図1　柳田国男

人が登場した。民俗学は起源論追究で始まった。

二〇世紀に入る頃から民俗学の様相も変化した。起源ではなく、変化の過程を明らかにしようとする研究が行われるようになった。イギリスのジョージ・L・ゴムが一九〇八年に『歴史科学としての民俗学』（G. L. Gomme "Folklore as an Historical Science"）を著したことにそれは示されている。同じ一九〇八年に日本では、柳田《やなぎた》国男《くにお》(3)が活動を開始した。その年の夏に宮崎県椎葉村を訪れ、狩猟と焼畑を行う村落に滞在し、秋には岩手県遠野出身の佐々木喜善に会い、遠野の地で生起した不思議な話を聞いた。この二つの経験から民俗学への道を歩むこととなった。その認識は「古今は直立する一の棒ではなくて、山地に向けてこれを寝かしたようなのがわが国のさまである」（『後狩詞記《のちのかりことばのき》』序文）というものであった。柳田は起源論を排して、歴史の変遷過程を現在の民俗によって組み立てようとした。

現在の事象で過去の変遷過程を組み立てるという特色ある方法が民俗学であり、当初その基本は地域差にあった。「所変われば品変わる」のたとえのように、同じ事象でも地域によって姿・形は異なる。この地域差が時間差を示しており、各地のデータを適切に並べることで、おのずと事象の変遷過程が明らかになるとした。ヨーロッパでも現在の地域差から歴史過程が明らかになるという考えが表明されたが、日本においても同様の考えが民俗学の基礎的な考えとなった。柳田は日本列島各地の事象を集積し、それを比較することで新旧が明らかになるという考えを表明し、この変遷過程が明らかになる比較研究を、一九三四年の『民間伝承論』では重《じゅう》出立証法《しゅつりっしょうほう》と呼び、「我々の方法」とした。

（3）柳田国男（一八七五〜一九六二）。現在の兵庫県神崎郡福崎町に生まれる。最初は松岡姓。一九〇〇年東京帝国大学法科大学を卒業し、官僚となり、一九一九年退官。一九〇八年に民俗の世界を発見し、三〇年代に民俗学を確立した。

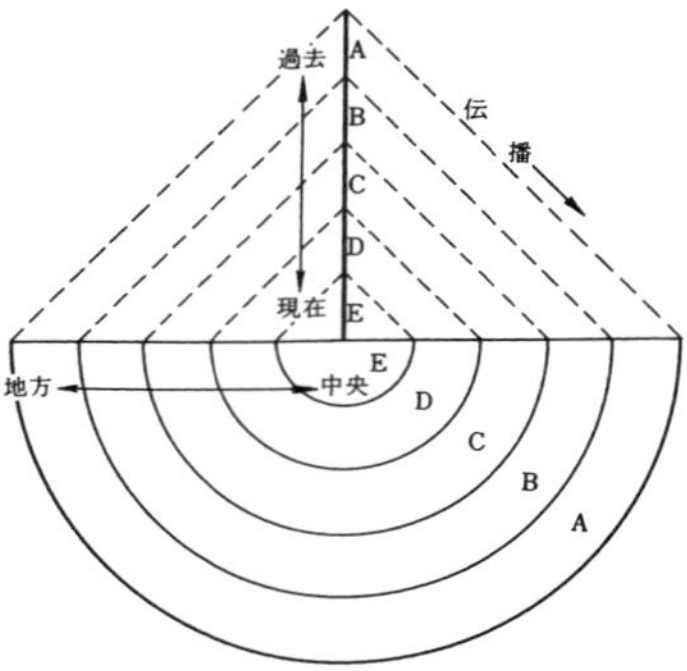

図2　周圏論の模式図

各地から集めたデータを比較して変遷を明らかにするという場合、どのような指標と基準で地域差を時間差に置き換えるのであろうか。柳田が提出した仮説が周圏論であった。柳田は一九二七年に「蝸牛考《かぎゅうこう》」を発表して、方言周圏説を提出した。それは、蝸牛（でんでんむし、かたつむり）を示すさまざまな方言の分布が日本の中央である近畿地方を中心にして、いくつもの半径の異なる同心円として描けることに注目し、方言は中央で発生し、時間の経過の中で次第に四方八方に伝播していくが、中央から遠い地方には到達するのは遅く、そこにはより古い姿が残っているとし、いくつもの方言が順次発生した場合に、それがいくつもの同心円となって分布するとした。この仮説は方言だけでなく、民俗についても適用され、地域差を時間差に置き換える有力な、あるいは唯一の仮説の位置を占めるようになった。日本の民俗学は重出立証法と周圏論を方法として、日本列島を一つとした歴史を描き出そうとした。日本語を共通とする文化の中での変遷であり、歴史である。柳田自らが表明したように、「一国民俗学」であった。

一国民俗学として日本の生活文化を研究する民俗学について、第二次大戦後、一つの大きな誤解が形成された。すなわち民俗学は昔から変化することなく伝えられ、行われてきたことを明らかにするという誤解である。読者の皆さんもそのように思い込んでいる人が多いのではなかろうか。この誤解や思い込みは民俗学研究者によってつくられた。個別の研究において、変化してしまったことには価値を置かず、昔から変化せず伝えられてきた事柄に意義を見出した。あるいは、民俗という言葉は生活のなかで変化しない昔からの事柄を指し示しているとも考えられた。しかし、民俗学は民俗に不変のものを見つけ、その研究によって変わらない世界を明らかにするという理解は間違いである。いつでも変化、変遷を問題にしてきたし、新しく形成され追加されてきた事象も扱ってきた。

3　研究と調査の分離から統合へ

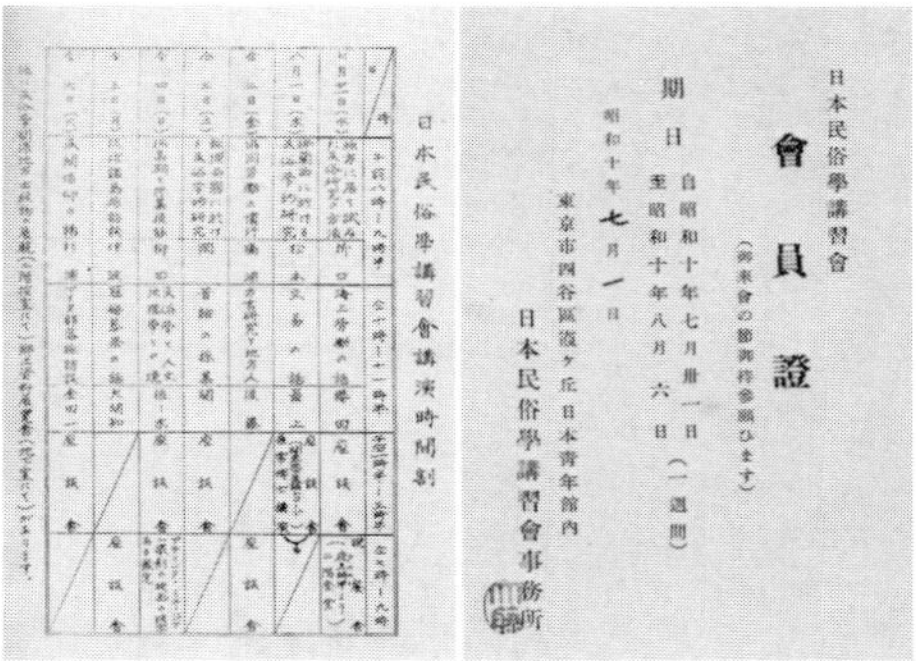
日本民俗學講習會
會員證
（御來會の際御持參願ひます）
期日　自昭和十年七月卅一日　至昭和十年八月六日（一週間）
昭和十年七月一日
東京市四谷區霞ヶ丘日本青年館内
日本民俗學講習會事務所

日本民俗學講習會講演時間割

図3　日本民俗学講習会参加証・時間割

日本各地から多くの類例を集め、それを比較することで変遷過程を明らかにしようとする当初の民俗学は、民俗を伝承している個別地域での研究を認めなかった。研究はあくまでも各地から資料を集積することで可能になる。個別地域での解釈や意味づけは間違った答えを出すことになると考えられた。日本各地には地域の生活、行事、儀礼に興味関心を抱く人々は多く、その人たちが柳田の民俗学に惹きつけられ、柳田に学び民俗学を研究しようとした。しかし、自ら日本各地から資料を集積することはほとんどできない状況で、調査した結果を資料として提供する役目を担わされることとなった。一九三〇年代以降一九五〇年代まで三〇年間はそれが当たり前であった。それでは各地に居住する人は研究意欲を減退させ、民俗学から離れてしまうことになると早く危惧したのは折口信夫《おりくちしのぶ》(4)であった。折口信夫は、一九三五年開催の日本民俗学講習会で、柳田の意に反して、「地方に居て試みた民俗研究の方法」と題して講義をし、地方に住む人も調査結果に基づいて解釈すべきだと説いた。しかし大勢は動かず、一九五〇年代まで経過した。

研究は柳田国男を中心とした中央の研究者が独占し、調査し資料を報告するのは

（4）折口信夫（一八八七〜一九五三）。現在の大阪市浪速区に生まれ、國學院大學で国文学を学ぶ。古典文学の研究者、歌人でもあったが、柳田国男に学びながらも、直感に秀でたユニークな民俗学を作り上げた。

図4　薩摩半島での民俗事象の地域差

各地の民俗学従事者という分業関係が当たり前のように行われていたが、一九六〇年代から七〇年代にかけて、それを批判し、克服しようとする動きが強まった。民俗事象を伝承している個別地域において分析し、解釈して、答えを出そうとする主張が行われ、またそれが実践されるようになった。一部の研究者に奉仕するために調査するのではなく、自らの研究として調査することが急速に一般化した。重出立証法も周圏論も日本全体から資料を集積して比較することを前提にしていたが、それに対して特定の地方内での資料の比較や分布を考えることが行われるようになり、さらに一九七〇年代には地域民俗学とか個別分析法が主張されるようになった。それ以降、民俗学の研究は日本列島全体から資料を獲得して比較し、結果として日本全体としての変遷などの意味づけをすることはほとんど行われなくなり、調査対象とした地域やそれを含む地方で分析することが基本となった。

調査と研究を統一して各人が行うことで日本各地に自立した民俗学研究者が登場した。自ら調べ、自ら考える民俗学研究者が一般的になり、ようやく批判と反批判を自由に行える民俗学となった。理論や概念、また方法について提起され、民俗学理論の検討も深められた。それら各地の民俗学研究者の活発な活動は、民俗学の存在感を強め、日本の社会や文化について考える際には民俗学の研究成果を参照する必要性が認識されるようになった[5]。ちょうど一九六〇年代からは柳田国男を高く評価し、そこから学ぶべきとする柳田国男論が盛んになり、その影響で民俗学への認識が深まった。また歴史学においてヨーロッパで盛んになってきた社会史が日本にもたらされ、一九七〇年代には長期波動[6]、日常性、そして心性[7]を把握する歴史研究が急速に普及した。その社会史の内容や方法は民俗学に近く、相互交流が期待された。これらにより、民俗学の意義や重要性は理解されるようになり、民俗学も他の諸科学と共同して研究するようになった。

4　危機意識と使命感からの民俗学

柳田国男を開拓者にもった日本の民俗学は、彼の思想に深くかかわって登場し、確立した。柳田国男に関する説明を辞典などで読むと、しばしば柳田国男の民俗学は「経世済民」[8]の学であると説かれている。柳田自身は、「学問救世」「実用の僕」「現実疑問の解答」などと表明した。単なる過去からの変遷ではなく、実際に現在生起している解決困難な問題を解決するための歴史知識を提供するのが民俗学であるという立場であった。解決策を考える際に不可欠な歴史的変遷を明らかにし、その問題の背景、条件を示すことが民俗学の役目と考えた。この民俗学の実践性という性格は、日本の民俗学が示す最大の特色といって良いであろう。欧米の民俗学ではほとんどいわれることがない。現実社会における問題を把握し、その克服、解決を図る必要があるという使命感、あるいは危機意識に基づいて、研究課題は設定された。

柳田における民俗学の確立期である一九三〇年代は、それが最も明白に示された時期である。「何故に農民は貧なりや」を研究の最大の課題としたのである（『郷土生活の研究法』一九三五年）。しかし、世界恐慌の影響をもろに被った三〇年代だけ

（5）一九六〇年代以降盛んになり、柳田国男を書名に冠した著作が多く刊行された。それらは、①新しい歴史研究の方法を開拓した、②日本人とは何かを明らかにした、③近代日本を内在的に把握し、その問題点を克服する方法を示した等々、多岐にわたるが、いずれも柳田国男を近代日本の傑出した思想家と位置づけた。それに対して、一九九〇年代に入ると、植民地主義との関係が論じられ、柳田国男の問題性が指摘されるようになった。

（6）短期間では変化していないように見える事象でも、長期的には大きく変化してきたことに注目するとらえ方。

（7）フランス語のマンタリテの訳語で、人々の意識、観念、さらに思想を把握する概念。

（8）柳田国男の思想を高く評価する立場の研究者が柳田の実践性を把握する語として用いた。儒学の言葉である、世を治めるという意味の経世と人々を救うという意味の済民が結びつけられて一つの熟語となり、近世の日本で盛んに用いられた。経世済民を短縮した語が経済である。

ではなく、民俗学の形成期の一九一〇年代にも、また第二次大戦後の五〇年代にも、危機意識と使命感から研究課題は選ばれ、問題の重要性を人々に気づかせようとする論文を発表した。日本人の先祖は大陸から暴風で流されて沖縄に漂着し、宝貝(9)の魅力から改めて移住してきて、そこからさらに黒潮によって北上し、日本列島全体に住むようになったという有名な『海上の道』(一九六一年)を構成する各章は、一九五〇年代初頭に集中的に発表されたものである。日本国民の意思として沖縄をアメリカの施政権下に置いて、残りの日本列島の地域が独立を回復するサンフランシスコ講和条約(一九五一年九月調印)に対する批判の意図を込め、日本にとって沖縄が不可欠な一部であることを読者に理解させようとしたのが『海上の道』であると理解できる。『海上の道』は、学生時代に保養で滞在していた愛知県の伊良湖岬《いらござき》の海岸で椰子の実を見つけた感動(10)の結実でもなければ、日本人の先祖が大海原の遥か南から島伝いに北上して日本列島に広がったというロマンでもなかった。

二〇一一年の三・一一大地震は東日本、特に岩手、宮城、福島に甚大な津波被害をもたらし、また東京電力福島第一原子力発電所のメルトダウンは人間が作り出した装置が人間に襲いかかる現実を示した。このような事態の中で、民俗学がどのような課題を見つけ、どのような解答を提示するのか。民俗学からの歴史認識、現状分析、提言は未だ示されていない。具体的には仮設住宅のあり方、高台移転計画と地域社会の再建、遠隔地避難による生活文化の解体と再構築などについて、実際の調査もほとんどないし、民俗学の研究蓄積を基礎にした復興への提言も出されていない。民俗学が蓄積してきた成果で、他の学問が必ずしも明らかにしてこなかった

(9) 宝貝は巻き貝の一種で、熱帯・亜熱帯の海に生息。貝殻には光沢があり、古代には中国や南アジアで財貨として珍重された。

(10) 柳田国男は伊良湖滞在中に、海岸を散歩して、打ち上げられている椰子の実を発見して感動した。東京に戻った柳田は友人の島崎藤村にその話をしたところ、藤村がその話貰ったといって、作詩したのが有名な「椰子の実」である。後に曲が付けられ、人々に親しまれる歌となった。

問題に、人々の心意[11]がある。ハードな建造物や施設だけで復興を考えても、人々が満足する結果は出ない。災害復興を考えるには、地域住民の心意を組み込むことが不可欠であり、そのためには民俗学の研究が不可欠である。

現代における危機意識を基礎に、自らの使命感を表出した研究を各人が提出し、議論を重ねる必要がある。また市民としても、民俗学へそのことを要求する権利がある。

(11) 柳田国男が設定した概念。生活に伴う知識、意識、観念であり、民俗学が明らかにしようとする究極の目標とした。社会史の心性に近い。

5 形成過程の民俗学へ

民俗学は、かつては農山漁村における生活文化を調査し、そのデータに基づいて日本としての生活文化史を描いてきた。しかし、民俗と呼ばれる事象は農山漁村にのみ見られるのではない。町とか都市と呼ばれる所でも当たり前に見られる。町や都市も、長い歴史を有している。古代以来の京都は例外としても、戦国時代に成立した町、近世に成立した町が現在にまで存続してきているし、住宅団地を中心とした新しい都市も造られてから半世紀以上が経過している。そこでも人々の生活をめぐって共通の作法、しくみ、儀礼、さらに心意が形成されている。それらを無視することは、民俗学の幅を狭め、今日において圧倒的な人口を占める都市の生活文化を理解できないということになる。農山漁村と並んで都市も民俗学研究の対象にし、その生活文化の歴史を明らかにすることも必要である。民俗学は、都市も農山漁村も区別なく、新たに展開している生活文化を研究する。

図５　中国獅子舞を練習する若者
（神奈川県横浜市）

また、海外から日本に移住して定住しながら、出身の生活文化を日本の生活条件に対応させながら保持している人々がいる。その代表は、在日韓国・朝鮮人や在日華人（華僑）である。あるいはかつて移民として日本から海外に渡った人々の子孫が日本に来住している。これらの人々も日本列島に居住し、日本社会を構成する。それぞれが保持する生活文化を民俗として把握し、それによって日本で形成されつつある歴史を豊かに組み立てることも不可欠である。

今までの民俗学は、すでに確定した過去から現在にいたる変遷過程を明らかにしてきた。そのことで、今後のことを考える際に役立とうとしてきた。ところが、一九九〇年代から人々の生活は急激に変化しだした。しかも、日本列島内で完結する変化ではなく、世界的規模での変化の一部を担うものである。グローバルとかグローバリゼーションいう言葉が普及したように、世界的、地球的規模での変化が進んだ。これまでのように、日本列島内での内発的な発展や変化だけでは理解できないことが次から次へと現れた。

民俗学の方法で現実に新たに起こりつつある現象を把握し、その中に見られる歴史形成過程を析出して、今までの変遷過程についての研究蓄積に追加することが期待される。過去の変遷過程だけでなく、現在における形成過程をも描き出す民俗学である。その形成過程は旧来の一国民俗学的な視野では把握できない。常にグローバルな視点を持たなければならない。しかし、歴史形成過程を今までの歴史的展開と無関係に把握することは間違いである。グローバル化は世界的規模での現象であるが、その過程はそれぞれの社会や文化に制約され、規定されている。日本列島の

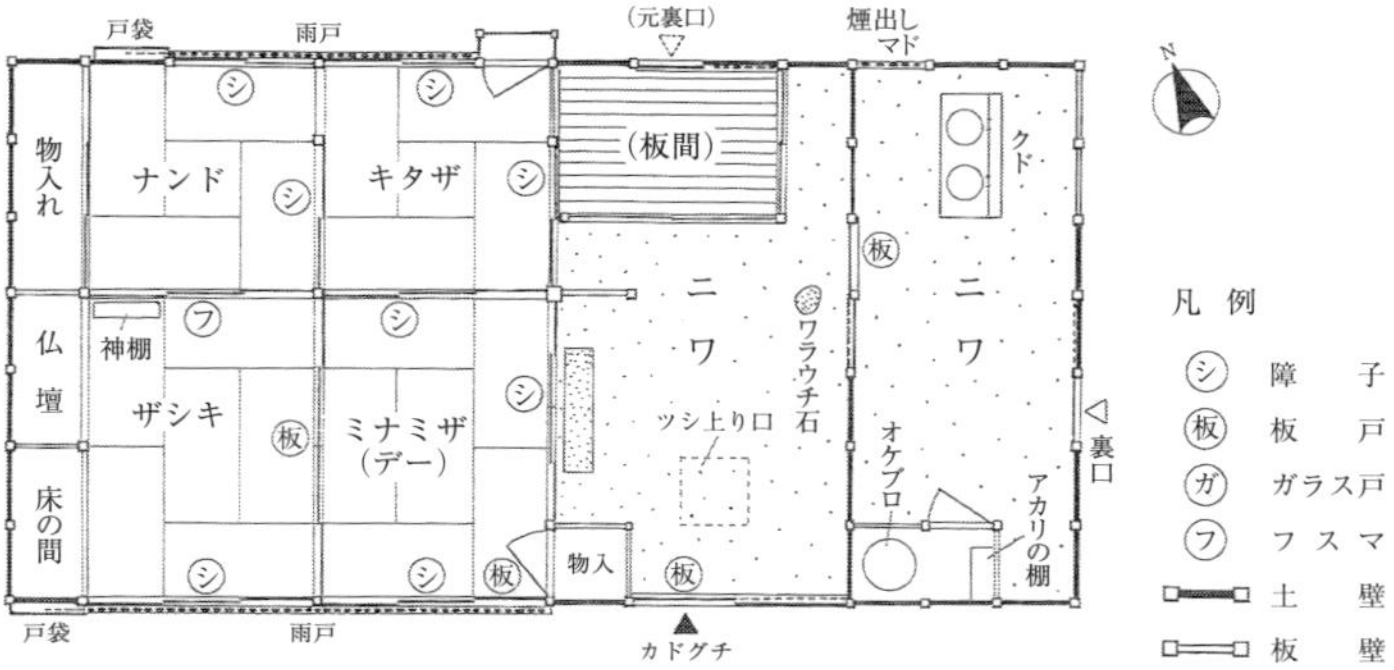

図6　田の字型民家の間取り配置（三重県四日市市）

民俗とそれが描き出す歴史との関連で、現実に生起している事象を把握し、組み立てることが求められる。

6　本書の内容

本書は、大学ではじめて民俗学を学ぼうとする学生諸君の参考書として企画された。大学の講義で採用されている多くの民俗学の教科書や参考書は正統な民俗学を記述しており、内容は農山漁村において古くから行われてきた民俗について解説している。衣食住、生業、社会組織、冠婚葬祭、年中行事、祭礼、口承文芸などと分類された民俗事象を具体的に説明し、その来歴や変遷を解説し、時には日本文化の特色を述べている。ところが、そこに説明されている民俗は若い人たちからすれば、見たことも聞いたこともないような内容であることが多い。生業で水田稲作を説明しているが、今では実際に人が田の中に入って田植えをする姿を見ることがないし、住居で農家の基本的な間取りとして田の字型の民家を取り上げているが、その姿をイメージすることができない。イロリの座順と言っても、さっぱり分からない。民俗学の教科書に登場するさまざまな民俗事象について、具体的な様相を思い浮かべることができず、実感がわかないというのが現実である。

歴史の教科書であれば、そこに描かれた古いことは昔のことであり、今は全く見られなくても不思議にも思わないが、民俗は現在も行われている事柄とされるため、かえってその古色蒼然とした内容に接し、興味を失ってしまう人も少なくないはず

図7　イロリ
長野県上伊那郡辰野町平出での1930年代のスケッチ。イロリのことをヒジロと言い，正面がヨコザで主人が座り，手前がコシモトと言い，主婦の席，反対側のヨリツキは客が来ればここに座った。土間に接するキジリは嫁の座席であった。

である。

そこで、本書では現在人々が当たり前に行っていて、皆さんが日常的に接しているありふれた事柄や、最近になって流行のように新しく行われ出した事柄を取り上げ、それら現代的な事象を民俗学の方法で読み解き、また今までの民俗学の成果に照らして、その意味を明らかにしようとした。形成過程を明らかにする民俗学を、具体的な事象に問題を発見して例示しようとした。

この本では、現代の社会生活に見られる事項を多く取り上げた。民俗学というと昔話、伝説などに登場する不思議な事柄ばかりがイメージされてしまうが、それだけでなく日常生活全体が民俗であり、そこには人々の取り結ぶ人間関係や社会組織、あるいはさまざまな社会制度があり、それらが人々の生活規範となり、また生活指針となっている。ここで取り上げた社会にかかわる事項は日本社会の変化と共に新しく登場してきたように見えるが、これまでの民俗と無関係ではないし、過去からの歴史過程と無縁でもない。それを解き明かすことで、現代社会の理解が深まり、これからの方向も見通すことが可能になる。

この一冊を読むことで、今の疑問や不思議がある程度氷解するのではないかと思う。そして、民俗学が現時点での歴史形成過程の究明にも力を発揮することを理解してもらえるものと確信している。

（福田アジオ）

参考文献

第1章　現代の家族事情

青柳まちこ「忌避された性」坪井洋文ほか編『日本民俗文化大系』一〇巻（家と女性――暮しの文化史）、小学館、一九八五年
朝日新聞 be 編集部編『サザエさんをさがして』（シリーズ第五集まで刊行中）朝日新聞社、二〇〇五～二〇一〇年
井上治代『現代お墓事情――ゆれる家族の中で』創元社、一九九〇年
岩男寿美子・原ひろ子『女性学ことはじめ』講談社現代新書、講談社、一九七九年
岩上真珠「高齢社会を生きる技法――団塊『大航海時代』に」岩上真珠ほか編『いま、この日本の家族――絆のゆくえ』弘文堂、二〇一〇年
上野千鶴子編『主婦論争を読む』Ⅰ・Ⅱ、勁草書房、一九八二年
上野千鶴子『おひとりさまの老後』法研、二〇〇七年
アン・オークレー（岡島芽花訳）『主婦の誕生』三省堂、一九八六年
大藤ゆき「家と男性」『女性と経験』一一号（特集「家と女」）一九八六年（『母たちの民俗』岩田書院、二〇〇〇年）
倉石あつ子「主婦権を考える」『女性と経験』一一号（特集「家と女」）一九八六年（『柳田国男と女性観』三一書房、一九九五年）
佐藤伸彦『家庭のような病院を』文藝春秋、二〇〇八年
鈴木栄太郎『日本農村社会学原理』時潮社、一九四〇年（『鈴木栄太郎著作集』一巻・二巻、未来社、一九六八年）
瀬川清子「主婦権について」民俗学研究所編『民俗学新講』明世堂書店、一九四七年
千田由紀「主婦」井上輝子他共編『岩波　女性学事典』岩波書店、二〇〇二年
坪井洋文「生活文化と女性」坪井洋文ほか編『日本民俗文化大系』一〇巻（家と女性――暮しの文化史）、小学館、一九八五年
内閣府国民生活局『平成一七年版国民生活白書・子育て世代の意識と生活』二〇〇五年
中込睦子「民俗学における『主婦』概念の受容と展開――瀬川清子の主婦論を中心に」竹田旦編著『民俗学の進展と課題』国書刊行会、一九九〇年
長谷川町子『サザエさん』（全六八巻）姉妹社、一九四七年～
増田光吉『アメリカの家族・日本の家族』日本放送出版協会、一九六九年
宮田登ほか編『往生考――日本人の生・老・死』小学館、二〇〇〇年
山中永之佑ほか編『介護と家族』早稲田大学出版部、二〇〇五年
タキエ・スギヤマ・リーブラ「日本の女」綾部恒雄編『女の文化人類学――世界の女性はどう生きているか』弘文堂、一九八二年
『アニメ「サザエさん」公式大図鑑　サザエでございま～す』扶桑社、二〇一一年

第2章　人間関係のゆくえ

石田光規『孤立の社会学　無縁社会の処方箋』勁草書房、二〇一一年
伊藤幹治『贈与交換の民俗学』筑摩書房、一九九五年
伊藤幹治・栗田靖之編『日本人の贈答』ミネルヴァ書房、一九八四年
折口信夫「ほうとする話——祭りの発生その一」『古代研究』民俗学篇第一、一九二九年（『折口信夫全集』二巻、中央公論新社、一九九五年）
倉林正次『祭りの構造　饗宴と神事』ＮＨＫブックス、日本放送出版協会、一九七五年
郷田洋文「交際と贈答」大間知篤三ほか編『日本民俗学大系』四巻（社会と民俗Ⅱ）、平凡社、一九五九年
小馬徹『贈り物と交換の文化人類学』神奈川大学評論ブックレット、御茶の水書房、二〇〇〇年
鹿谷勲・長谷川嘉和・樋口昭 編『民俗文化財——保護行政の現場から』岩田書院、二〇〇七年
瀬川清子『食生活の歴史』大日本雄弁会講談社、一九五六年（講談社学術文庫、講談社、二〇〇一年）
白井宏明「日本村落における互助組織の形態」竹田旦『民俗学の進展と課題』国書刊行会、一九九〇年
島田裕巳『人はひとりで死ぬ——「無縁社会を」生きるために』ＮＨＫ出版、二〇一一年
竹内利美「ムラの行動」坪井洋文ほか編『日本民俗文化大系』八巻（村と村人——共同体の生活と儀礼）、小学館、一九八四年
竹本康博「衣類の贈答品としての意義——民俗学における贈答研究ノート」『大和市史研究』七、神奈川県大和市、一九八一年
田中宣一「正月行事と盆」『年中行事の研究』桜楓社、一九九二年
中野紀和『小倉祇園太鼓の都市人類学——記憶・場所・身体』古今書院、二〇〇七年
農林漁業金融センター「食品の贈答に関する意向調査」『ニッポン人の買い物データブック二〇〇一』食品流通情報センター、二〇〇〇年
福田アジオ「村落組織」『民俗研究ハンドブック』吉川弘文館、一九七八年
福田アジオ『日本村落の民俗的構造』弘文堂、一九八二年
福田アジオ「民俗の母体としてのムラ」坪井洋文ほか編『日本民俗文化大系』八巻（村と村人——共同体の生活と儀礼）、小学館、一九八四年
福田アジオ『番と衆　日本社会の東と西』歴史文化ライブラリー、吉川弘文館、一九九七年
松平誠『都市祝祭の社会学』有斐閣、一九九〇年
森岡清美『「無縁社会」に高齢期を生きる』アーユスの森新書、佼成出版社、二〇一二年
柳田国男「親の膳」『民間伝承』、一九四二年（『柳田国男全集』一七巻、ちくま文庫、筑摩書房、一九九〇年）
柳田国男「トビの餅・トビの米」『食物と心臓』創元選書、一九四〇年（『柳田国男全集』一七巻、ちくま文庫、筑摩書房、一九九〇年）
湯川洋司・市川秀之・和田健『日本の民俗』六（村のくらし）、吉川弘文館、二〇〇八年
和歌森太郎「村の交際と義理」『日本民俗論』千代田書房、一九四七年（『和歌森太郎著作集』九巻、弘文堂、一九八一年）
和歌森太郎『日本人の交際』弘文堂、一九五三年（『和歌森太郎著作集』一二巻、弘文堂、一九八二年）

第3章　墓と葬儀

青木新門『納棺夫日記』桂書房、一九九三年（文春文庫、文芸春秋、一九九六年）
影山正美「北巨摩地方の葬送習俗――位牌別け・別帳場・女衆の仁義を中心に」『甲斐路』七七号、一九九三年
蒲池勢至『真宗と民俗信仰』吉川弘文館、一九九三年
国立歴史民俗博物館『死・葬送・墓制資料集成　東日本編二』国立歴史民俗博物館調査報告書九集、一九九九年
生活衛生法規研究会『新版　逐次解説　墓地、埋葬等に関する法律』、二〇一二年
大規模災害時における遺体の埋火葬の在り方検討委員会『大規模災害時における遺体の埋火葬の在り方に関する研究　平成二四年度総括研究報告書』、二〇一三年
波平恵美子『日本人の死のかたち』朝日新聞社、二〇〇四年
前田俊一郎『墓制の民俗学』岩田書院、二〇一〇年
松戸市立博物館『人生儀礼の世界』平成二一年度企画展展示図録、二〇〇九年
村上興匡「大正期東京における葬儀の変化と近代化」『宗教研究』二八四号、日本宗教学会、一九九〇年
柳田国男「葬制の沿革について」『人類学雑誌』四四巻六号、一九二九年（『柳田国男全集』一二巻、ちくま文庫、筑摩書房、一九九〇年）
山田慎也「葬儀とフォークロリズム」『日本民俗学』二三六号、日本民俗学会、二〇〇三年
山田慎也「越境する葬儀――日本におけるエンバーミング」篠原徹編『越境』朝倉書店、二〇〇三年
山田慎也「病院の清拭が湯灌と思い違いされたわけ」今こそすべき現代葬儀詳細分析論六、『寺門興隆』一一八、二〇〇八年

第4章　区別と差別

赤坂憲雄『内なる他者のフォークロア』岩波書店、二〇一〇年
網野善彦『増補版　無縁・公界・楽』平凡社選書、平凡社、一九八七年
安保則夫『近代日本の社会的差別形成史の研究――増補『ミナト神戸　コレラ・ペスト・スラム』』明石書店、二〇〇七年
石塚尊俊『日本の憑きもの』未来社、一九五九年
大月隆寛「揺籠の中の性」『文化人類学』四号、アカデミア出版会、一九八七年
小島達雄「被差別部落の歴史的呼称をめぐって」領家穣編『日本近代化と部落問題』明石書店、一九九六年
小林健治『差別語・不快語』（ウェブ連動式　管理職検定02）にんげん出版、二〇一一年
今野大輔「近年の民俗学における差別問題研究」『成城大学民俗学研究所紀要』三七、二〇一三年
塩見鮮一郎『差別語とは何か』河出文庫、河出書房新社、二〇〇九年
高木正幸『差別用語の基礎知識'99』土曜日美術社出版販売、一九九九年（初版一九八八年）
常光徹『しぐさの民俗学』ミネルヴァ書房、二〇〇六年
日本民間放送連盟編『新版　放送ハンドブック』東洋経済新報社、一九九七年

野口道彦『部落問題のパラダイム転換』明石書店、二〇〇〇年
広河隆一『福島　原発と人びと』岩波新書、岩波書店、二〇一一年
藤田正『竹田の子守唄――名曲に隠された真実』解放出版社、二〇〇三年
藤野豊『同和政策の歴史』解放出版社、一九八四年
部落解放研究所『被差別部落の民俗伝承［大阪］古老からの聞きとり』解放出版社、一九九五年
政岡伸洋「差別問題・被差別民と民俗学――その学問的意義と課題」八木透編『新・民俗学を学ぶ――現代を知るために』昭和堂、二〇一三年
宮田登『神の民俗誌』岩波新書、岩波書店、一九七九年
森達也『放送禁止歌』（デーブ・スペクター監修）解放出版社、二〇〇〇年
文部科学省児童生徒課文書「いじめの問題に関する児童生徒の実態把握並びに教育委員会及び学校の取り組み状況に係わる緊急調査結果について（概要）」二〇一二年一一月二二日付
柳田国男「所謂特殊部落ノ種類」『国家学会雑誌』二七巻五号、一九一三年（『柳田国男全集』四巻、ちくま文庫、筑摩書房、一九八九年）
柳田国男『こども風土記』朝日新聞社、一九四二年（『柳田国男全集』二三巻、ちくま文庫、筑摩書房、一九九〇年）
吉田禎吾『日本の憑きもの　社会人類学的考察』中公新書、中央公論社、一九七二年
吉本隆明『共同幻想論』河出書房新社、一九六八年（角川文庫、角川書店、一九八二年）

第5章　横並び志向の心理

伊東宗裕『京の石碑ものがたり』京都新聞社、一九九五年
井上忠司『「世間体」の構造――社会心理史への試み』日本放送出版協会、一九七七年
大豆生田稔『お米と食の近代史』歴史文化ライブラリー、吉川弘文館、二〇〇七年
太田臨一郎『日本服制史』下巻、文化出版局、一九八九年
勝俣鎮夫『一揆』岩波新書、岩波書店、一九八二年
金子武雄『日本のことわざ二　続評釈』海燕書房、一九八二年
鹿野政直『健康観にみる近代』朝日選書、朝日新聞社、二〇〇一年
きだみのる『にっぽん部落』岩波新書、岩波書店、一九六七年
鴻上尚史『「空気」と「世間」』講談社、二〇〇九年
後藤丹治、岡見正雄校注『太平記』三巻、日本古典文学大系新装版、歴史文学シリーズ、岩波書店、一九九三年
齊藤純「迷子しるべ石について――類例と資料」『兵庫県立歴史博物館紀要　塵界』四、一九九一年
齊藤純「噂と真実」福田アジオ・赤田光男編『講座日本の民俗学』三（社会の民俗）、雄山閣出版、一九九七年
佐藤直樹『「世間」の現象学』青弓社、二〇〇一年
新農林社『機械化農業――特集　農業機械化・昭和からの発展』新農林社、一九八九年

瀬川清子「式服」『日本民俗学』一一五号、日本民俗学会、一九七八年
成田龍一『大正デモクラシー』（シリーズ日本近現代史四）、岩波新書、岩波書店、二〇〇七年
難波知子『学校制服の文化史――日本近代における女子生徒服装の変遷』創元社、二〇一二年
舟越健之輔『箱族の街』新潮社、一九八三年
西蒲原土地改良区編『西蒲原土地改良史』写真編、一九八一年
平山和彦「村寄合における議決法」『伝承と慣習の論理』吉川弘文館、一九九二年
福田アジオ『可能性としてのムラ社会――労働と情報の民俗学』青弓社、一九九〇年
宮本常一『忘れられた日本人』未来社、一九六〇年（岩波文庫、岩波書店、一九八四年）
守田志郎『小さい部落』朝日新聞社、一九七三年
柳田国男「世間話の研究」『総合ヂャーナリズム講座』一一、一九三一年（『柳田国男全集』九巻、ちくま文庫、筑摩書房、一九九〇年）
柳田国男編『日本人』毎日新聞社、一九五四年（『日本人（新装版）』毎日新聞社、一九七六年）
山田厳子「世間――村落を越えた民俗」山梨県編『山梨県史　民俗編』山梨県、二〇〇三年

第6章　くらしと自然環境

網野善彦『無縁・公界・楽――日本中世の自由と平和』平凡社、一九七八年
網野善彦『日本社会の歴史』上・中・下、岩波新書、岩波書店、一九九七年
板倉町史編さん室・宮田茂編『利根川中流域板倉町周辺低湿地の治水と利水――水場の生活と知恵』板倉町史編さん委員会、一九八〇年
大隅清治『鯨と日本人』岩波書店、二〇〇三年
梅津幸保『草木供養塔を訪ねる』置賜民俗学会、一九九八年
小松和彦『憑霊信仰論――妖怪研究への試み』伝統と現代社、一九八二年
小松正之『日本人とくじら』ごま書房、二〇〇七年
静岡県史編さん室編『大平の民俗――沼津市』（静岡県史民俗調査報告書三）、一九八七年
鳥越皓之「コモンズの利用権を享受する者」『環境社会学研究』三、一九九七年
中園成生・安永浩『鯨取り絵物語』弦書房、二〇〇九年
韮山町史編纂委員会編『韮山町史』九巻（民俗）、一九九三年
廣井脩「自然災害は天災か　日本人の災害観」『現代日本文化論』一三巻、岩波書店、一九九六年
福田アジオ『近世村落と現代民俗』吉川弘文館、二〇〇二年
本間義治『日本海のクジラたち』考古堂書店、二〇〇三年
三浦淳『鯨とイルカの文化政治学』洋泉社、二〇〇九年
三俣学・森本早苗・室田武『コモンズ研究のフロンティア――山野海川の共的世界』東京大学出版会、二〇〇八年

山内昶『もののけ』Ⅰ・Ⅱ（ものと人間の文化史）、法政大学出版局、二〇〇四年
山下渉『捕鯨』Ⅰ・Ⅱ（ものと人間の文化史）、法政大学出版局、二〇〇四年
Berkes, Fikret, ed. *Common Property Resources:Ecology and Community-Based Sustainable Development*, London: Belhaven Press, 1989.
Hess, Charlotte and Ostrom, Elinor eds. *Understanding Knowledge as a Commons: From Theory to Practice*, Cambridge, Mass: MIT Press, 2007.

第7章　神と自然

有岡利幸『桜』Ⅰ（ものと人間の文化史）、法政大学出版局、二〇〇七年
有元裕美子『スピリチュアル市場の研究』東洋経済新報社、二〇一一年
板橋春夫『生死――看取りと臨終の民俗／ゆらぐ伝統的生命観』社会評論社、二〇一〇年
樫尾直樹『スピリチュアル・ライフのすすめ』文芸春秋、二〇一〇年
上福岡市教育委員会ほか編『上福岡市史』資料編五民俗、上福岡市、一九九七年
上村健次朗「日本的スピリチュアリティの定義を求めて――一つの試み」『先端倫理研究』五、熊本大学、二〇一〇年
小寺敦之「「パワースポット」とは何か――社会的背景の検討とその受容についての予備的調査」『人文・社会科学論集』二九号、東洋英和女学院大学、二〇一一年
小林光一郎「「踊り歌う猫の話」における「踊る猫」のイメージ――錦絵に描かれた踊る猫」『非文字資料研究』七、神奈川大学非文字資料研究センター、二〇一一年
小松和彦『妖怪学の基礎知識』角川選書、角川学芸出版、二〇一一年
桜井徳太郎『日本シャマニズムの研究』上・下、桜井徳太郎著作集五・六巻、吉川弘文館、一九八八年
白幡洋三郎『花見と桜――〈日本的なるもの〉再考』ＰＨＰ新書、ＰＨＰ研究所、二〇〇〇年
館林市史編さん委員会編『館林市史』特別編五（館林の民俗世界）、館林市、二〇一二年
千葉幹夫『全国妖怪辞典』小学館ライブラリー、小学館、一九九五年
塚田穂高・碧海寿広「現代日本「宗教」情報の氾濫――新宗教・パワースポット・葬儀・仏像に関するブームに注目して」『現代宗教二〇一一』秋山書店、二〇一一年
鶴ヶ島町史編さん室編『鶴ヶ島町史』民俗社会編、鶴ヶ島市、一九九二年
鳥越皓之『花をたずねて吉野山――その歴史とエコロジー』集英社新書、集英社、二〇〇三年
福田アジオ編『北小浦の民俗――柳田国男の世界を歩く』吉川弘文館、二〇〇二年
福田アジオ『寺・墓・先祖の民俗学』大河書房、二〇〇四年
星野英紀『聖地巡礼ツーリズム』弘文堂、二〇一二年
和歌森太郎『神ごとの中の日本人』弘文堂、一九七二年

第8章　くらしと信仰
赤林英夫「丙午世代のその後――統計から分かること」『日本労働研究雑誌』五六九号、二〇〇七年
天野武「能登島曲部落における若者組――その年齢階梯的秩序の構造」『日本民俗学会報』六三号、日本民俗学会、一九六九年
井之口章次『日本の俗信』弘文堂、一九七五年
大森志郎「季節と年中行事」大島建彦他編『日本を知る事典』社会思想社、一九七一年
恩賜財団母子愛育会編『日本産育習俗資料集成』第一法規、一九七五年
今野圓輔『現代の迷信』現代教養文庫、社会思想社、一九六一年
長岡博男「民間療法」『日本民俗学大系』七巻（生活と民俗　二）、平凡社、一九五九年
長沢利明『江戸東京の庶民信仰』三弥井書店、一九九六年
中野泰「民俗学における「年齢」概念の課題と展望――若者組を中心として」飯島康夫ほか編『環境・地域・心性――民俗学の可能性』岩田書院、二〇〇四年
原田敏明「俗信」『日本民俗学大系』七巻（生活と民俗　二）、平凡社、一九五九年
福澤昭司「暦と時間」赤田光男・福田アジオ編『講座日本の民俗学』六（時間の民俗）、雄山閣出版、一九九八年。
福田アジオ・菊池健策・山崎祐子・常光徹・福原敏男『知っておきたい日本の年中行事事典』吉川弘文館、二〇一二年
伏見裕子「山形県小国町大宮地区の産屋にみる安産信仰と穢れ観の変化――出産の医療化および施設化との関連を中心に」『女性学年報』三三号、日本女性学研究会、二〇一二年
真下孝雄『母子保健と迷信――ひのえうまの迷信を解消するために』粕川村母子保健センター、一九六五年
南魚沼市教育委員会編『新潟県浦佐毘沙門堂裸押合の習俗「浦佐毘沙門堂の裸押合の習俗」総合調査報告書』南魚沼市教育委員会、二〇〇九年
宮田登『宮田登日本を語る』五（暮らしと年中行事）、吉川弘文館、二〇〇六年
宮田登『日和見――日本王権論の試み』平凡社、一九九二年
柳田国男「祭日考」（『柳田国男全集』一四巻、ちくま文庫、筑摩書房、一九九〇年）
柳田国男『新たなる太陽』現代選書五、修道社、一九五六年（『柳田国男全集』一六巻、ちくま文庫、筑摩書房、一九九〇年）
柳田国男『家閑談』鎌倉書房、一九四六年（『柳田国男全集』一二巻、ちくま文庫、筑摩書房、一九九〇年）
柳田国男『火の昔』実業之日本社、一九四四年（『柳田国男全集』一三巻、ちくま文庫、筑摩書房、一九九〇年）

第9章　ウチとソト
石川純一郎『地蔵の世界』時事通信社、一九九五年
岩崎京子『かさこじぞう』ポプラ社、一九六七年
大岡敏昭『日本の住まい　その源流を探る』相模書房、二〇〇八年
窪田雅之「長野県筑摩野・安曇野における新たな神々の登場――新しい道祖神碑の建立の動向と背景」『道祖神研究』五、道祖神研究会、二〇一一年

倉石忠彦『道祖神信仰論』名著出版、一九九〇年
倉石忠彦『道祖神信仰の形成と展開』大河書房、二〇〇五年
後藤久監修『最新住居学入門』実教出版、二〇〇四年
桜田勝徳「村とは何か」『日本民俗学大系』三巻（社会と民俗 一）、平凡社、一九五八年（『桜田勝徳著作集』五巻、名著出版、一九八一年）
杉本尚次『住まいのエスノロジー』住まいの図書館出版局、一九九〇年
坪井洋文「住居の原感覚」坪井洋文ほか編『日本民俗文化大系』一〇巻（家と女性――暮しの文化史）、小学館、一九八五年
中根千枝『タテ社会の人間関係――単一社会の理論』講談社現代新書、講談社、一九六七年
日本生活学会編『住まいの一〇〇年』ドメス出版、二〇〇二年
福田アジオほか編『図解案内日本の民俗』吉川弘文館、二〇一二年
ジャック・プズー＝マサビュオー（加藤隆訳）『家屋（いえ）と日本文化』平凡社、一九九六年
宮田登「家のフォークロア」『文化の現在』三、岩波書店、一九八一年
宮田登『女の霊力と家の神』人文書院、一九八三年
エドワード・S・モース（上田篤等共訳）『日本の住まい 内と外』鹿島出版会、一九八一年
森隆男『住居空間の祭祀と儀礼』岩田書院、一九九六年
柳田国男『家閑談』鎌倉書房、一九四六年（『柳田国男全集』一二巻、ちくま文庫、筑摩書房、一九九〇年）
米山俊直『日本人の仲間意識』講談社、一九七六年
和辻哲郎『風土――人間学的考察』岩波書店、一九三五年（岩波文庫、岩波書店、一九七九年）

第10章 日本文化の多様性

大石圭一『昆布の道』第一書房、一九八七年
奥村彪生『ラーメンのルーツを探る――進化する麺食文化』フーディアム・コミュニケーション、一九九八年
奥村彪生『日本めん食文化の一三〇〇年』農文協、二〇〇九年
喜田川守貞（宇佐美英機校訂）『近世風俗志（守貞謾稿）』岩波文庫、岩波書店、二〇〇一年
熊倉功夫『日本料理文化史――懐石を中心に』人文書院、二〇〇二年
祖父江孝男『文化とパーソナリティ』弘文堂、一九七六年
坪井洋文『イモと日本人』未来社、一九七九年
渡口初美『琉球料理』国際料理学院、一九七八年
萩原左人「肉食の民俗誌」『日本の民俗 一二 南島の暮らし』吉川弘文館、二〇〇九年。
福田アジオ『番と衆――日本社会の東と西』歴史文化ライブラリー、吉川弘文館、一九九七年
文化庁文化財部伝統文化課『お雑煮一〇〇選』女子栄養大学出版部、二〇〇五年

ルース・ベネディクト（長谷川松治訳）『菊と刀――日本文化の型』、一九四六年（講談社学術文庫、講談社、二〇〇五年）
松下幸子『祝いの食文化』東京美術、一九九一年
民俗学研究所編『民俗学辞典』東京堂出版、一九五一年
安室知『餅と日本人』雄山閣出版、一九九九年
柳田国男『食物と心臓』創元社、一九四〇年（『柳田国男全集』一七巻、ちくま文庫、筑摩書房、一九九〇年）
我妻洋・原ひろ子『しつけ』弘文堂、一九七四年
和辻哲郎『風土――人間学的考察』岩波書店、一九三五年（岩波文庫、岩波書店、一九七九年）

民俗学が読み解く現代

伊藤幹治『柳田国男と文化ナショナリズム』岩波書店、二〇〇二年
岩竹美加子編『民俗学の政治性』未来社、一九九六年
岩本通弥・菅豊・中村淳編著『民俗学の可能性を拓く――「野の学問」とアカデミズム』青弓社、二〇一二年
大藤時彦『日本民俗学史話』三一書房、一九九〇年
小野重朗『南九州の民俗文化』法政大学出版局、一九九〇年
折口信夫『折口信夫全集』一五巻　民俗学篇一、中央公論社、一九七六年
小松和彦・関一敏編『新しい民俗学へ――野の学問のためのレッスン二六』せりか書房、二〇〇二年
佐野賢治・谷口貢・中込睦子・古家信平編『現代民俗学入門』吉川弘文館、一九九六年
谷口貢・松崎憲三編『民俗学講義――生活文化へのアプローチ』八千代書房、二〇〇六年
鳥越皓之編『民俗学を学ぶ人のために』世界思想社、一九八九年
福田アジオ『日本の民俗学――「野」の学問の二〇〇年』吉川弘文館、二〇〇九年
福田アジオ『現代日本の民俗学――ポスト柳田の五〇年』吉川弘文館、二〇一四年
福田アジオ・宮田登編『日本民俗学概論』吉川弘文館、一九八三年
村井紀『南島イデオロギーの発生――柳田国男と植民地主義』福武書店、一九九二年（岩波現代文庫、岩波書店、二〇〇四年）
八木透編『新・民俗学を学ぶ――現代を知るために』昭和堂、二〇一三年
柳田国男『後狩詞記』（私家版）一九〇九年（『柳田国男全集』五巻、ちくま文庫、筑摩書房、一九八九年）
柳田国男『蝸牛考』刀江書院、一九三〇年（『柳田国男全集』一九巻、ちくま文庫、筑摩書房、一九九〇年）
柳田国男『民間伝承論』共立社、一九三四年（『柳田国男全集』二八巻、ちくま文庫、筑摩書房、一九九〇年）
柳田国男『郷土生活の研究法』刀江書院、一九三五年（『柳田国男全集』二八巻、ちくま文庫、筑摩書房、一九九〇年）
柳田国男『海上の道』筑摩書房、一九六一年（『柳田国男全集』一巻、ちくま文庫、筑摩書房、一九八九年）
ジャック・ルゴフほか（二宮宏之編訳）『歴史・文化・表象――アナール派と歴史人類学』岩波書店、一九九二年

あとがき

本書は「知って役立つ」と銘打ったので、「年収〇〇万円でも貯蓄が増やせる」といった類のハウツーものを予想された方がおられるかもしれません。そういう方にはまことに申し訳ないのですが、その方面での実益はございません。でも、四〇項目のどこから読まれても、一つ読み終わるたびに、なるほどそうだったのか、とガッテンしていただけるのではありませんか。執筆者一同、そう信じております。本当は、もっとたくさんの項目を用意したのです。それらを断腸の思いで四〇項目にまで選び抜きました。民俗学の研究者が見れば、「えっこんなこと、誰が研究してるの？」という質問項目もあります。そうです、本書ではそういう未知の領域にも踏み込んでみました。

本書は、初めは福田アジオ氏の退職と古稀をお祝いし、関係者が記念論文集を献呈するはずだったのですが、福田氏の強い希望によって変更することにしました。福田氏を編集責任者として民俗学の現在を問う初学者向けの入門書を作ろうという意図をもって企画したものです。

民俗学に限らないことですが、「なぜそうなの？」という疑問に答えるのは、なかなか難しいものです。そういうところに、大げさですけど、果敢に挑戦してみました。民俗学の研究対象はすごく幅が広いので、本書の扱う内容はごく限られたものになっています。本書がそうした民俗学の広い世界に漕ぎ出す手助けになることを希望しております。

二〇一四年八月

編集委員一同

《責任編集者紹介》

福田アジオ（ふくた・あじお）

1941年　三重県生まれ。
1971年　東京教育大学大学院文学研究科修士課程修了。
現　在　国立歴史民俗博物館名誉教授。
主　著　『柳田国男の民俗学』吉川弘文館，1992年。
『番と衆』吉川弘文館，1997年。
『寺・墓・先祖の民俗学』大河書房，2004年。
『歴史探索の手法』筑摩書房，2006年。
『日本の民俗学』吉川弘文館，2009年。
『日本民俗学の開拓者たち』山川出版社，2009年。
『名所図会を手にして東海道』御茶の水書房，2011年。
『現代日本の民俗学』吉川弘文館，2014年，ほか多数。

知って役立つ民俗学
——現代社会への40の扉——

2015年３月31日　初版第１刷発行　〈検印省略〉
2020年12月20日　初版第４刷発行

定価はカバーに
表示しています

責任編集　福　田　アジオ
発行者　杉　田　啓　三
印刷者　藤　森　英　夫

発行所　株式会社　ミネルヴァ書房
607-8494　京都市山科区日ノ岡堤谷町１
電話代表　(075)581－5191
振替口座　01020－0－8076

亜細亜印刷・藤沢製本

ISBN978-4-623-07126-5
Printed in Japan

【編集委員】

板橋春夫　岩野邦康　小熊誠　斎藤弘美　佐野賢治　関沢まゆみ　萩谷良太　古家信平

【執筆者紹介】（執筆順，執筆担当，所属）

中《なか》込《ごみ》睦《むつ》子《こ》（元 筑波大学人文社会系准教授，第１章１）

山《やま》本《もと》質《ただ》素《もと》（元 日本大学文理学部教授，第１章２）

鶴《つる》理《り》恵《え》子《こ》（専修大学人間科学部教授，第１章３）

関沢《せきざわ》まゆみ（国立歴史民俗博物館研究部教授，第１章４）

飯《いい》島《じま》康《やす》夫《お》（新潟大学人文学部准教授，第２章５）

須《す》永《なが》　敬《たかし》（九州産業大学国際文化学部教授，第２章６）

山《やま》崎《ざき》祐《ゆう》子《こ》（(一財）宮本記念財団理事，第２章７）

萩《はぎ》谷《や》良《りょう》太《た》（土浦市立博物館学芸員，第２章８）

森《もり》　謙《けん》二《じ》（茨城キリスト教大学名誉教授，第３章９）

青《あお》木《き》俊《とし》也《や》（松戸市立博物館学芸員，第３章10）

山《やま》田《だ》慎《しん》也《や》（国立歴史民俗博物館研究部准教授，第３章11）

影《かげ》山《やま》正《まさ》美《み》（駿台甲府高等学校教諭，第３章12）

斎《さい》藤《とう》弘《ひろ》美《み》（日本大学文理学部非常勤講師，第４章13）

政《まさ》岡《おか》伸《のぶ》洋《ひろ》（東北学院大学文学部教授，第４章14）

古《ふる》屋《や》和《かず》久《ひさ》（身延町立身延小学校教諭，第４章15）

八《や》木《ぎ》　透《とおる》（佛教大学歴史学部教授，第４章16）

湯《ゆ》川《かわ》洋《よう》司《じ》（元 山口大学人文学部教授，第５章17）

齊《さい》藤《とう》　純《じゅん》（天理大学文学部教授，第５章18）

岩《いわ》本《もと》通《みち》弥《や》（東京大学大学院総合文化研究科教授，第５章19）

岩《いわ》野《の》邦《くに》康《やす》（新潟市新津鉄道資料館学芸員，第５章20）

菅《すが》　豊《ゆたか》（東京大学東洋文化研究所教授，第６章21）

松《まつ》田《だ》香《か》代《よ》子《こ》（愛知大学非常勤講師，第 6 章22）

池《いけ》田《だ》哲《てつ》夫《お》（新潟大学名誉教授，第 6 章23）

佐《さ》野《の》賢《けん》治《じ》（神奈川大学国際日本学部教授，第 6 章24）

中《なか》町《まち》泰《やす》子《こ》（神奈川大学外国語学部非常勤講師，第 7 章25）

小《こ》林《ばやし》光《こう》一《いち》郎《ろう》（横浜市歴史博物館学芸員，第 7 章26）

伊《い》藤《とう》廣《ひろ》之《ゆき》（京都芸術大学芸術学部非常勤講師，第 7 章27）

小《お》野《の》博《ひろ》史《し》（新潟大学人文学部非常勤講師，第 7 章28）

浅《あさ》野《の》久《ひさ》枝《え》（同志社女子大学嘱託講師，第 8 章29）

磯《いそ》本《もと》宏《ひろ》紀《のり》（徳島県立博物館学芸員，第 8 章30）

中《なか》野《の》　泰《やすし》（筑波大学人文社会系准教授，第 8 章31）

板《いた》橋《ばし》春《はる》夫《お》（日本工業大学建築学部教授，第 8 章32）

何《か》　彬《ひん》（首都大学東京大学院人文科学研究科教授，第 9 章33）

古《ふる》家《いえ》信《しん》平《ぺい》（筑波大学名誉教授，第 9 章34）

樫《かし》村《むら》賢《けん》二《じ》（鳥取県立公文書館県史編さん室専門員，第 9 章35）

内《うち》山《やま》大《だい》介《すけ》（福島県立博物館学芸員，第 9 章36）

安《やす》室《むろ》　知《さとる》（神奈川大学国際日本学部教授，第10章37）

稲《いな》福《ふく》みき子《こ》（沖縄国際大学名誉教授，第10章38）

朝《あさ》倉《くら》敏《とし》夫《お》（立命館大学食マネジメント学部教授，第10章39）

小《お》熊《ぐま》　誠《まこと》（神奈川大学国際日本学部教授，第10章40）

福《ふく》田《た》アジオ（国立歴史民俗博物館名誉教授，民俗学が読み解く現代）

索　引

（＊印は人名）

あ　行

か　行

さ　行

た　行

な　行

は　行

ま　行

や　行

ら・わ行

図版・図表出典一覧

〈第１章〉

1

図１　上野千鶴子『おひとりさまの老後』法研，2007年。

図２　『朝日新聞』1996年９月17日朝刊。

図３　すがも平和霊苑提供。

2

図１　筆者作成。

図２　同上。

図３　同上。

図４　同上。

図５　同上。

図６　同上。

3

図１　岡田照子氏提供。

図２　斎藤弘美撮影。

4

図１　平成24年版『高齢社会白書』内閣府。

図２　同上。

図３　奈良県生駒郡斑鳩町吉田寺提供。

〈第２章〉

5

図１　筆者撮影。

図２　同上。

図３　同上。

図４　同上。

表１　『2000年世界農林業センサス農業集落調査報告書』より筆者作成。

6

図１　筆者撮影。

図２　同上。

図３　同上。

図４　同上。

図５　同上。

図６　同上。

7

図１　福田アジオ作成。

図２　福田アジオ提供。

8

図１　筆者撮影。

図２　同上。

〈第３章〉

9

図１　筆者撮影。

図２　福田アジオ提供。

図３　筆者撮影。

図４　同上。

10

図１　福田アジオ提供。

図２　『新版　逐次解説　墓地，埋葬等に関する法律』（生活衛生法規研究会，2012年）より筆者作成。

図３　筆者撮影。

11

図１　筆者撮影。

図２　同上。

12

図１　『静岡県史　別編１　民俗文化史』1995年。

図２　筆者撮影。

図３　同上。

表１　影山正美「北巨摩地方の葬送習俗――位牌分け・別帳場・女衆の仁義を中心に」『甲斐路』第77号，1993年。

表２　筆者作成。

〈第４章〉

13

図１　ソニー・ミュージックダイレクト提供。

図２　森達也『放送禁止歌』知恵の森文庫（光文社），2003年。

図３　キングレコード提供。

表１　楳垣實『日本の忌みことば』（岩崎美術社，1973年）より筆者作成。

14

図１　『太政類典』第二編，十三巻。国立公文書館所蔵。

図２　和泉市立人権文化センター提供。

図３　大阪府救済課『部落台帳』（1918年）より筆者作成。

図４　同上。

15
図１　筆者撮影。
図２　近石哲氏提供。
図３　鈴木英恵氏提供。
16
図１　京馬伸子「子どもとケガレを考える（一）」『民俗』134号，相模民俗学会，1999年。
図２　恩賜財団母子愛育会編『日本産育習俗資料集成』第一法規出版，1975年。

〈第５章〉
17
図１　筆者撮影。
図２　岡山県岡山市東区西大寺（観音院）提供。
18
図１　『朝日新聞縮刷版』1990年10月11日朝刊。
図２　筆者撮影。
図３　同上。
図４　同上。
図５　同上。
19
図１　筆者所蔵。
図２　『東京朝日新聞』1930年５月６日夕刊。
図３　難波知子『学校制服の文化史——日本近代における女子生徒服装の変遷』創元社，2012年。
図４　内藤正人『江戸名所図屏風——大江戸劇場の幕が開く』小学館，2003年。
図５　板橋春夫提供。
図６　斎藤弘美提供。
図７　『改訂綜合日本民俗語彙』第１巻，平凡社。
20
図１　新潟市新津鉄道資料館提供。
図２　福田アジオ提供。
図３　西蒲原土地改良区提供。

〈第６章〉
21
図１　筆者撮影。
図２　福田アジオ提供。
図３　筆者撮影。
図４　同上。
22
図１　筆者撮影。
図２　同上。
図３　同上。
図４　同上。
図５　同上。
23
図１　釜山市博物館絵はがき。
図２　石川県能登町真脇遺跡縄文館提供。
図３　財団法人東海水産科学協会・海の博物館編『三重県水産図解』1984年。
図４　筆者撮影。
図５　新潟県佐渡市片野尾地蔵寺所蔵。
図６　筆者撮影。
24
図１　山形県飯豊町提供。
図２　筆者撮影。
図３　『床ヌブリ作品集』求龍堂，1995年。

〈第７章〉
25
図１　筆者撮影。
図２　同上。
図３　同上。
図４　同上。
図５　同上。
26
図１　北斎季親『化物尽絵巻』。国際日本文化研究センター所蔵。
図２　筆者作成。
図３　筆者撮影。
図４　筆者作成。
27
図１　筆者撮影。
図２　同上。
図３　長谷川貞信『浪花風俗図絵』杉本書店，1968年。
図４　秋里籬島『摂津名所図会』巻二。
図５　筆者撮影。
28
図１　筆者撮影。
図２　同上。
図３　関沢まゆみ提供。
図４　筆者撮影。
図５　同上。
図６　同上。

〈第８章〉
29
図１　厚生労働省『人口動態統計』（平成24年版）。
30
図１　筆者撮影。
図２　同上。
図３　徳島県立博物館所蔵。

表１　筆者作成。
31
図１　渡瀬綾乃氏提供。
図２　筆者撮影。
図３　同上。
32
図１　筆者撮影。
図２　斎藤弘美提供。
図３　萩原秀三郎・萩原法子『神島』井場書店，1973年。
図４　筆者撮影。
図５　仙台市歴史民俗資料館所蔵。

〈第９章〉
33
図１　板橋春夫提供。
図２　筆者撮影。
図３　同上。
図４　同上。
図５　同上。
34
図１　筆者撮影。
図２　同上。
図３　同上。
図４　沢村仁・植木久「建造物の調査」名勝弥栄峡総合学術調査団編『弥栄峡の民俗』1979年。
図５　関沢まゆみ提供。
35
図１　筆者撮影。
図２　同上。
図３　同上。
図４　福田アジオ提供。
36
図１　萩谷良太提供。
図２　筆者撮影。

〈第10章〉
37
図１　筆者撮影。
図２　松下幸子『祝いの食文化』東京美術，1991年。
図３　文化庁『お雑煮100選』女子栄養大学出版部，2005年。
38
図１　古家信平提供。
図２　同上。
図３　同上。
39
図１　安藤百福発明記念会編『転んでもただでは起きるな！――定本・安藤百福』中公文庫，2013年。
図２　新横浜ラーメン博物館提供。
図３　筆者撮影。
40
図１　秋里籬島『東海道名所図会』1797年。神奈川大学図書館所蔵。
図２　昆政明氏提供。
図３　橋本勝雄氏提供。
図４　柳田国男『遠野物語』1910年（初版復刻版，遠野市，2010年）。

民俗学が読み解く現代
図１　大藤時彦・柳田為正編『柳田国男写真集』岩崎美術社，1981年。
図２　筆者作成。
図３　『生誕百年記念柳田国男』（展示図録）朝日新聞社東京本社，1975年。
図４　小野重朗『南九州の民俗文化』法政大学出版局，1990年。
図５　筆者撮影。
図６　四日市市編『四日市市史』５巻　史料編民俗，1995年。
図７　有賀喜左衛門『村の生活組織』（有賀喜左衛門著作集Ⅴ）未来社，1968年。